A IDEOLOGIA ULTRALIBERAL E A FABRICAÇÃO DE CONSENSOS

A IDEOLOGIA ULTRALIBERAL E A FABRICAÇÃO DE CONSENSOS

Cristina Pereira de Araujo
Luciano Muniz Abreu
(Orgs.)

alameda

Edição: Haroldo Ceravolo Sereza e Joana Monteleone
Assistente acadêmica: Tamara Santos
Projeto gráfico, diagramação e capa: Betânia Santos
Revisão: Alexandra Colontini
Imagem da capa: Freepik

Agradecemos ao Civic Power Lab (Harvard Kennedy School), pelo patrocínio integral deste livro.

CIP-BRASIL. CATALOGAÇÃO NA PUBLICAÇÃO
SINDICATO NACIONAL DOS EDITORES DE LIVROS, RJ

I22

A ideologia ultraliberal e a fabricação de consensos / organização Cristina Pereira de Araujo, Luciano Muniz Abreu. - 1. ed. - São Paulo : Alameda, 2025.
382 p. : il. ; 21 cm.

Inclui bibliografia
ISBN 978-65-5966-376-7

1. Ciência política - Ideologia - Brasil. 2. Liberalismo - Brasil. 3. Direita e esquerda (Ciência política) - Brasil. I. Araujo, Cristina Pereira de. II. Abreu, Luciano Muniz.

CDD: 320.5130981
25-100717.1 CDU: 329.12(81)

Carla Rosa Martins Gonçalves - Bibliotecária - CRB-7/4782

ALAMEDA CASA EDITORIAL
Rua 13 de Maio, 353 – Bela Vista
CEP 01327-000 – São Paulo, SP
Tel. (11) 3012-2403
www.alamedaeditorial.com.br

Sumário

Apresentação: O ultraliberalismo bate à nossa porta

Cristina Pereira de Araujo

> ...porque también hay que ser sinceros, que - en condiciones normales, de presión y temperatura - yo no sería presidente; en condiciones normales no habría presidentes *liberales libertarios* y por eso nunca hubo en el mundo. Por eso *yo soy el primer presidente liberal libertario, de la historia de la humanidad.* (...)
>
> ¡Así es que muchísimas gracias! ¡Viva la libertad, carajo! (Palabras del Presidente de la Nación, Javier Milei, ante inversores, desde la Bolsa de Nueva York, EE.UU. Lunes, 23 de septiembre de 2024[1]).[2] (grifos nossos)
>
> Trump é eleito em guinada à direita. Republicano se torna 2º americano a retornar à presidência após derrota. Mais velho a chegar à Casa Branca é também o primeiro condenado. Frustração econômica orienta voto. (Manchete de capa do jornal *Folha de S. Paulo*, de 07 de novembro de 2024[3]).

---

1 Disponível em https://www.casarosada.gob.ar/informacion/discursos/50671-palabras-del-presidente-de-la-nacion-javier-milei-ante-inversores-desde-la-bolsa-de-nueva-york-ee-uu. Acesso em 30 set. 2024.

2 ...porque também temos que ser honestos: em condições normais de pressão e temperatura, eu não seria presidente. Em condições normais, não haveria presidentes liberais libertários e por isso nunca tivemos antes. Por isso eu sou o primeiro presidente liberal libertário da história da humanidade. Muito obrigada e viva a liberdade, caralho! (Palavras do Presidente Javier Milei, diante de investidores na Bolsa de Nova York, Estados Unidos. Segunda-feira, 23 de setembro de 2024. (tradução nossa)

3 Disponível em https://www.vercapas.com.br/edicao/capa/folha-de-s-paulo/2024-11-07/. Acesso em 07 nov. 2024.

O ano era 2008 e o dia, 15 de setembro. Essa data marca a mais recente crise de acumulação capitalista, representada pela falência do banco Lehman Brothers, no coração de Wall Street, centro financeiro dos Estados Unidos. A "crise das hipotecas subprime", como ficou conhecida, derrubou os mercados globais de crédito e os investimentos ao redor do mundo, paralisaram. O estopim da crise, dessa vez, era um monte de títulos hipotecários nas mãos de credores, que continuavam a ser comercializados, só que... sem lastro financeiro. Nas palavras do geógrafo David Harvey (2011, p. 12,13):

> Um mundo que antes parecia estar inundado com excesso de liquidez (como o FMI frequentemente relatou) de repente se viu sem dinheiro e inundado por casas, escritórios e shopping centers em excesso, além de ainda mais capacidade produtiva e trabalho excedentes.

Ao longo da história do mundo capitalista, uma verdade costuma ser certeira: o sistema é propenso à superacumulação o que o leva a crises, de tempos em tempos. O século XX presenciou duas grandes crises que conduziram a mudanças no regime de acumulação. A primeira, em 1929, conhecida como o *crack* da Bolsa de Nova York, fez com que a consolidação do sistema de acumulação fordista e a adoção de políticas keynesianas, conhecidas pelo emprego de políticas do Estado do Bem-Estar Social (o *New Deal* estadunidense e os Trinta Gloriosos europeus – de 1945 a 1975). O Fordismo teve sua maturidade enquanto regime de acumulação no pós Segunda Guerra, e assim perdurou até enfrentar uma nova crise, dessa vez em 1973, com a conhecida crise do petróleo. A resposta à crise, foi a adoção de políticas de corte liberal, rebatizadas de neoliberais e levadas à cabo por Margareth Thatcher, Ronald Reagan e Helmut Kohl.

Para Harvey (2014), a cidade de Nova York foi o balão de ensaio para a adoção das políticas neoliberais. Em 1960, a cidade vivia a sua crise urbana, fruto do processo de desindustrialização e da suburbanização, que havia deixado o centro da cidade empobrecido. Num primeiro momento, com a ajuda do governo federal, a crise foi resolvida com a expansão de emprego e serviços públicos. Contudo, o presidente Nixon vivenciava problemas fiscais e aumento da inflação, o que o fez declarar, no início da década de 1970, que a crise urbana acabara, ou seja, não haveria mais ajuda do governo federal. A recessão continuou acelerando e a cidade de Nova York entrou em déficit fiscal, em desequilíbrio entre receitas e despesas, o que não lhe permitia honrar com os empréstimos realizados. Foi aí que os banqueiros, liderados por Walter Wriston, do Citibank, se recusaram a rolar a dívida, o que levou a cidade a uma bancarrota técnica. O ano era 1975.

Para "salvar" a cidade, ou seja, liberar os empréstimos, a contrapartida exigida pelas instituições financeiras foi a construção de novas instituições que deveriam assumir o orçamento da cidade. A política de austeridade implantada (nada diferente do que ocorreu na Itália fascista de Mussolini, salvo que naquele caso predominou a coerção) exigia o congelamento de salários, cortes nos empregos públicos e na manutenção dos serviços sociais nas áreas da educação, saúde pública e serviços de transporte.

Mas dessa vez não foi necessário uma mão forte e sangrenta como a de Mussolini para esmagar a classe trabalhadora (Mattei, 2023): a saída foi muito mais sutil, foi na base do consenso (e não da coerção). Fabricou-se um consentimento social a partir da oferta de diversidade de pautas e da criação de um clima de "bons negócios". Projetos de renovação urbana, capitaneados pelos investidores financeiros, tomaram conta das áreas centrais, com empreendimentos para a classe média (com a devida expulsão dos moradores pobres para a periferia) e a indústria cultural se encarregou de criar a imagem da "Nova York delirante", da experimentação cultural e da diversificação dos estilos de vida. A multiplicidade de pautas tomou e ofuscou o lugar da pauta da luta de classes, esmagando os sindicatos e seu poder de barganha.

O modelo de administração fiscal de Nova York abriu caminho para a adoção de políticas neoliberais cabendo, a partir de então, ao Estado a função de agente regulador e facilitador de negócios. Primeiramente foi implementado no próprio Estados Unidos, com a administração Reagan e depois, difundido pelo FMI (Fundo Monetário Internacional) como forma de renegociar as dívidas dos países, sobretudo do Sul Global. As políticas de austeridade implantadas pelo modelo neoliberal visavam, como sempre, a restauração do poder de classe, no caso, a favor das classes altas. "Não há alternativa", sentenciava a primeira ministra do Reino Unido, Margareth Thatcher, ao implementar os cortes na terra da Rainha.

Pois bem, e assim se seguiu até 2008, quando presenciamos mais uma crise. Pela lógica, imaginava-se um movimento cíclico, de retorno às políticas keynesianas. E não estávamos tão errados, pelo menos em tese, já que aqui no Brasil, vivenciávamos o tão famoso Welfare State que só conhecíamos por livros. Era o governo Lula que com o bordão "nunca antes na história desse país" de fato havia transformado a nossa cara: as políticas redistributivas dos governos Lula e Dilma elevaram o salário mínimo em termos reais, tirou o país do mapa da fome, reduziu significativamente a pobreza e a extrema pobreza, levou milhares de jovens à universidade. No plano econômico, para dizer que não falamos da economia, tínhamos alcançado a posição de sexta maior economia mundial.

Se aqui o presidente Lula tratou a crise como uma "marolinha", o mundo capitalista começava a dar sinais que o caminho para resolver a crise não estava na direção do keynesianismo. Como de praxe, os governos salvaram de pronto os bancos, mas deixaram de lado a população (Harvey, 2011) e, com efeito, as políticas de austeridade passaram a ser implantadas como remédio para salvar suas economias.

O resultado tem sido a insatisfação da massa trabalhadora que se vê cada vez mais empobrecida em relação ao seu poder de compra e das promessas não satisfeitas pelas políticas neoliberais. É que a separação entre política e economia (Mattei, 2023), uma das máximas da ideologia (neo)liberal, defende que economia é para ser tratada por economistas, despolitizando a classe trabalhadora – daí a diversidade de pautas aderentes ao pacote neoliberal (como visto no caso paradigmático de Nova York) que, ao fim e ao cabo, têm o intuito de fragilizar as pautas reivindicativas por melhores condições de salário e trabalho desde a base, posto que a terceirização e o empreendedorismo primam pelos trabalhos individualizados e não sindicalizados.

Soma-se à insatisfação da classe trabalhadora, o desenvolvimento das tecnologias digitais e com ela, as redes sociais. Foram elas que proporcionaram, por meio de eleições democráticas, a ascensão de governos populistas de extrema direita, como Donald Trump, nos Estados Unidos (reeleito novamente em novembro de 2025), Benjamin Netanyahu em Israel, Victor Orbán na Hungria, Jair Bolsonaro no Brasil e Javier Milei, na Argentina que, ao saber de sua vitória, se apressou a declarar: "*Yo soy el primer presidente anarcocapitalista del mundo. ¡Viva la libertad, carajo!*"

Anarcocapitalistamo, libertarianismo e ultraliberalismo são termos sinônimos e correspondem a uma ideologia modular, ou seja, não fazem parte de uma tradição ampla de pensamento, como o conservadorismo, o liberalismo, o socialismo e o fascismo (Rocha, 2021). O ultraliberalismo surgiu enquanto proposta no Colóquio Walter Lippmann, ainda em 1938, sendo defendida pelo seu criador, o economista Ludwig von Mises. Para Mises, o mercado devia ser radicalmente livre, sem quaisquer restrições, assim como os seres humanos, que poderiam agir como quiserem.

A experimentação ultraliberal parece ter encantado os financistas e a elite mundial que vê nessa ideologia uma forma de maior concentração de riqueza, já que em tese, tudo poderia ser privatizado. E aqui o consenso tem sido construído a partir da demonização da política e da construção de figuras *outsiders*, que se dizem de fora do sistema político, potentemente veiculadas nas redes sociais, como salvadores de tudo que está errado.

A fórmula, segundo Giuliano da Empoli (2023), varia de lugar para lugar. Na Europa e nos Estados Unidos, a culpa da falta de emprego e empobrecimento da população é da imigração (e não das políticas de austeridade implantadas); no Brasil, a culpa é do PT e de Lula que, segunda essa narrativa, afundaram o país. E foi num misto de ideias libertárias com conservadoras, que Bolsonaro chegou ao poder e com ele, seu ministro Paulo Guedes, implementando a política ultraliberal.

Essa coletânea busca abordar as várias faces do ultraliberalismo, que ainda se veste como neoliberal, como uma agudização do mesmo, mas que tem sinalizado experimentações e declarações em sua direção, como foi o caso de Javier Milei e também de Paulo Guedes. Nesse sentido, os oito primeiros capítulos buscam apresentar os caminhos e descaminhos da política que têm oportunizado a implantação de tais agendas, que vão desde a compreensão da personalidade autoritária dos sujeitos, da ascensão do pensamento conservador, até a implantação das políticas de austeridade, inclusive por governos progressistas, que acabaram por gerar o descontentamento e abriram portas para o golpe de 2016 no Brasil e com ele, o ultraliberalismo. Os últimos quatro capítulos buscam jogar luz no processo de formação do consenso em prol das políticas ultraliberais, alimentadas pela extrema-direita, seja por meio do uso das redes digitais via disseminação do ódio e da desinformação, bem como pela mídia tradicional que busca associar os governos progressistas à extrema-esquerda, perdulários e corruptos.

O convite para a escrita dos capítulos surgiu a partir das reflexões suscitadas durante o II Colóquio Sociedade Espaço e Política (II SOPAPO) organizado pela Rede de Pesquisa Voto Território e Classe, tendo lugar na Universidade Federal de Pernambuco (UFPE) em dezembro de 2023. Com a temática "Entre ruas, redes e plataformas... o lugar da comunicação na geopolítica da América Latina", o Colóquio buscou justamente abrir espaço para discussão do avanço da agenda ultraliberal e para o papel da esfera pública e da construção do consentimento pró agenda. Dentre as mesas de discussão, foram selecionados os doze trabalhos brevemente sinalizados nos parágrafos que se seguem.

Sobre as relações entre fascismo, personalidade autoritária, digitalização e neoliberalismo, escrito por José Policarpo Junior, abre essa coletânea e busca elucidar as relações entre o fascismo, as tendências autoritárias dos sujeitos e a comunicação em rede, que tanto permeiam a agudização do neoliberalismo, conduzindo-o ao estado de crise.

Em *O estilo de pensamento conservador: entre o plural e singular na análise mannheimiana*, as autoras Luana Carlos Marques e Monalisa Soares Lopes abordam as bases teóricas e epistêmicas das ideias conservadoras, a partir do conceito de estilo de pensamento, proposto pelo sociólogo Karl Mannheim, no intuito de compreender a repercussão de tais ideias nos dias atuais.

No capítulo *Austeridade e ultraliberalismo em tempos de redes sociais*, Cristina Pereira de Araujo aprofunda a discussão trazida nessa apresentação e busca traçar uma linha de convergência entre programas de austeridade e a ideologia ultraliberal por meio da criação de consensos via esfera pública digital, que tem sido usada amplamente pela extrema direita global na tentativa de convencer o eleitor de que a ausência total do controle estatal é a melhor solução para garantir direitos individuais e crescimento econômico.

O grande consenso da austeridade, traz a análise de Gilberto Maringoni acerca da adoção do projeto da austeridade, como política de Estado, empregada por governos que vão da centro-esquerda à extrema direita na América Latina. O autor traz a experiência brasileira a partir do Golpe de 2016 e a implementação da agenda ultraliberal durante os governos Temer e Bolsonaro, ponderando as dificuldades enfrentadas pelo governo Lula em sair das amarras da coalizão realizada pela frente ampla e que ganhou a eleição.

O capítulo de autoria de Frederico Alves, Candida Maria Bezerra Dantas, Jáder Ferreira Leite, Maria da Graça Silveira Gomes da Costa e Ana Caroline da Silva Fagundes intitulado *Dinâmicas políticas no Brasil do século XXI: limites para a expansão da democracia em governos progressistas e conservadores* discute a derrocada da "onda progressista" na América Latina e particularmente no Brasil (2003 – 2016), provocada pelo não enfrentamento à política neoliberal o que, na visão dos autores, gerou descontentamento de grupos subalternizados que não se sentiram contemplados por tais políticas, dando origem a ascensão de uma "onda conservadora" (2016 – 2022).

No capítulo intitulado *Desalinhamento, realinhamento ou desvio: O PT, Bolsonaro e a geografia eleitoral em São Paulo e Rio de Janeiro*, os autores Larissa Guimarães, Matthew Aaron Richmond e Elizabeth McKenna discutem as preferências dos eleitores à luz da tese do desalinhamento, realinhamento ou desvio, a partir de uma análise do comportamento eleitoral nas regiões metropolitana de São Paulo e Rio de Janeiro para o período de 2002 a 2022, apontando tendências à luz da geografia eleitoral intraurbana.

Em *Votamos com o fígado ou com a cabeça?*, Cristina Pereira de Araujo traz uma retrospectiva dos governos Lula e Bolsonaro para, a partir de uma leitura da inserção do Brasil na geopolítica internacional e do papel da esfera pública na construção de consensos, trazer os resultados de uma pesquisa de opinião realizada por ocasião das eleições presidenciais de 2022, que sinaliza para um dissenso entre anseio e voto.

O capítulo *O desmonte das políticas habitacionais por um governo reacionário*, escrito por Clarianne Braga Borges e Raquel

Garcia Gonçalves, analisa o impacto da agenda ultraliberal sobre as políticas habitacionais, comparando o programa Minha Casa, Minha Vida, dos governos Lula e Dilma, com o programa Casa Verde e Amarela, da gestão Bolsonaro.

O capítulo *Desinformação, mídia e democracia no Brasil*, de autoria de Eliara Santana, discorre sobre o papel da esfera pública na política e no funcionamento da democracia, alertando para o fato da produção de um ecossistema de desinformação enquanto projeto político, que tem colocado em risco a democracia brasileira.

No capítulo intitulado *A desinformação e o contínuo mediático do ódio nas eleições de 2022*, os autores Alexsandro Galeno, Ana Tázia Cardoso e Patrícia Silva oferecem reflexões sobre a adoção de uma política infocrática, que combina elementos da democracia e da autocracia, durante o Governo Bolsonaro e da ameaça desta à democracia.

Em *Ninguém tira os olhos do ditador: análise da cobertura da Folha de S. Paulo sobre a Cúpula de Países Sul-americanos de 2023*, a autora Michele de Mello analisa a cobertura realizada pela *Folha de S. Paulo*, um dos maiores veículos de formação de opinião do País que, ao invés de se ater aos conteúdos propositivos da Cúpula, se ocupou em cobrir a vinda de Nicolás Maduro ao Brasil e seu suposto alinhamento com o presidente Lula, trazendo uma conotação majoritariamente negativa do evento, indagando, nesse sentido, a parcialidade dos veículos de comunicação.

Por fim, os autores Cristiane Sinimbu Sanchez, Karina Pierin Ernsen Alves e Rafael Cardoso Sampaio, assinam o capítulo *Brasil Paralelo em três atos: desinformação, revisionismo histórico e teorias conspiratórias no Youtube*. Nele, os autores examinam como o canal Brasil Paralelo estrutura narrativas audiovisuais que articulam desinformação, revisionismo histórico e teorias conspiratórias, constituindo-se como um dos principais vetores de difusão de conteúdos da extrema-direita no país. À guisa da conclusão, Luciano Muniz Abreu apresenta *Reflexões finais* no intuito de oferecer um fechamento das discussões aqui apresentadas.

Espera-se que as reflexões contidas nessa coletânea possam se somar aos demais trabalhos na área, no intuído de abrir caminhos para avaliação sobre o tamanho do desafio que o campo democrático tem à frente: como usar a democracia através do voto a favor de projetos progressistas e que sejam contrários às políticas de austeridade, pois são elas, como "lobo em pele de cordeiro" que, adotadas pela esquerda, têm propiciado o aparecimento de populistas de direita, impulsionados pelos algoritmos, chancelados pelo voto, que defendem o ultraliberalismo como uma nova ordem do capital.

Agradecimentos

Agradeço ao CNPq, pela concessão da bolsa de produtividade em pesquisa, e à Fundação Tide Setubal. O apoio de ambas as instituições tem sido fundamental para a dedicação à pesquisa, a formação da Rede Voto, Território e Classe, a realização dos Colóquios SOPAPO e a organização deste livro.

E ao meu pai – dono de uma mente brilhante e companheiro de jornada – que nos deixou em um dia ensolarado de outono. Seguimos lado a lado, ainda que em planos distintos.

Referências

DA EMPOLI, G. *Os engenheiros do caos*. São Paulo: Vestígio, 2023.

HARVEY, D. *O Neoliberalismo*: história e implicações. São Paulo: edições Loyola, 2014.

HARVEY, D. *O enigma do capital*: e as crises do capitalismo. São Paulo: Boitempo, 2011.

MATTEI, C. E. *A ordem do capital*: como economistas inventaram a austeridade e abriram caminho para o fascismo. São Paulo: Boitempo, 2023.

ROCHA, C. *Menos Marx, Mais Mises*: o liberalismo e a nova direita no Brasil. São Paulo: Todavia, 2021.

PARTE I

A AGENDA ULTRALIBERAL NA AMÉRICA LATINA

Sobre as relações entre fascismo, personalidade autoritária, digitalização e neoliberalismo

José Policarpo Junior

> Os indivíduos sentem-se, desde o começo, peças de um jogo e ficam tranquilos. Mas, como a ideologia já não garante coisa alguma, salvo que as coisas são o que são, até a sua inverdade específica se reduz ao pobre axioma de que não poderiam ser diferentes do que são. Os homens adaptam-se a essa mentira mas, ao mesmo tempo, enxergam através do seu manto. A celebração do poder e a irresistibilidade do mero existir são as condições que levam ao desencanto. A ideologia já não é um envoltório mas a própria imagem ameaçadora do mundo. Não só pelas suas interligações com a propaganda mas também pela sua própria configuração, converte-se em terror. Entretanto, precisamente porque a ideologia e a realidade correm uma para a outra; porque a realidade dada, à falta de outra ideologia mais convincente, converte-se em ideologia de si mesma, bastaria ao espírito um pequeno esforço para se livrar do manto dessa aparência onipotente, quase sem sacrifício algum. Mas esse esforço parece ser o mais custoso de todos (Horkheimer; Adorno, 1973, p. 203).

Introdução

Desde o fim da última década do século XX, mas especialmente ao longo das duas primeiras décadas do século XXI, a humanidade tem experimentado em grau inédito na história o impacto abrangente de uma interconexão não apenas de natureza econômica, mas igualmente cultural, religiosa, política, militar e comunicacional entre as diversas sociedades e culturas que habitam o planeta Terra. É mister ressaltar que o *grau* dessa interconexão é inédito pela natureza de sua mediação, mas não a *interconexão em si*.

Há pelo menos cinco séculos que um sistema-mundo foi instituído para articular de forma econômica, religiosa, geográfica e política os diversos cantos da Terra, sob hegemonia e iniciativa de potências ocidentais. Certamente esse sistema e as interações por ele engendradas não se limitaram aos aspectos mencionados, mas proporcionaram, sob relações de força e hegemonia, modificações e surgimento de novas culturas, povos e países, os quais, por sua vez, alteraram sobremaneira o próprio sistema-mundo. Exemplo claro desse movimento do sistema-mundo foi a emergência do povo e país que viria a constituir o maior império[1] econômico, político, cultural e

1 Utilizo de modo alargado o conceito de imperialismo da tradição marxista, porém de forma adaptada ao momento atual, como um sentido amplo (econômico, tecnológico, institucional, financeiro, cultural, político-jurídico e militar) de dominação das elites de países dirigentes sobre países dependentes e colonizados, de modo a que a submissão dos últimos não se limite ao campo econômico, mas a qualquer esfera em que estes possam obstar ou impedir o processo de concentração e expansão de capitais (econômicos, institucionais e culturais) dos primeiros. Considero ainda que, na atual conjuntura, encontra-se superada a luta inter-imperialista do passado – que causou, por exemplo, a II guerra mundial –, a qual foi substituída por uma luta entre um conglomerado ou sistema imperialista das elites europeias, japonesas, australianas e canadenses lideradas pelos EUA, e uma frente anti-imperialista liderada pela China, Rússia e Irã, a qual recusa-se a submeter-se ao primeiro, bem como a funcionar nos mesmos termos do bloco imperialista ocidental, e cujos países não gozam do poder institucional, cultural e financeiro dos primeiros, embora já os alcancem em termos econômicos, tecnológicos e militares. Desse modo, na quadra atual do capitalismo e do sistema-mundo, considero só haver um imperialismo, precisamente o sistema liderado pelos EUA, cuja face mais visível são as quase mil bases militares fora do território estadunidense, a hegemonia nas instituições mundiais (Banco Mundial, FMI, cortes internacionais), o sistema dólar, e a indústria cultural estadunidense e ocidental; todo esse conglomerado já mostra sinais de fraturas, porém continua hegemônico e poderoso. Para uma discussão ampla e atualizada do conceito de imperialismo na tradição marxista, ver Leite (2014).

militar do século XX, os EUA, o qual não existia antes do século XVII.

É fundamental ter em mente que esse sistema-mundo, que tornou possível a articulação entre os diversos povos e nações existentes no planeta, jamais teve a pretensão de ser igualitário. Tal processo sempre foi realizado por atores específicos que lograram desenvolver formas de mediação econômica, política e tecnológica correspondentes a cada época, tais como os portugueses e espanhóis nos séculos XV e XVI e posteriormente os holandeses, franceses, ingleses, entre outros, mas sempre com o intuito de gerar vantagens determinadas para quem detivesse a hegemonia do sistema. É quase um truísmo, portanto, afirmar que a articulação entre povos, culturas e países no sistema-mundo sempre foi definida por relações de força que posicionavam desigualmente povos e países entre si – a interação desigual jamais foi um acidente, mas resultado de um amplo e intencional processo de mediação. A rigor, portanto, nunca se tratou de uma relação interpares, sobressaindo-se como exemplo óbvio de tal desigualdade o tráfico escravista e as relações constituídas entre metrópoles e colônias.

Em cada povo ou país, as mediações havidas nessas primeiras formas tradicionais do sistema-mundo eram restritas a segmentos específicos dos corpos governamentais, como os diplomatas e segmentos burocráticos dos estados, representantes comerciais de empresas e grupos econômicos de outros países e povos, e intelectuais isolados. Portanto, embora objetivamente a vida dos sujeitos e povos em diferentes partes do mundo já fosse afetada em graus diversos por todas essas interações do sistema-mundo, tal realidade raramente era apreendida e conscientizada pelos sujeitos constituintes das diversas populações, justamente porque pouquíssimos dentre eles exerciam diretamente atividades correlatas à objetividade e realização desse sistema-mundo.

Até as décadas de 1970 e 1980, não era incomum que até mesmo uma pessoa instruída e com boa formação intelectual pudesse viver toda sua vida com pouco ou nenhum contato com realidades transnacionais, limitando-se a tomar conhecimento de eventos de relevância mundial por intermédio de notícias veiculadas pelas grandes empresas jornalísticas nacionais. Obviamente este não era o caso de diplomatas e outros profissionais cujo ofício sempre demandou conhecimento detalhado de aspectos fundamentais das relações internacionais; todavia, ainda hoje muitos sujeitos podem viver em pleno desconhecimento do que se passa internacionalmente, se assim o desejarem.

Entrementes, o que mudou substancialmente com o advento da internet, da mediação digital entre os grandes agentes econômicos e das plataformas digitais desenvolvidas pelos últimos foi a ampliação considerável do alcance das interações não limitadas localmente entre sujeitos e culturas diversas, bem como a redução significativa do tempo e dos procedimentos de mediação em suas relações. O que é novo historicamente, portanto, na antiga estrutura das relações do sistema-mundo é a massificação da mediação digital, a qual abrange mas não se limita às plataformas de interação, mapeamento e padronização dos sujeitos e consumidores. E é no âmbito desse aspecto que vão se expressar novas formas de socialização e subjetivação política. A massificação desses meios digitais tornar-se-á igualmente objeto e instrumento de realização de outras formas de negócios que, por sua vez, constituirão novos meios de concentração de poder econômico, político e cultural, tendência esta bastante antiga e sobejamente conhecida na configuração capitalista.

Não é objeto deste capítulo discutir o processo de instituição e concentração econômica dos meios e plataformas digitais, mas, ao considerar sua existência factual inegável e sua tendência hegemônica crescente no capitalismo contemporâneo, buscar entender como seu funcionamento configura meios novos ou atualiza formas antigas de dominação e colonização da mente e atitudes humanas, as quais podem ser canalizadas política e eficientemente para fins fascistas e totalitários.

Digitalização, tangibilidade do mundo e o sujeito

Não pretendo perder de vista as tendências de concentração econômica e de poder no meio digital – voltarei a esse aspecto adiante; entretanto, para entendê-lo melhor, creio ser necessário analisar as eventuais modificações que a digitalização empreende no mundo.

O filósofo Byung-Chul Han caracterizou o processo amplo de digitalização das relações sociais e culturais como uma *descoisificação* do mundo, uma substituição das coisas pelas informações e suas expressões digitais. Para o referido autor, o ser humano, caracterizado pela disposição de encontrar-se em meio ao mundo constituído por coisas e outros seres humanos, já não poderia plenamente ser concebido dessa forma depois do advento e massificação da digitalização. Nesse sentido, ele afirma:

> A ordem terrestre, a ordem da terra, é constituída por coisas que assumem uma forma duradoura e criam um ambiente estável para viver. São essas 'coisas do mundo', no sentido de Hannah Arendt, que têm a tarefa de 'estabilizar a vida humana'. Elas lhe dão um suporte. Hoje, a ordem terrena está a ser substituída pela ordem digital. Esta *desnaturaliza* as coisas do mundo, *informatizando-as*. Há décadas, o teórico dos meios de comunicação Vilém Flusser já observava que 'as não-coisas penetram hoje em dia no nosso ambiente por todos os lados e deslocam as coisas. Aquelas denominam-se informações'. Atualmente, estamos na transição da era das coisas para a era das não-coisas. É a informação, e não as coisas, que determina o mundo em que vivemos. Já não habitamos a terra e o céu, mas o Google Earth e a nuvem. O mundo está a tornar-se cada vez mais intangível,

> nublado e espectral. Nada é *sólido e tangível*" (Han, 2022, p. 13, tradução minha, itálicos no original).

Em decorrência dessa constatação, o mesmo autor acrescenta que a antiga concepção do ser humano como *Dasein* por Heidegger e a facticidade do mundo estão superadas. Assim se expressa o autor:

> A análise heideggeriana do *Dasein* em *Ser e Tempo* requer uma revisão que tenha em conta a informatização do mundo. O 'ser-no-mundo' de Heidegger consiste em 'manusear' coisas que são 'vor*handen*" ou "zu*handen*", que estão lá para serem usadas com as mãos. A mão é uma figura central na análise heideggeriana do *Dasein*. Este, termo ontológico para o homem, acede ao mundo circundante por meio das mãos. O seu mundo é uma esfera de coisas. Mas hoje se fala de uma infosfera. Atualmente nos encontramos em uma infosfera. Não *manuseamos* coisas passivas à nossa frente, mas *comunicamos* e *interagimos* com infômatas, os quais agem e reagem como atores. O ser humano já não é um *Dasein*, mas um *inforg* que se comunica e troca informações" (Han, 2022, p. 15-16, tradução minha, itálicos no original).
>
> O ser humano como projeto auto-otimizador que se renova constantemente e eleva-se acima de sua condição de ser 'lançado'... A ideia heideggeriana de 'facticidade' consiste em que a existência humana se baseia na indisponibilidade. O 'ser' de Heidegger é um outro nome para a indisponibilidade. O ato de encontrar-se 'lançado' e a 'facticidade' pertencem à ordem terrena. A ordem digital *desfactifica* a existência humana; não aceita qualquer indisponibilidade fundamental do ser. O seu lema é: *o ser é informação*. O ser está, portanto, completamente à nossa disposição e é controlável (Han, 2022, p. 17, tradução minha, itálicos no original).

A despeito do brilhante diagnóstico de Byung-Chul Han, especialmente quanto à análise de como a informatização ou digitalização do mundo modifica consideravelmente o sujeito e seu modo de ser e estar no mundo, não creio, entretanto, que o termo mais adequado para caracterizar esse processo seja o de *não-coisas*, porque de algum modo as coisas continuam a existir e a mediar de alguma forma a relação do ser humano com o mundo. Penso, entretanto, que o que há é um processo de *digitalização*, em que os fenômenos tangíveis tendem a ser associados a pacotes de informações em uma estrutura que interpõe mais uma camada de mediação entre as coisas e o ser humano.

A digitalização é um processo abrangente de organização, segmentação, catalogação, estruturação de padrões, reconhecimento de tendências de informações, imagens e comandos, relativos a diversas áreas da vida social e pessoal, de modo a poder substituir completa ou parcialmente, conforme o setor da sociedade, a manipulação e ordenamento físicos da instrumentalidade advinda do mundo tangível e analógico por uma visão e instrumentalidade informacional não tangível que ocasiona, entretanto, resultados físicos e tangíveis. As gerações que nasceram e se desenvolveram parcialmente ainda no mundo analógico têm, em princípio, mais facilidade para reconhecer os modos pelos quais determinados sentidos instrumentais pré-digitais vieram a ser convertidos no mundo digital. Apresento alguns exemplos a seguir a fim de ilustrar a mudança de comportamento social implicada e suas repercussões.

No mundo pré-digital, ter acesso ao serviço de um determinado restaurante tinha por pressuposto o conhecimento prévio do tipo de culinária oferecido pelo estabelecimento, sua localização física, horário de seu funcionamento, valores praticados pelo serviço ofertado e outros aspectos relacionados. Se o habitante de uma cidade não conhecesse nenhum restaurante do tipo, poderia consultar o catálogo telefônico e de endereços da região, a fim de encontrar a melhor opção disponível. Poderia, em seguida, telefonar para o estabelecimento e se informar a respeito dos aspectos acima indicados. Em seguida, caso desejasse contratar o serviço, o sujeito deveria se dirigir ao local do restaurante, fazer seu pedido e consumir a refeição no local ou levá-la para consumir em sua residência.

Embora todo esse processo ainda possa ocorrer de forma similar à descrita, a estruturação digital do mundo permite a qualquer sujeito diminuir significativamente o tempo de realização, o uso de energia e o deslocamento físico envolvidos no exemplo mencionado, assim como pode ter acesso a um número incomparavelmente maior de informações imediatamente disponíveis em seu dispositivo eletrônico do que a condição descrita no exemplo anterior em que a disponibilidade de tais informações era algo custoso e demorado de obter. Com alguns cliques, o sujeito contemporâneo familiarizado com o mundo digital pode escolher o tipo de comida que deseja comer, o restaurante que irá fornecê-la, os acompanhamentos que desejar, o limite de preço que está disposto a pagar e o tempo que está disposto a esperar para receber sua refeição no local onde se encontra. É inquestionável e inegável a sensação de poder e autonomia experimentados pelo sujeito no mundo digital em contraposição à experiência aludida em um mundo pré-digital.

Obviamente alguns elementos da condição pré-digital ainda permanecem na situação digital, no tocante ao exemplo mencionado. Em ambas as situações o sujeito é afetado pelo desejo ou necessidade de se alimentar e quer fazê-lo com um determinado tipo de alimento. De igual forma, nas duas situações o sujeito não quer ou não pode cozinhar seu próprio alimento e se dirige a uma instância que possa fazê-lo. Analogamente, é fundamental que o sujeito possua os meios de pagar pelos serviços solicitados, em ambas as situações. Com o concurso de diversas mediações, essas características derivam do fato de que, em qualquer ambiente, digital ou não, o ser humano continua a ser um ser corpóreo e a experimentar todas as características e necessidades relativas a essa condição. Continua, portanto, a ser um ente com necessidades biológico-somáticas, um ser sensório e desejante. Por outro lado, em ambas as condições o sujeito está inserido em sociedades capitalistas ou socialistas em que já existe a milenar instituição do mercado como âmbito institucionalizado de trocas. É importante ter em mente as características que permanecem e as que se modificam em ambas as situações, pois é do cotejamento entre elas que se pode aquilatar as mudanças implicadas pela ordem digital.

No caso em questão, um elemento novo que surge na experiência digital, inexistente na situação anterior, é o próprio ambiente de mediação. Este último pode ser o de uma plataforma digital ou um aplicativo específico que solicita o cadastramento prévio dos estabelecimentos, dos consumidores e dos meios de pagamento e recebimento por intermédio dos quais aqueles podem fazer transações financeiras. Essa plataforma ou aplicativo, nesse caso, exige igualmente a presença de um quarto e/ou quinto tipo de agente que concede seus serviços para tal mediação, ou seja, operadoras de cartão de crédito/débito e instituições bancárias, nas quais consumidores e prestadores de serviço já estão cadastrados previamente. No caso dos entregadores, estes também já devem estar previamente registrados na plataforma e em instituições financeiras. Nessa experiência, portanto, aparecem e se relacionam os seguintes agentes:

Figura 1. Relações entre agentes em solicitação/provimento de serviço de refeição por mediação digital.

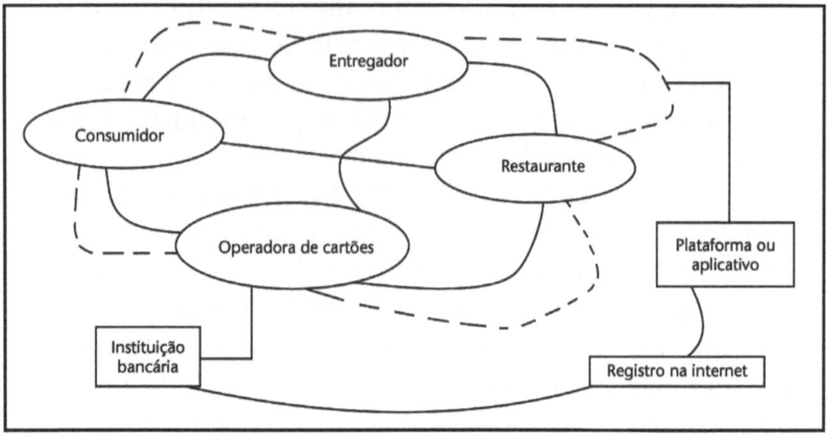

Fonte: O autor.

Na experiência analógica, as relações entre os agentes aparecem do seguinte modo:

Figura 2. Relações entre agentes em solicitação/provimento presencial de serviço de refeição.

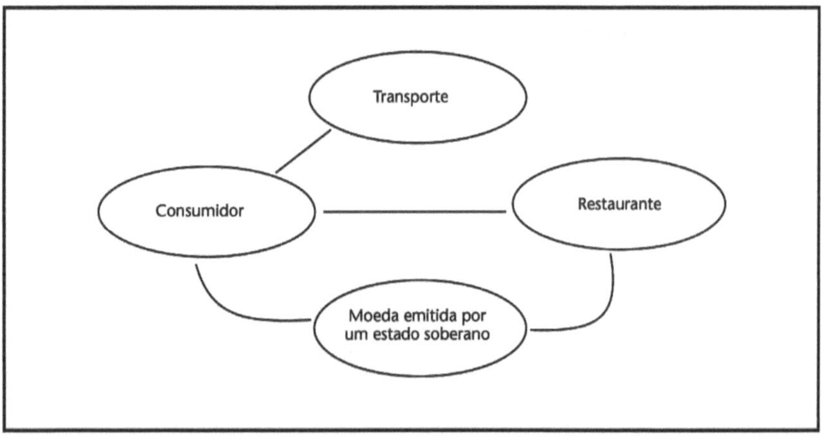

Fonte: O autor.

Caso, no modelo analógico, o pagamento do serviço for efetivado por meio de cartão de crédito/débito, já haverá uma mediação digital que relacionará consumidor e estabelecimento a uma instituição financeira que mantém a sua própria rede em funcionamento. Na verdade, essa mediação iniciou-se de modo analógico, nos anos 1960 no Brasil, e uma década antes nos EUA. Nos anos 1990 no Brasil, os cartões de crédito passaram a fazer transações eletrônicas no pagamento dos serviços, muito antes, portanto, do estabelecimento da abrangente digitalização e das plataformas de serviço. Entretanto, mesmo com o uso do pagamento por cartão de crédito na situação descrita na Figura 2, a experiência, do ponto de vista do consumidor, ainda será majoritariamente analógica.

É importante observar que, na experiência digital ilustrada na Figura 1, há mais mediações e instâncias em interação do que na experiência indicada na Figura 2, embora, para o consumidor, ocorra aparentemente o contrário, isto é, com a maior parte daquelas a permanecer invisibilizada.

Quando se analisa a passagem do modelo analógico para o digital, ainda segundo a visão do consumidor, todo o procedimento se simplifica: demanda menor tempo e esforço físico, ou quase nenhum esforço, as escolhas e decisões do demandante do serviço são acatadas sem contestação ou problematização, bem como o contato entre entes humanos é reduzido ao simples ato protocolar de receber a encomenda previamente paga das mãos do entregador. Até chegar a suas mãos, as opções e decisões do consumidor são registradas e processadas como ordens a um mecanismo não humano, embora haja vários seres humanos interagindo por mediação eletrônica e linguística para que o pedido do consumidor seja processado e atendido.

Não é aleatório, portanto, que, do ponto de vista do consumidor digital, todo o processo manifeste a aparência de um mecanismo submetido ao desejo e escolhas do sujeito individual. Por essa razão, igualmente não é fortuito que eventuais tendências sádicas porventura presentes no sujeito demandante possam surgir diante do entregador, como vários casos de racismo, humilhação e até agressões físicas de consumidores contra entregadores têm ocorrido diariamente no Brasil. Diante de um processo que elimina, em aparência, diversas mediações e concede ao consumidor o poder de definir suas preferências de consumo, receber diretamente o resultado de suas escolhas em suas mãos, sem que necessite se locomover ou lidar com outros seres humanos e em um tempo muito mais curto do que na forma analógica, o sujeito particular experimenta uma modalidade de relação com o mundo em que as coisas tangíveis parecem se submeter às escolhas subjetivas transmitidas e expressas pelo meio digital. Mesmo o ato físico de pressionar com um dos dedos a tela de um dispositivo pode ser substituída – e em outros aplicativos isso já acontece – por um comando de voz. Não é absurdo pensar – e as recentes tecnologias autorizam tal projeção[2] - que em breve, quer por um chip ou outro tipo de sensor, o sujeito poderá emitir diretamente uma ordem de pensamento para um dispositivo realizar o mesmo procedimento, sem sequer ser necessário pressionar qualquer tela ou emitir uma ordem sonora.

Características dos sujeitos e sua condição no mundo

No exemplo anteriormente citado, especialmente naquilo que concerne à condição do sujeito consumidor, gostaria de salientar os seguintes aspectos: (a) a sensação de imediação

2 Recentemente a empresa Neuralink divulgou a experiência de um homem com um chip implantado no cérebro há 18 meses, que ficara paralítico devido a um acidente em 2016, e que, por meio do referido dispositivo, tornou-se capaz de comandar um computador e alguns aparelhos domésticos com a força do pensamento, sem necessidade de mover o corpo (Faria, 2025).

experimentada pelo sujeito entre seu desejo ou necessidade e sua satisfação alcançada quase sem esforço algum; (b) a ausência de qualquer ser humano concreto a se defrontar com o consumidor desde a realização do pedido até instantes antes de recebê-lo das mãos do entregador; (c) ampla liberdade de escolha dentre as opções de produto disponíveis; (d) ausência de contraponto a qualquer escolha do sujeito, de forma que todo o mecanismo funciona como confirmador de suas preferências e desejos; (e) a mediação do ambiente digital e o atendimento do desejo/necessidade do consumidor são realizados sem qualquer modificação no ambiente físico em que aquele se encontra e sem que precise se dirigir a outro local; (f) por decorrência do aspecto anterior, toda a interação do sujeito acontece em ambiente físico e digital por ele controlado, não submetido a modificações por terceiros.

Os seis aspectos acima mencionados encerram características comuns referentes à condição da experiência do sujeito no mundo digital, as quais convergem para constituir o seguinte conjunto articulado: (1) reforço das tendências de autocentramento do sujeito, na medida em que este não se depara com pessoas concretas que poderiam se defrontar ou eventualmente contestar suas demandas; (2) restrição do mundo às possibilidades de eleição, manipulação e avaliação subjetivas, o que tende eventualmente a reforçar o entendimento do sujeito particular de que as interações sociais só são satisfatórias se confirmadoras de seus desejos e tendências e se estiverem sob seu controle direto; (3) homogeneidade da experiência físico-espacial do sujeito por ser dispensado de ingressar em ambiente físico distinto daquele em que se encontra para fazer contato com instâncias não localmente presentes; (4) todas as solicitações e informações prestadas pelo sujeito ocorrem em um ambiente digital ou plataforma configurada e indiretamente controlada por uma terceira instância distinta do provedor do serviço, do entregador e da instituição financeira emissora do meio de pagamento; esse controlador é o que permite que os diversos agentes consigam interagir entre si apesar de fisicamente distantes e desconhecidos uns dos outros; (5) em decorrência do aspecto anterior, e a despeito da sensação de poder por parte do sujeito, tal poder é infinitamente menor que aquele exercido pela instância que configura o ambiente mediador para que milhares ou milhões de sujeitos passem a sentir essa mesma sensação de empoderamento. Por todos esses aspectos mencionados, o sujeito experimenta uma sensação de conforto, segurança e satisfação que torna muito provável sua permanência e fidelização junto à plataforma ou aplicativo que controla toda essa mediação digital e que, por isso mesmo, tem seu poder de influência e seu alcance fortalecidos.

O exemplo mencionado refere-se à solicitação de uma refeição por meio digital. O processo amplo de digitalização que configura as sociedades contemporâneas, no entanto, abrange progressivamente outros meios e dimensões da vida, de modo a influenciar decisivamente não apenas atividades relativas a comércio e serviços, mas igualmente dimensões sociais relacionadas à comunicação interpessoal, à apreciação de música, literatura e outras artes, e até mesmo à configuração de aspectos fundamentais da vida individual como os relacionados à religiosidade, às relações afetivas e sexuais.

Considere-se, por exemplo, os aplicativos de mensagens que funcionam em *smartphones* por meio do número telefônico da linha do usuário. Nesses aplicativos, o sujeito pode escolher de qual grupo participar e quando dele se retirar, bem como pode compartilhar, em formato de texto, imagem e vídeo, informações e mensagens a que tiver acesso com outros grupos e pessoas. Essas escolhas serão em grande medida definidas por sua rede de contatos e pelas tendências de personalidade que lhe são previamente constitutivas. O sujeito pode escolher não se informar por mais nenhuma fonte além daquelas nas quais tem o poder de interagir e que confirmam suas predisposições e tendências, independentemente de eventuais fatos do mundo comum serem contrários às narrativas ali predominantes. O ponto central que converge com o raciocínio proveniente do exemplo anterior se funda no aspecto de que o sujeito que opera tal aplicativo pode optar, se tiver tal tendência psicologicamente estruturada em si mesmo, por evitar, se evadir ou negar o mundo comum que se estabelece como relação concreta e tangível entre os seres humanos, substituindo-o pelas construções imaginárias exclusivas de sua própria mente e/ou partilhadas por ele e um pequeno grupo.

Portanto, a título de exemplo, no caso de o sujeito ser tendencialmente adepto de soluções violentas e/ou supremacistas, as quais só excepcionalmente têm sua objetivação legitimada, sua interação no mundo pode ser grandemente substituída por mediação digital, ao evitar contatos concretos e presenciais que sejam inconvenientes a sua estrutura subjetiva por questionarem e imporem obstáculos à implementação de suas inclinações. Por outro lado, as interações digitais que confirmam suas próprias estruturas psíquico-imaginativas, com a redução de ruídos e obstáculos entre sua percepção e as respostas que a corroboram, aumentam a sensação de "realidade" e adequação de suas inclinações psicossociais em um processo que configura para si o mundo segundo a imagem e semelhança de seu desejo. Não resta dúvida, portanto, quanto à força das mediações digitais e suas plataformas para constituir (não exatamente criar) e manter um público cativo de suas próprias crenças, inclinações e traços de personalidade.

A rigor, esse processo psicossocial não é novo e ocorreu sistematicamente durante os fenômenos fascistas do século XX, especialmente nos casos italiano e alemão da primeira metade do século XX. Naquela ocasião, ainda em uma realidade analógica, os fascistas utilizavam-se da tecnologia mais avançada à época – o rádio – para propagandear seus *slogans*, mentiras e clichés de ódio contra os indesejáveis sociais, os quais eram imediatamente convertidos em inimigos e como tal deveriam ser tratados e, no limite, eliminados. O discurso violento e criminoso dos fascistas sempre encontrou eco nos sujeitos cuja estrutura de personalidade era receptiva àquele. Adorno, Frenkel-Brunswik, Levinson e Sanford (1950) analisaram detalhadamente as características subjetivas estruturantes do sujeito tipicamente fascista e criaram uma escala para aferir aquelas características subjetivas, a famosa Escala F. Segundo esta última, os sujeitos potencialmente receptivos ao fascismo tendiam a expressar altas pontuações nos seguintes aspectos: convencionalismo, submissão autoritária, agressão autoritária, anti-introspecção, superstição e estereotipia, força e "dureza", destrutividade e cinismo, projetividade, estereótipos quanto ao sexo (Adorno, Frenkel-Brunswik, Levinson, Sanford, 1950, p.228). Ainda nesse trabalho, Adorno isoladamente analisou os mesmos achados empíricos à luz da teoria psicanalítica, e caracterizou determinados tipos e síndromes psicológicos propensos a se identificar e reverberar o discurso e as práticas fascistas: o ressentimento superficial, a síndrome convencional, a síndrome autoritária, o rebelde e psicopata, o alucinado, o manipulador (Adorno, 2019, p.532-568). Além desses aspectos e ainda antes desses autores, Reich (1998) caracterizou o perfil psicológico fascista como aquele que é dominado pela camada psíquica dos recalques, a qual é intermediária entre a camada superficial responsável pelo verniz da socialização e da vida convencional, e a camada mais profunda que, segundo esse autor, é a fonte da criatividade e do amor à vida. Segundo essa caracterização reichiana, o fascista é aquele que libera-se da camada superficial e de suas convenções vazias, e identifica-se com o conteúdo recalcado da segunda camada que retorna à superfície com toda a violência possível.

O sujeito fascista é também o produto mediado de práticas sociais violentas antigas e atuais. A contraface da violência objetiva é a introjeção desta última, em diferentes intensidades, por meio do seu recalque e da cisão do eu, mediante o esforça do sujeito em ocultar ou, no caso extremo, naturalizar a violência que sofreu e com a qual de algum modo e em graus diversos se identificou. Essa discussão sobre a caracterização do sujeito fascista e sua relação com a estrutura social brasileira no período de 2013 a 2022 encontra-se sintetizada por Policarpo Junior (2022); não há propriamente novidade teórica quanto a essa explicação da constituição fascista do sujeito. Suspeito, entretanto – o que precisa vir a ser corroborado ou não por pesquisas futuras – que todo esse processo se tornou mais facilitado pela ampla digitalização presente nas sociedades atuais, a qual diminuiu significativamente a quantidade e a intensidade das mediações entre as tendências psíquicas dos sujeitos e suas gratificações ou frustrações digitalmente disponibilizadas.

Em resumo, a digitalização e suas diversas mediações e plataformas não criam as tendências e características psicossociais dos sujeitos[3], mas as manipulam e reforçam por meio de diferentes estratégias que simultaneamente gratificam aqueles em seu anonimato e nos coletivos virtuais a que se filiam. Por outro lado, os sujeitos não participam dessas mediações em igualdade de condições. Um empresário ou político poderoso normalmente tem a sua disposição uma equipe profissional responsável por monitorar e gerenciar suas redes, de sorte que seu poder de influência em uma plataforma, além das várias outras em que se faça presente, tende a ser imensamente maior do que a de um sujeito particular. Desse modo, de forma análoga ao papel desempenhado na primeira metade do século XX pelos primeiros veículos de comunicação de massa como o rádio, os diversos aplicativos, plataformas e algoritmos desenvolvidos pelas maiores empresas do mundo digital

3 Ainda não vivemos a experiência de uma geração inteira ter nascido, crescido e envelhecido sob a hegemonia socializadora das mídias digitais; esse processo está em curso e só a história futura poderá avaliá-lo em profundidade.

– as chamadas *Big Techs*[4] – são utilizados e deixam-se utilizar como os principais meios de canalização do discurso e clichés fascistas, mesmo que aquelas não se reduzam absolutamente a esse papel. Entretanto, mesmo que não se limite a essa instrumentalização, o oligopólio das *Big Techs* beneficia-se da mesma na medida em que os clichés fascistas sempre receberão considerável acolhida e reverberação em qualquer sociedade de massas – o que inevitavelmente dará lucro e ganhos em escala para qualquer propaganda a esse objeto direcionada –, devido obviamente à violência presente em qualquer sociedade, à inumerável presença de sujeitos massificados e ao recalque subjetivo de toda violência e frustração não mediadas pela autoconsciência.

Big Techs

A despeito da existência de agentes com grande poder de influência nas redes sociais e plataformas digitais diversas, como grandes empresários e políticos de expressão, eles não alcançam, todavia, a magnitude do poder das instâncias que estruturam e configuram as próprias formas de mediação digital em plataformas específicas ou na internet em geral. Essas instâncias, as chamadas *Big Techs*, são as que exercem de fato o grande poder na economia digital. São elas as autoras dos jogos e de suas regras; e embora não controlem os movimentos particulares de sujeitos específicos, elas definem o que pode e o que não pode ser feito no meio digital, bem como estabelecem hierarquias invisíveis de tendências distribuídas entre

4 Popularmente se entende por *Big Techs* o grupo formado por Microsoft, Apple, Alphabet, Amazon, Meta, todas estadunidenses, ao qual algumas vezes se juntam empresas do campo de Hardware como Nvidia. Considerando a tendência crescente à digitalização, não é de admirar que venham a surgir outros grupos empresariais para tomar parte nesse consórcio oligopolista digital.

os sujeitos, de modo a favorecer algumas em detrimento de outras.

Por outro lado, do ponto de vista estritamente econômico, as *Big Techs* são hoje o setor mais dinâmico e tendencialmente mais poderoso da economia globalizada. Um dos aspectos que torna tais empresas tão poderosas reside precisamente na possibilidade de separação entre os processos físico-materiais de produção e os processos informacionais e digitais de controle dos primeiros, o que pode, inclusive, ocorrer em países e regiões distintas do globo. Desse modo, um *smartphone* pode ser montado, por exemplo, em uma fábrica localizada na China, enquanto seu design, arquitetura, *software*, dados e configurações de funcionamento estejam sediados nos EUA – dessa forma, o processo digital controla o processo físico, mesmo remotamente. Esse mesmo princípio é empregado pelas grandes redes de logística que cruzam dados de estoques, fornecedores, consumidores, sistemas de pagamento, portais de internet, transportadoras, fabricantes, de modo a fazer essa ampla engrenagem atender os cliques particulares de milhões de consumidores isolados em diversos países. A tendência de hegemonia do capital digital sobre o industrial e de bens tangíveis pode ser constatada pelo valor de capitalização de mercado das maiores empresas do mundo nos últimos trinta anos, conforme constam das tabelas 1, 2 e 3 a seguir.

Tabela 1. Dez maiores empresas do mundo em 2023
por capitalização de mercado.

Colocação	Empresa	Setor	País	Capitalização de mercado (em bilhões de USD)
1º	Apple	Tecnologia	EUA	2.994,000
2º	Microsoft	Tecnologia	EUA	2.795,000
3º	Alphabet (Google)	Tecnologia	EUA	1.764,000
4º	Amazon	Tecnologia	EUA	1.570,000
5º	Nvidia	Tecnologia (*software* e design microeletrônico)	EUA	1.223,000
6º	Meta	Tecnologia	EUA	909,000
7º	Tesla	Automotivo e energia limpa	EUA	789,930
8º	Berkshire Hathaway	Seguros e finanças	EUA	783,550
9º	Eli Lilly	Farmacêutico	EUA	553,370
10º	TSMC	Tecnologia (semicondutores)	Taiwan, China	539,390

Fonte: Wikipedia. Disponível em: https://en.wikipedia.org/wiki/List_of_public_corporations_by_market_capitalization. Consulta em 13/março/2024.

Tabela 2. Dez maiores empresas do mundo em 2003 por capitalização de mercado.

Colocação	Empresa	Setor	País	Capitalização de mercado (em bilhões de USD)
1º	Microsoft	Tecnologia de *software*	EUA	264,003
2º	General Electric	Aeroespacial e energia	EUA	259,647
3º	ExxonMobil	Petróleo e gás	EUA	241,037
4º	Walmart	Varejo	EUA	234,399
5º	Pfizer	Farmacêutico e biotecnologia	EUA	195,948
6º	Citigroup	Finanças	EUA	183,887
7º	Johnson & Johnson	Farmacêutico e médico	EUA	170,417
8º	Royal Dutch Shell	Petróleo e gás	Holanda e Reino Unido	149,034
9º	BP	Petróleo e gás	Reino Unido	144,381
10º	IBM	Computadores (*software* e *hardware*)	EUA	139,272

Fonte: Wikipedia. Disponível em: https://en.wikipedia.org/wiki/List_of_public_corporations_by_market_capitalization. Consulta em 13/março/2024.

Tabela 3. Dez maiores empresas do mundo em 1997 por capitalização de mercado.

Colocação	Empresa	Setor	País	Capitalização de mercado (em bilhões de USD)
1º	General Electric	Aeroespacial e energia	EUA	222,748
2º	Royal Dutch Shell	Petróleo e gás	Holanda e Reino Unido	191,002
3º	Microsoft	Tecnologia de *software*	EUA	159,660
4º	ExxonMobil	Petróleo e gás	EUA	157,970
5º	Coca Cola	Bebidas	EUA	151,288
6º	Intel	Computadores (hardware)	EUA	150,838
7º	Nippon Telegraph & Telephone	Telecomunicações	Japão	146,139
8º	Merck	Farmacêutico	EUA	120,757
9º	Toyota	Automotivo	Japão	116,585
10º	Novartis	Farmacêutico	Suiça	104,468

Fonte: Wikipedia. Disponível em: https://en.wikipedia.org/wiki/List_of_public_corporations_by_market_capitalization. Consulta em 13/março/2024.

Em primeiro lugar, é importante ter em mente que as tabelas 1, 2 e 3 exibem as maiores companhias, em três épocas distintas, por capitalização de mercado, isto é, pelo valor das ações transacionadas em bolsas de valores de vários países. O mercado acionário tende a antecipar, no valor das ações, os potenciais ganhos futuros das empresas. Não é incomum que haja discrepância entre o valor das empresas calculado por capitalização de mercado e por receitas anuais. Na tabela 4, são apresentadas as maiores empresas por receitas anuais em 2023.

A tabela 4 demonstra que a perspectiva de valor do mercado acionário não é a mesma que o valor atual das empresas. Nessa referida tabela, a maior parte das empresas está em setores econômicos relacionados à economia tangível, a qual sempre existirá dada a necessidade de atendimento às exigências corpóreas do ser humano. Entretanto, a perspectiva de valor das ações de empresas de tecnologia (codinome financeiro para empresas relacionadas às atividades digitais) é maior do que a de bens tangíveis, entre outras razões, porque seus lucros em relação às receitas são proporcionalmente maiores do que os das últimas.

Tabela 4. Dez maiores empresas do mundo em 2023 por receitas anuais.

Colocação	Empresa	Setor	País	Receitas (em bilhões de USD)
1º	Walmart	Varejo	EUA	611,289
2º	Saudi Aramco	Petróleo e gás	Arábia Saudita	603,651
3º	Amazon	Tecnologia e varejo	EUA	574,785
4º	State Grid	Eletricidade	China	530,009
5º	Vitol	Commodities e logística	Suiça	505,000
6º	CNPC	Petróleo e gás	China	483,019
7º	CPC - Sinopec Group	Petróleo e gás	China	471,154
8º	ExxonMobil	Petróleo e gás	EUA	413,680
9º	Apple	Tecnologia e eletrônicos	EUA	394,328
10º	Shell	Petróleo e gás	Reino Unido	386,201

Fonte: Wikipedia. Disponível em: https://en.wikipedia.org/wiki/List_of_largest_companies_by_revenue. Consulta em 13/março/2024.

O Walmart, maior empresa do mundo por receita em 2023, teve um lucro de US$ 11,680 bilhões, equivalente a 1,91% de sua receita. No mesmo período, as relações de lucro por receita de Microsoft, Apple, Alphabet, Meta e Amazon foram, respectivamente: 34,59%, 25,31%, 21,20%, 28,98%, 5,29% (dados extraídos da mesma fonte da tabela 4). No setor petroleiro, a relação lucro por receita das empresas Saudi Aramco, CNPC, ExxonMobil e Shell foram, respectivamente: 26,35%, 4,36%, 13,47%, 5,21%. Esses números de proporção lucro/receita demonstram como os ganhos de empresas relacionadas ao processo social de digitalização tendem a ser consideravelmente maiores que os relativos a empresas de bens tangíveis e explicam parcialmente porque o valor de mercado das primeiras assume a dianteira diante do valor das últimas.

De outro lado, ao se observar a capitalização de mercado das dez maiores empresas mundiais em 1997 (tabela 3), 2003 (tabela 2) e 2023 (tabela 1), constata-se que, das atuais empresas consideradas *Big Techs*, apenas a Microsoft consta das três tabelas. Entretanto, em 2023 (tabela 1), das dez maiores empresas por capitalização de mercado, sete delas estavam direta ou indiretamente relacionadas ao processo de digitalização. Os dados evidenciam a mudança qualitativa da organização capitalista mundial durante os últimos vinte anos e indicam a tendência de seu desenvolvimento.

O processo de ultrafinanceirização econômica que ocorre há aproximadamente trinta anos, chamado de neoliberalismo, é simultâneo ao processo de digitalização socioeconômica e à consolidação da ordem econômica imperial sob comando dos EUA após a queda da URSS. Não é à toa que, conforme dados da Tabela 1, das dez maiores empresas por valor de mercado em 2023, sete estavam relacionadas ao processo de digitalização, e nove delas eram empresas estadunidenses, justamente o país que exerce a liderança da ordem imperial no mundo.

Os dados das tabelas 1, 2 e 3 demonstram, portanto, a existência de uma tendência forte à digitalização das sociedades em diversos aspectos da vida. Adicionalmente, também fica evidenciado que esse processo tende a se concentrar em determinadas e poucas empresas que se aproximam da formação de um oligopólio. E, não menos importante, essas empresas e processo inclinam-se a atuar sob o mandado de uma ordem imperial liderada pelos EUA, na medida em que essas empresas são quase todas estadunidenses e, nessa condição, subordinam-se às leis, aos interesses e abrangência imperialista dos EUA. Não é sem razão que alguns países como a China, por exemplo, proíbem ou limitam o funcionamento de alguns *softwares* produzidos por tais empresas, como o Google entre outras, pois os dirigentes daqueles países compreendem que o alcance da tecnologia produzida por tais corporações não se limita à simples economia, antes aquelas empresas e seus produtos digitais atrelam seus ganhos econômicos a determinados padrões de comportamento e reação dos milhões de usuários. Os países que impõem aquelas restrições demonstram compreender que a predisposição para o consumo e o comportamento econômico de milhões de sujeitos massificados não estão separados de seus padrões de compreensão do mundo e reações modeladas a determinados estímulos. Por essa mesma razão, no âmbito econômico, a indústria do *marketing* e propaganda tem progressivamente se retirado das empresas de mídia analógica e de fora da internet, para interagir e financiar crescentemente os grandes conglomerados da indústria digital, uma vez que são as corporações desse setor que podem mais bem fazer a mediação entre outras empresas e seus possíveis consumidores.

Como já afirmado, o poder exercido por esse oligopólio digital pode ser utilizado politicamente no sentido de fortalecer os interesses imperiais em países onde houver o fortalecimento de tendências que não se submetam ou contrariem as estratégias dos EUA e do sistema imperial sob sua liderança. A lista de casos que exemplificam tais tendências é longa, mas basta citar os eventos ocorridos no Brasil desde as "Jornadas de junho de 2013", a Operação Lava Jato, o impeachment da presidente Dilma Rousseff e a eleição de Jair Bolsonaro em 2018 (Policarpo Junior, 2022), bem como o golpe de estado na Bolívia em 2019, em relação ao qual o bilionário e maior acionista da Tesla viria a confessar posteriormente sua participação (Simonard, 2021) e as sucessivas tentativas de mudança de regime na Rússia desde o golpe de estado de 2014 na Ucrânia paralelamente ao avanço da OTAN em direção às fronteiras russas (Sachs, 2024). Em todos esses casos, houve a utilização de estratégias de desestabilização por meio de plataformas digitais e seus algoritmos. Em outras regiões e países, as estratégias de desestabilização podem ser de natureza aparentemente democrática ao contribuírem para a queda de governos autoritários, como foi o caso da famosa Primavera Árabe, entre 2010 e 2011, quando governos de vários países da região foram derrubados por meio de campanhas de massa aparentemente democráticas, sem que, no entanto, todo esse processo tivesse gerado sociedades e governos mais democráticos (Falez, 2021). Tentativas semelhantes de desestabilização na China e na Rússia não foram bem sucedidas devido ao arcabouço institucional preventivo que tais países desenvolveram ao longo dos anos (Alvez, Macedo, Roahny, 2023).

A despeito, portanto, da inegável tendência da economia mundial à digitalização, é mister reconhecer que tendência não significa ainda realidade factual e, algumas vezes, o equívoco quanto a essa diferença é pago com alto custo – veja-se, por exemplo, o erro estratégico cometido pelas potências ocidentais ao imporem à Rússia o maior número de sanções econômicas já aplicadas contra um país em toda a história, após a invasão russa da Ucrânia em fevereiro de 2022. Não é este o local para se discutir o mérito desses acontecimentos, os quais não estão apartados do processo de decadência relativa do império estadunidense e das ações deste e da OTAN em sua expansão para o leste europeu. Mesmo sem entrar na discussão de mérito, os resultados militares e econômicos atuais alcançados pela Rússia demonstram o grande equívoco de avaliação dos ocidentais, uma vez que a Rússia surge amplamente vitoriosa, no referido conflito, tanto militar quanto economicamente, para desespero das potências ocidentais (Fiori, 2024; Vershinin, 2024). Isto posto, é imperioso reconhecer que a tendência econômico-financeira de digitalização das empresas é um processo em curso, mas ainda não se converte completamente em fato consumado, bem como aponta para o fato de que a digitalização da vida social é um processo que também encontrará limites, mesmo que estes estejam ainda muito distantes, pois é evidente que enquanto o ser humano e o mundo forem constituídos por dimensões corpóreas e tangíveis, não poderão deixar de existir as atividades econômicas eminentemente físicas e materiais, ainda que venham a estar sob comando e orientação digital. Tudo isso, entretanto, não anula o direcionamento digital dominante da economia mundial.

Em resumo, os dados e raciocínio antecedentes indicam a tendência do aumento de poder das empresas de tecnologia (*Big Techs*) e diminuição relativa das empresas ligadas à economia tangível (industrial, de energia, bens de consumo, etc.). Por outro lado, tal tendência está em conformidade com o aprofundamento do neoliberalismo, o qual tende a elevar exponencialmente o domínio do capital financeiro sobre o industrial, ou do capital digital sobre o físico. Tal convergência também torna mais viável o domínio ou a instrumentalização de uma quantidade imensa de sujeitos que vivenciam tal processo como gratificante por experimentarem a liberação do que está recalcado, ainda que de modo regressivo – processo psíquico já antevisto por Reich (1998) e por Marcuse (1968, p.83-103) ao reconhecer a "dessublimação repressiva" operada pelo capitalismo monopolista; o amplo avanço da digitalização na sociedade vigente confirma-se, pois, como a descida de mais um degrau no aprofundamento de tal trajetória histórica. Por essa razão, na medida em que as tendências psicológicas dos sujeitos podem ser mais facilmente instrumentalizadas por meios digitais do que por meios analógicos, de igual forma o capitalismo neoliberal, de cunho financeiro-digital, está mais apto e eventualmente mais disponível para tolerar e, em certos casos, promover comportamentos fascistas em largos setores sociais, de acordo com a manipulação da economia psíquica dos indivíduos.

À guisa de conclusão

Em 1944, Horkheimer e Adorno (1985, p.19-52) afirmaram que todo esforço histórico da razão na busca por estruturar um mundo emancipado havia encaminhado a humanidade a formas sofisticadas de seu aprisionamento. Passados oitenta anos desse diagnóstico sombrio e profético, o mundo não parece ser qualitativamente distinto do que era.

O processo acelerado de digitalização – no âmbito do qual tudo que é tangível tende a ser representado por um *quantum* de informação digitalizada a fim de ser manipulado – tem a aparência de uma descoisificação do mundo e da experiência, a despeito dos limites de tal processo em se considerando a dimensão corpórea e tangível do ser humano. Entretanto, a irresistibilidade desse movimento histórico apresenta-se cabalmente por meio da manifestação do valor econômico de todo empreendimento que demonstre a capacidade de relacionar de forma ajustada os ativos financeiros, os perfis psicológicos dos sujeitos massificados, os equipamentos e *softwares* que irão mediar as manifestações de desejos, humores, linguagem e atitudes daqueles, e as perspectivas de negócios das expressões menores do capital que dependem das preferências e eleições dos consumidores para terem acesso ao valor de troca que supõem adequado aos bens e serviços que têm a oferecer – ninguém pode ter melhor acesso a esse imenso repositório de informações do que as corporações capazes de organizar em escala industrial e, ao mesmo tempo, particularizada, a falsa gratificação e direcionamento dos desejos e projeções da psiquê humana. A tendência imposta pelo neoliberalismo digital não é mais tão somente a de expropriar o tempo e a força vital dos sujeitos, mas instrumentalizar os conteúdos da alma, especialmente os mais rudimentares, cujo primitivismo torna-os mais acessíveis à manipulação. O sujeito atomizado, saído de um mundo que outrora ordenava objetivamente, por finalidades produtivas, a contenção da violência subjetiva, sente-se agora liberado para socializar o que a civilização o obrigou a recalcar – o que faz soar o alarme de que o capitalismo digital pode vir a ser mais violento que o analógico. Todo esse processo não está apartado do grande conflito, não mais em estado de latência, entre o sistema imperialista e os polos capazes de a este resistir. Diante de forças tão imensas, não é pessimismo pensar na possibilidade de as instituições da democracia virem a sucumbir diante da violência imperial objetiva aliada à violência dos sujeitos que se sentem dispensados de qualquer tributo à civilização, por se sentirem empoderados para revidar toda a violência que aquela historicamente lhes impingiu sem cumprir a promessa da emancipação anunciada.

A sofisticação dos procedimentos sempre pode gerar maior e não somente menor barbárie. Por mais que todo avanço tecnológico traga explícita ou implicitamente a condição de diminuir ou extinguir o jugo do trabalho, os eventuais ganhos com tal realização jamais estiveram apartados da possível perversão pelo domínio e supremacismo de que a história, e de forma altissonante a ocidental, está repleta. Em uma época em que cada ser humano pode dirigir a outrem um palavra, por todos os meios digitais disponíveis, a opção pela autoclausura, pelo fechamento e estreitamento do mundo parece se agigantar. Todos os passos no sentido de livrar os seres humanos do trabalho repetitivo, quer manual, quer mental, caem imediatamente sob o signo da dominação. O ser humano não está condenado a esse destino, como dão prova diversos indivíduos capazes de, por sua existência, demonstrar a compatibilidade de uma vida dirigida pelo que é bom, belo e verdadeiro (Gardner, 1999), mas isto que é realização e usufruto de algumas pessoas, parece continuar a ser imensamente difícil de ser atingido pelas massas, especialmente quanto estas não mais lamentam o seu destino, mas celebram sua sorte e liberdade em um continente limitado porém aparentemente infinito de um aplicativo.

Referências

ADORNO, T. W. *Estudos sobre a personalidade autoritária.* Organizado por Virginia Helena Ferreira da Costa. Trad.: Virginia Helena Ferreira da Costa, Francisco López Toledo Corrêa, Carlos Henrique Pissardo. São Paulo: Editora Unesp, 2019.

ADORNO, T. W.; FRENKEL-BRUNSWIK, E.; LEVINSON, D. J; SANFORD, R. N. *The Authoritarian personality.* New York: Harper & Brothers, 1950.

ALVES, B. V. W.; MACEDO, B. V. de; ROAHNY, L. Preparando-se para a guerra híbrida: uma análise das ações russas de enfrentamento a revoluções coloridas e interferência externa. *Rev. Conj. Aust.*,v.14, n. 66, abr/jun 2023, p. 87-102. DOI: *https://doi.org/10.22456/2178-8839.130300.*

FALEZ, N. Dez anos após Primavera Árabe, desilusão dos egípcios da Praça Tahrir continua. *Folha de São Paulo*, 25 jan. 2021. Disponível em: <*https://www.brasil247.com/mundo/dez-anos-apos-primavera-arabe-desilusao-dos-egipcios-da-praca-tahrir-continua*>. Acesso em: 22 mar. 2024.

FARIA, V. Após 18 meses com chip cerebral, primeiro paciente da Neuralink relata sua experiência. *Capitalist*, 27 ago. 2025. Disponível em: <https://capitalist.com.br/apos-

-18-meses-com-chip-cerebral-primeiro-paciente-da-neuralink-relata-sua-experiencia/>. Acesso em: 18 out. 2025.

FIORI, J. L. A vitória estratégica da Rússia, em 2023. *A terra é Redonda*, 16 jan. 2024. Disponível em: <*https://aterraeredonda.com.br/a-vitoria-estrategica-da-russia-em-2023/*>. Acesso em: 25 mar. 2024.

GARDNER, H. *O Verdadeiro, o belo e o bom*: os princípios básicos para uma nova educação. Trad.: Álvaro Cabral. Rio de Janeiro: Editora Objetiva, 1999.

HORKHEIMER, M.; ADORNO, T. W. *Dialética do esclarecimento: fragmentos filosóficos*. Trad.: Guido Antonio de Almeida. Rio de Janeiro: Jorge Zahar Ed., 1985.

HORKHEIMER, M.; ADORNO, T. W. (Orgs.). *Temas básicos da sociologia*. Trad.: Álvaro Cabral. São Paulo: Editora Cultrix, 1973.

LEITE, L. M. *Sobre as teorias do imperialismo contemporâneo*: uma leitura crítica. *Economia e Sociedade*, Campinas, v. 23, n. 2 (51), ago 2014, p.507-534. DOI: https://doi.org/10.1590/S0104-06182014000200009.

MARCUSE, H. *Eros e civilização: uma interpretação filosófica do pensamento de Freud*. 3ª ed. Trad.: Álvaro Cabral. Rio de Janeiro: Zahar Editores, 1968.

POLICARPO JUNIOR, J. *Fascismo e personalidade autoritária na sociedade brasileira do século XXI*. Recife: Instituto de Formação Humana, 2022. E-book. ISBN: 978-65-991599-3-0.

REICH, W. *Psicologia de massas do fascismo*. Trad.: Maria da Graça M. Macedo. 2ª ed. São Paulo: Martins Fontes, 1998.

SACHS, J. Como a CIA desestabiliza o mundo. *Brasil 247*, 13 fev. 2024. Disponível em: <*https://www.brasil247.com/blog/como-a-cia-desestabiliza-o-mundo*>. Acesso em: 12 mar. 2024.

SIMONARD, J. Elon Musk confessa participação no golpe na Bolívia e diz que golpeará quem for necessário. *Brasil 247*,

16 mai. 2021. Disponível em: <https://www.brasil247.com/mundo/elon-musk-confessa-participacao-no-golpe-na-bolivia-e-diz-que-golpeara-quem-for-necessario>. Acesso em: 18 out. 2025.

VERSHININ, A. Quando o Ocidente descobre que sua guerra é ineficaz. *A terra é Redonda*, 25 mar. 2024. Disponível em: *<https://aterraeredonda.com.br/quando-o-ocidente-descobre-que-sua-guerra-e-ineficaz/>*. Acesso em: 25 mar. 2024.

O estilo de pensamento conservador: entre o plural e o singular na análise mannheimiana

Luana Carlos Marques
Monalisa Soares Lopes

> Ideais importam. Seria estranho imaginar que aquilo que os operadores das instituições políticas pensam sobre o mundo não afetasse suas ações. Pensar em ações desprovidas de ideias, na verdade, parece-nos impensável (Perissinotto e Stumn, 2017, p. 141).

Introdução

Esse capítulo prioriza uma investigação a respeito das ideias conservadoras, suas bases teóricas e epistêmicas e, sobretudo, a articulação do pensamento que conjuga essa variedade de ideias que convencionamos chamar de conservadorismo. Para esta última tarefa recuperamos a contribuição de Mannheim (1986) em sua análise acerca do *estilo de pensamento conservador*.

A perspectiva mannheimiana sobre o conservadorismo está inscrita na interpretação de que o mesmo incorpora um apelo ao concreto (Mannheim, 1986). Em outras palavras, o estilo de pensamento conservador seria posicional em relação ao tempo e ao contexto histórico em que se desenvolve.

Assim, o conservadorismo precisa ser entendido como um fenômeno plural, que não exclui a diversidade em meio a continuidades. É essa perspectiva sobre o conservadorismo que nos conduzirá ao longo do texto. De um modo mais geral, também partimos do pressuposto de que o pensamento importa para o entendimento da prática política. Não há, portanto, incompatibilidade entre a análise das ideias e da realidade política. Aqui, priorizamos a investigação sobre as ideias políticas do conservadorismo como forma de ampliar a compreensão sobre a organização recente da direita brasileira.

Assim, este objeto de reflexão surge como conjectura da realidade: em meio a seguidas décadas de avanço das ideias progressistas realizadas por meio de políticas públicas e agenda dos movimentos sociais, na primeira década do século XXI, nos deparamos com uma ampliação e agenciamento de grupos de direita que, durante este período de redemocratização, não disputaram tão ativamente a visibilidade na política brasileira. Pierucci (1999) ao analisar o fenômeno alertou para os desafios de identificar à época, a agenda e os políticos de direita no Brasil por autoidentificação. O legado negativo da ditadura impediu durante muito tempo que a direita dissesse seu nome, atuando, portanto, de modo envergonhado (Pierucci, 1999).

Rocha (2021) afirma que a direita viveu um "problema de *branding*" e que "a vergonha em se afirmar de direita, porém, não dizia respeito apenas aos políticos mas também se estendeu aos seus ideólogos, simpatizantes e eleitores" (p. 19). Segundo a autora, a reemergência da autoidentificação com a direita veio após o sucesso dos governos petistas, em meio aos escândalos de corrupção com destaque para o Mensalão[1]

1 O Mensalão foi um escândalo oriundo de denúncias feitas pelo então deputado Roberto Jefferson (PTB). Segundo o deputado, o governo Lula pagaria valores mensais aos deputados da base aliada para que eles votassem favoravelmente aos projetos do executivo, sendo José Dirceu, então Ministro-Chefe da Casa Civil, o coordenador do esquema.

(p. 19). Após 2013, vemos um cenário bastante distinto com a emergência de lideranças que passam cada vez mais a mobilizar a identificação com a direita e o conservadorismo, positivando essa perspectiva política que será também assumida entre as bases eleitorais e sociais (Rocha, 2021).

Na última década, as mudanças no cenário político brasileiro ocorreram de tal modo que os avanços das pautas progressistas, que pareciam irrefreáveis, passaram a ser consistentemente atacados. Se expressar como um conservador na política, defender ideais de valorização da família ou, principalmente, de estigmatização da diversidade de orientação sexual e de gênero passaram a constituir formas de atuação de parlamentares no Congresso Nacional.

Nesse universo de ideias que compõem a visão de mundo conservadora, observamos também a defesa de práticas punitivistas por parte do Estado e, ao mesmo tempo, uma intransigente defesa da vida. Para muitos parlamentares desse campo, é comum defender a redução da maioridade penal para punir e controlar um jovem cada vez mais cedo e, ao mesmo tempo, uma defesa enfática do direito à vida do feto. Esta agenda em torno da proibição do aborto constitui pauta relevante da mobilização de lideranças políticas do campo conservador.

De acordo com Biroli (2020), essa politização reativa à agenda de equidade de gênero tem apostado numa "criminalização acentuada" do direito ao aborto, incluindo "iniciativas para suspender o debate sobre aborto e delatar movimentos sociais pelo que tem sido definido como 'apologia ao aborto'" (p. 35). A título de exemplo, em 2024, um grupo de parlamentares conservadores, sob a liderança de Sóstenes Cavalcante (PL-RJ), apresentou o Projeto de Lei 1904/2024 que visa alterar o Código Penal para estabelecer o período de 22 semanas como o máximo para a interrupção de gravidez, mesmo em casos legalmente definidos como em decorrência de estupro. A pena para interrupções de gestação após o período indicado no PL seria equiparada à de homicídio simples, com detenção de 20 anos. A equiparação ao homicídio simples delimitaria, portanto, uma pena a ser cumprida pelas mulheres maior do que a estipulada para os estupradores, que orbita entre 10 e 20 anos. A proposta teve extensa repercussão no debate público, sendo amplamente mal avaliada pela sociedade em virtude da agressiva penalização às mulheres, o que redundou em sua retirada de pauta no plenário da Câmara.

É fato que no senso comum pode existir alguma adesão às propostas de preservação da vida por meio da hipervalorização da concepção e do feto. Este fenômeno que, à priori, pode ser visto como sem fundamentação teórica, se relaciona, no entanto, com uma vasta literatura conservadora que comunga e busca dar base para tais proposições quando emergem na esfera da política institucional.

À medida que uma mobilização social à direita se viabiliza, as questões emergentes se entrelaçam na fala dos intérpretes que explicam suas ideias por meio de canais YouTube, Instagram ou sites de *think tanks*. Intérpretes como Olavo de Carvalho, Luiz Felipe Pondé, Phelippe de Orleans e Bragança, entre outros, buscam dar sentido aos fenômenos que angustiam o senso comum com base na própria visão de mundo e, ao mesmo tempo, relacionam tais questões com a produção de teóricos conservadores. Eles atuam como intermediadores de temas e questões que, ao final do dia, se tornam pauta na Câmara dos Deputados.

Nesse sentido, para compreender melhor o fenômeno da mobilização de ideias e discursos conservadores na prática política, propomos refletir, em uma perspectiva teórica e epistemológica, como tudo isso se sustenta na ordem do pensamento político. Para tanto, tomamos como lente analítica a revisão de literatura de alguns autores conservadores consagrados entre intérpretes e sua base social e, especialmente, a análise dessa produção através do conceito mannheimiano de *estilo de pensamento*.

Identificamos, portanto, alguns autores conservadores com vistas a revisão de suas teorias, tais como: Edmund Burke (2016), Julius Évola (1989), Robert Nisbet (1987), Roger Scruton (2021) e João Pereira Coutinho (2018). Para a seleção dos autores acima indicados, utilizamos dois critérios sobrepostos: primeiro, consideramos a frequência em que são citados por conservadores com grande alcance público no contexto brasileiro, e, em segundo, observamos quais dos autores frequentemente citados têm também suas produções estudadas no âmbito do pensamento social e político.

Após a aplicação dos critérios, pudemos identificar os autores que produzem conteúdo com alguma medida de profundidade e também influenciam o debate conservador no Brasil. Entre eles, encontramos uma diversidade de análises e perspectivas. Alguns com produções densas sobre o conservadorismo e baixo alcance popular; outros com muita aceitação e influência, mas sem contribuições teóricas além da continuação de ideias já desenvolvidas.

Nas próximas seções apresentamos: a) as interpretações de Mannheim sobre o pensamento conservador à luz da sociologia do conhecimento; b) a revisão teórica, contemplando as temáticas que permeiam as teorizações conservadoras, aproximações e distanciamento entre autores, além das principais reflexões que suscitam; c) a análise dessas teorias conservadoras evidenciando os aspectos centrais do que Mannheim chamou de *estilo de pensamento conservador*; e d) por fim, retomamos algumas reflexões sobre as repercussões do pensamento conservador na prática política brasileira contemporânea.

O estilo de pensamento conservador: a proposta analítica de Mannheim

O conservadorismo é compreendido na historiografia como um movimento sociopolítico profundamente relacionado ao contexto das revoluções modernas. Sua emergência se deu de forma sistemática entre os séculos XVII e XIX em virtude das transformações ocorridas à época.

Como marcos da modernidade, temos três esferas de revoluções: a) as culturais balizadas no renascimento, iluminismo e humanismo; b) as políticas, que transformaram as instituições a partir da Revolução Inglesa (1640-1688), Revolução Americana (1776-1783) e, por fim, a Revolução Francesa (1789-1799); e a última esfera c) as grandes transformações econômicas propulsionadas pela Revolução Industrial. Esse conjunto de mudanças desdobrou-se em diversas outras no campo da vida pública e privada, impactando drasticamente na forma como se constituía a vida social. É precisamente neste contexto que as ideias conservadoras passam a ser sistematizadas por Edmund Burke, considerado o pai do conservadorismo.

Uma das análises seminais acerca da teoria política e filosófica do conservadorismo foi produzida por Karl Mannheim (1986), assim considerada por sua densidade de conteúdos e análises, bem como, por ser uma obra inaugural para o campo da sociologia do conhecimento recém-formulada. O recurso metodológico usado pelo autor mobilizou a sociologia do conhecimento, fomentada pelo próprio, como campo de pesquisa das ciências sociais. Especialmente, na obra *O pensamento conservador*, Mannheim usou o termo *estilo de pensamento* para designar uma busca sistemática dos fundamentos e das consistências no âmbito daquele pensamento. Seu objetivo foi identificar o que havia de mais básico e primário na estrutura das ideias, bem como suas influências e fases históricas.

Para tanto, Mannheim nota que há diferenças substanciais entre tradicionalismo e conservadorismo, considerando que o segundo ganhou elementos de estilo de pensamento, obtendo uma consistência teórica a partir da influência do romantismo alemão[2] "[...] é também possível dizer que a Alemanha teve um papel complementar na medida em que transformou o pensamento conservador orgânico e histórico numa arma, dando-lhe ao mesmo tempo uma consistência interna e uma lógica." (Mannheim, 1986, p. 84). Nesse debate, Mannheim também aponta que o pensamento proletário[3] teria, de várias maneiras, uma afinidade significativa com o pensamento conservador e reacionário.

Assim, de acordo com Mannheim, "o significado sociológico do romantismo está na sua função de oponente histórico das tendências intelectuais do Iluminismo[4] [...] A 'comunidade' é colocada contra a 'sociedade', a família contra o contrato, a certeza intuitiva contra a razão, a experiência espiritual contra a experiência da matéria." (Mannheim, 1986, p. 95).

O autor demonstra como os conservadores criam oposições que se negam mutuamente. A comunidade é entendida como uma composição gregária da vida; a sociedade como um ajuntamento difuso e desordenado. A família se torna um bem contínuo e a base dos valores acumulados na vida social; o contrato pode ser desfeito à medida das diferenças e dos interesses individuais. A intuição surge como um processo de fruição em que a certeza acontece mesmo sem processo calculado; a razão tem o componente do cálculo e da reflexão, sen-

---

2 O romantismo alemão se desenvolveu entre os fins do século XVIII e início do século XIX, caracterizando-se como uma resposta ao modo excessivamente racionalista e materialista do iluminismo. Mannheim mobiliza-o como exemplo para explicar a relação entre conservadorismo enquanto uma filosofia produzida em resposta à modernidade.

3 Por pensamento proletariado se entende o sistema de pensamento atribuído à esquerda e sua ação revolucionária frente ao capitalismo.

4 O iluminismo é um conceito-chave para entender a gênese do pensamento conservador na medida em que os conservadores pretendem se mostrar como um canal de resistência aos ideais de progresso contínuo, irrefreável e baseado na racionalidade. O conservadorismo clássico se apresenta como oponente ao primado da razão e ao individualismo, marcas do ideário iluminista.

do ela prática ou pura. Os conservadores dão sempre predileção a primeira alternativa entre as dualidades citadas acima.

Deste modo, fica mais evidente porque para o sistema de pensamento conservador as temáticas de família, validade do conhecimento científico-racional e o pensamento mágico são tão relevantes ainda na contemporaneidade. Há, portanto, um arcabouço teórico que fundamenta a compreensão da realidade a partir do argumento da experiência e das particularidades sociais. Pudemos observar a mobilização desses aspectos como norteadores da prática política brasileira ao longo dos anos de gestão de Jair Bolsonaro: a ênfase no debate moral como argumento em defesa da família e o negacionismo no período da pandemia podem ser listados como exemplos.

Em termos de conteúdo, o conservadorismo foi se reformulando ao longo dos séculos, sobretudo, por se tratar de uma abordagem filosófica reflexiva face o tempo histórico em que se desdobra, como argumenta Mannheim (1986). Assim, os conservadorismos foram ganhando conotações mais plurais a partir de seu desenvolvimento em diferentes países e em épocas históricas distintas, no período do século XVII até os dias atuais.

A pluralidade do pensamento conservador: origens e desenvolvimento

A despeito das interpretações sobre filósofos, tais como Platão e Aristóteles, com clara construção teórica conservadora, o conservadorismo, como síntese de pensamento político, ganha contornos mais sistemáticos a partir da produção de Edmund Burke e suas críticas à Revolução Francesa. Estas se tornaram um elemento fundante da crítica conservadora à modernidade, valendo-se de forma frequente da enunciação sobre os desafios dos processos históricos e políticos revolucionários, entre eles, as adaptações necessárias frente às mudanças e às rupturas de paradigmas da ordem do cotidiano e dos costumes.

As reflexões de Burke sobre a Revolução Francesa também se tornaram populares na construção teórica entre historiadores e demais pesquisadores, na medida em que uma de suas interpretações mais significativas atribuiu aos jacobinos[5] a soma dos fracassos da Revolução, desde o terror da guerra até a ascensão de Luís Bonaparte. Sua abordagem densa possibilitou a emergência de muitas outras sobre o tema, como por exemplo a ideia de prudência ante as transformações.

A produção de Edmund Burke se deu, em maior parte, na segunda metade do século XVII, bem como sua atuação política, que ocorreu como membro do parlamento londrino pelo Partido Whig e como secretário do Primeiro-Ministro à época, o Marquês de Rockingham. Por meio da própria preferência pelo Partido Whig, no qual se reuniam os políticos liberais, já se percebe uma correlação entre o conservadorismo moral de Burke e sua abertura para o liberalismo econômico. Burke exerceu, portanto, influência entre os autores conservadores e liberais que lhe sucederam.

O desenvolvimento do conservadorismo se traduziu num grande volume de abordagens, com diferentes teorias e proposições, formatando um pensamento conservador plural, que contempla até mesmo ideias percebidas como divergentes quando historicizadas ou observadas em momentos distintos. Considerando essa pluralidade interpretativa, e explorando as teorizações dos autores selecionados, examinamos o que podemos chamar de "extremos" da teoria conservadora: as pro-

---

5 Os Jacobinos foram um grupo político central no processo da Revolução Francesa. Entre suas posições destacavam-se a defesa de um estado republicano e o uso da violência para fins políticos. É em torno deste ponto que reside a crítica formulada por Burke que afirmou que a prática do terror perpetrada pelos jacobinos forjou um processo revolucionário que culminou em fracasso. De acordo com o autor, a radicalidade das ideias e da prática de violência ostensiva foi o motivo para que a Revolução Francesa não conseguisse ser bem-sucedida quando comparada à Revolução Americana.

duções de Julius Évola (1989) e João Pereira Coutinho (2018). Essa reflexão se apoia no entendimento mannheimiano sobre o estilo de pensamento conservador, que destaca a compreensão sobre a diversidade das ideias conservadoras, sem perder de vista a identificação de pressupostos maiores que garantem a continuidade das ideias conservadoras.

Julius Évola foi eclipsado por anos como ideólogo conservador, tendo sido recuperado recentemente por um dos maiores influenciadores do conservadorismo brasileiro, Olavo de Carvalho. Ao longo do tempo, alguns ideólogos do fascismo italiano romperam as fronteiras acadêmicas e se tornaram nomes conhecidos pelo senso médio passando a ter suas produções exaustivamente debatidas nos circuitos intelectuais, entre os quais destacam-se Giovanni Gentile e o próprio líder do movimento, Benedito Mussolini. Évola, entretanto, permaneceu ofuscado mesmo em meio a esse processo. Nascido em Roma em 1898, teve inclinações artísticas com o dadaísmo e o futurismo na sua breve carreira de artista plástico, tendo sido convocado para a Primeira Guerra Mundial ainda que não tenha chegado ao conflito bélico propriamente. Sua incursão como teórico se deu a partir da leitura dos textos de Nietzsche, da crítica ao cristianismo e de aproximações com grupos gnósticos e esotéricos.

A aproximação com o fascismo ocorreu em 1930, especialmente, a partir da formulação de "racismo espiritual" que, para Évola, não pressupõe uma diferenciação racial e étnica. Segundo o autor, as diferenças entre povos se dava por níveis espirituais. Desse modo, o fascismo precisava, necessariamente, criar espaços em que pessoas "virtuosas" e de "espírito elevado" pudessem se isolar das demais. Para além disso, Évola debateu questões como o anticomunismo, antiliberalismo, autoritarismo e nacionalismo, temas fundamentais para o fascismo e fontes primárias da memória social a respeito do mesmo. Como é lembrado no seio da história das ideias políticas: o fascismo italiano fez concessões provisórias com setores conservadores, tendo tradicionalistas como aliados ou mesmo adeptos do fascismo, como lembra Francisco Cassata (2003). Julius Évola, um dos expoentes do tradicionalismo, é interpretado como à direita do fascismo.

Categorias como nacionalismo, universalismo e coletivismo são abordadas por Évola no livro *Revolta contra o mundo moderno* (1989). O livro em questão foi publicado originalmente em 1934 e se tornou uma das mais importantes obras do referido autor, quiçá a mais importante entre adeptos dos neofascimos[6] e de tradicionalistas. A obra se consolidou como o texto em que Évola elabora a recusa ao mundo moderno e ao ideal iluminista de razão. O movimento tradicionalista, desta forma, fundamenta-se em noções de essencialidade e soberania natural, estes constituindo conceitos elementares para o próprio pensamento. As interpretações do autor, fundadas nas ideias de soberania natural e essencialização do ser, sugerem que alguns grupos sociais têm uma propensão natural à iluminação e ao pertencimento *Angelópolis*.[7] A separação de grupos com habilidades para a soberania natural, sob bases da tradição hermética, cria o chamado "fascismo espiritual".

É relevante destacar a escolha por situar Évola no âmbito do conservadorismo. Embora sua produção sugira significativo distanciamento dos demais conservadorismos, suas ideias têm sido fontes de inspiração para conservadores influentes no cenário contemporâneo, entre eles Olavo de Carvalho e Alexander Dugin. Ademais, também vêm contribuindo para discussões de grupos espirituais do *New Age*, fraternidades esotéricas e grupos religiosos espiritualistas.

---

6 O conceito se refere ao fenômeno de retorno aos ideais fascistas (nacionalismo, autoritarismo, entre outros), mas com adaptações a assuntos e temas contemporâneos como a globalização e multiculturalismo, por exemplo.

7 "Cidade dos Anjos" é a tradução do conceito de Évola sobre uma quarta experiência de cidade, realizada sob bases espirituais e perfeitas. A compreensão de Angelópolis foi feita por Alexandre Dugin (Cientista político russo e político influente na gestão de Vladimir Putin, atual presidente da Rússia.)

Olavo de Carvalho no livro *Jardim das Aflições* (1995) reconhece a significativa contribuição dos escritos de Évola para a crítica à modernidade, além de reconhecer sua ênfase à dimensão espiritual tomando-o como um grande escritor do esoterismo no século XX. Para além de suas obras, Olavo também reconhecia a influência de Évola em sua trajetória divulgando-a no site em que produzia e vendia seus cursos. Alexander Dugin, por sua vez, demonstra interesse no aspecto estético das reflexões de Évola, mas também atenta ao caráter filosófico e político do seu texto, com retorno ao conceito de *Angelópolis* (cidade dos anjos).

Se Évola ficou durante muito tempo sem reconhecimento entre os adeptos do pensamento conversador, João Pereira Coutinho, escritor e cientista político, natural de Porto, nascido em 1976, é um dos conservadores mais proeminentes da atualidade. Apesar de ser graduado em história, com ênfase no campo das artes, doutorou-se em ciência política, com uma pesquisa a respeito do pluralismo de Edmund Burke e Isaiah Berlin. Atualmente é professor auxiliar na Universidade de Oxford. O mesmo se autointitula conservador e libertário na sintaxe. Além disso, tem uma coluna quinzenal na *Folha de S. Paulo*, compondo o grupo de autores da nova direita. Em entrevista feita por Arthur Aguiar (2009), Coutinho afirma "[...] sou essencialmente conservador em política e um libertário em todo o resto".

No livro *As ideias conservadoras explicadas a revolucionários e reacionários*, Coutinho (2018) se atém à tarefa de esclarecer o que é o conservadorismo e desmistificar sua imagem para o público em geral, pontuando sua especificidade ante o fascismo e o reacionarismo. O autor aponta as distinções entre o conservadorismo e o reacionarismo demarcando que o pensamento reacionário está mais relacionado à busca por mudanças da realidade, num sentido de retorno ao passado. Sua defesa retoma o pensamento de Burke e sua aproximação ao conservadorismo moderno, ou seja, ele desconstrói expectativas e noções mais fixas que foram sendo criadas em torno do que é ser um conservador e se volta à definição do ideário conservador a partir de características mais situacionais e posicionais – o conservadorismo como mecanismo de moderação da vida. No preceito de reformar para conservar, evitando grandes transformações, o conservadorismo político se torna, aos olhos de Coutinho, a melhor saída para a vida em sociedade, frisando, inclusive, o conceito de *sistema de valores acumulados*, o qual exploraremos posteriormente.

Coutinho (2018), no livro As Ideias Conservadoras, dispõe de dois conceitos, apresentados primeiramente por Oakeshott (2013), que distinguem o conservadorismo: um enquanto predisposição que diz respeito ao temperamento individual; e outro, o conservadorismo político, como capacidade de agência, articulação e mobilização na vida pública. O autor argumenta que essas duas faces não são exatamente correlatas. É possível haver um indivíduo engajado no conservadorismo político, mas que não possua seu ânimo.

Em síntese, o pensamento de Coutinho mantém uma ênfase no estado de permanência das coisas ou em um ideal de mudanças brandas e moderadas para lidar com a própria realidade. O conservadorismo, por sua vez, seria encarado como uma ideologia posicional e reativa em contraponto aos grupos ideacionais e ativos.

O estilo de pensamento conservador e suas categorias centrais

Contemporaneamente, com a profusão de argumentos em favor da reprodução dos papéis sociais de gênero, de uma adaptação ao caráter insidioso do neoliberalismo e de um aumento das pautas de cunho privado na esfera pública, como a *HomeSchooling*, muitas vezes têm se produzido reflexões simplórias sobre o conservadorismo. Retomamos, aqui, a busca por características contínuas da crítica conservadora à sociedade. Considerando que os pensadores do conservadorismo se esmeram na tarefa de separar as ideias políticas e filosóficas conservadoras em relação às demais compreensões e leituras epistemológicas.

Na perspectiva adotada por Mannheim (1986), compreendemos que o conservadorismo encontra como pressuposto do seu pensamento uma busca por sistematizar uma forma diferente de pensar, não apenas a adoção de percepções e objeções particulares:

> O conservadorismo não queria apenas pensar alguma coisa diferente de seus oponentes liberais, ele queria pensá-lo diferentemente e esse foi o impulso que forneceu aquele toque especial que o transformou em uma nova forma de pensamento (Mannheim, 1986, p. 128).

Assim, os pensadores seguem, apesar de divergências temáticas, um estilo de pensamento. Encontra-se a seguir alguns aspectos do estilo de pensamento: crítica à noção de cálculo racional, a ideia de sistema de valores acumulados, o valor dado à reforma ante o processo de revolução e uma certa prudência em relação ao racionalismo moderno e à construção de universais.

Uma marca desse estilo é a crítica conservadora ao modelo de governamentalidade liberal enunciada por Scruton (2021):

> Não somos feitos segundo o modelo do *Homo Economicus* – o que escolhe agir sempre de forma racional para maximizar a própria utilidade a qualquer custo, sem preocupar-se com os outros. Estamos sujeitos a razões que necessariamente não entendemos e que podem ser apresentadas em termos de ordens de utilidades e de preferências apenas para desvirtuá-las (p. 38).

No aspecto do *Homo Economicus*, o autor desenvolve uma crítica à noção de cálculo racional das revoluções que não consideraria as vidas, os mortos e os que estão para nascer.

Scruton (2021) reflete especialmente sobre as revoluções socialistas, alimentado por argumentos de crítica à política geométrica. Este mesmo argumento é mobilizado em relação ao liberalismo. A crítica ao cálculo econômico constitui, portanto, um dos contornos relevantes que separam conservadores e liberais.

Mannheim (1986), em seu empreendimento para criar uma teoria do pensamento conservador, propõe uma técnica de investigação baseada no que chama de *análise da significação*. Assim, o autor compreende que palavras não têm a mesma interpretação para diferentes grupos. Sua busca é, deste modo, por pistas das pequenas variações de significações atribuídas a diferentes palavras e características. Mannheim se remete, pois, à própria história e busca as raízes pré-teóricas do estilo de pensamento conservador.

Como já apontada, a crítica do conservadorismo à abstração frente ao real e sua posição de enfrentamento ao racionalismo (não à racionalidade), encontra bases no romantismo alemão[8], segundo Mannheim. Ademais, o romantismo alemão tem em seu surgimento uma reação às circunstâncias do capitalismo racionalizado. Assim, de acordo com Mannheim (1986), uma possível gênese do conservadorismo tem como plano de fundo a crítica a situações características do capitalismo. Entende-se, portanto, que historicamente o liberalismo não tem ascendência sobre o conservadorismo e o influenciou muito pouco.

O conservadorismo se mostra, nas suas várias dimensões, uma produção teórica plural, que incorpora algumas características em comum que, tomadas em perspectiva, nos indicam um tipo ideal. Nesta busca de características, Oakeshott argumenta que: "Elas resumem-se a uma propensão ao uso e

---

8 Esta genealogia do pensamento é esclarecedora na medida que, contemporaneamente, o uso do conceito de "cosmovisão", embora seja praticado a partir do perspectivismo antropológico empreendido após 1970, também é um conceito usual entre conservadores brasileiros nos últimos anos.

gozo daquilo que se tem, em vez do desejo ou busca de outra coisa, a aprazer-se mais com o presente do que com o passado ou o futuro" (Oakeshott, 2013, p. 4).

Robert Nisbet (1987), no livro "O conservadorismo", demonstra como desde um conservadorismo clássico burkeano, a busca por mudanças pode fazer parte do rol de questões conservadoras, desde que mantenham um certo grau de conservação. Assim, o conservador não tem em si uma postura reativa frente a todas as esferas de mudança, pelo contrário, algumas são desejadas contanto que não levem a realidade a uma conjuntura de mudança extrema.

> Aos olhos de Burke, a atuação dos Jacobinos do outro lado do Canal era exatamente o oposto do trabalho desenvolvido pelos colonos americanos: o trabalho da liberdade contra o "poder arbitrário" [...] A revolução Americana tinha procurado a liberdade para seres vivos e autênticos e para os seus costumes e hábitos. Mas a Revolução Francesa estava muito menos interessada nos vivos e nos autênticos (Nisbet, 1987, p. 21).

Nisbet (1987) recorre ao debate sobre Revolução Americana e Revolução Francesa para refletir com Edmund Burke a sua prerrogativa de "Reformamos para conservar". Coutinho (2018), que elege Burke como pensador inaugural, relembra a diferença entre conservador e reacionário, associando o tema das ditaduras para diferenciá-los. Para o autor, o conservador começa considerando a história das ideias políticas, como uma posição filosófica antes de ser política, sem ideias fixas sobre uma sociedade perfeita; já o reacionário, de forma simplificada, tem em vista um ideal de sociedade que ficou no passado, há um desejo de retorno para uma situação idealizada.

Mannheim (1986) considerava o conservadorismo como um modelo de pensamento satisfeito com o aqui e agora. Para categorizar melhor o conceito de estilo de pensamento, o autor recorre à explicação dos hábitos de pensamento. Assim, *estilo de pensamento* e *hábitos de pensamento* são formas de interpretação do mundo social produzidas de modos distintos. Os dois conceitos comportam semelhanças e diferenças: de um lado, os hábitos de pensamento estão mudando e há um carácter dinâmico; do outro lado, os indivíduos absorvem os padrões de pensamento de seus grupos.

Para Norberto Bobbio (1995), o conservadorismo só é explicado historicamente, em seu caráter relacional, com posições alternativas ou contrárias. Logo, podemos pensar nos conservadores em termos de coeficientes. Não dá para dizer que todos os pensadores conservadores são "simplórios". Mas é possível concebê-los como sujeitos que seguem uma padronização no plano da articulação de seu pensamento.

Nos termos de Mannheim (1986), a simplificação proposta por Bobbio (1995) ao categorizar o conservadorismo com uma função relativa frente a história ganha um adicional para lidar com a sua complexidade. Mannheim distingue os conceitos de tradicionalismo e de conservadorismo, entendendo que ambos têm uma relativa aproximação, mas a relação envolta da conjuntura histórica, por parte do conservadorismo, está combinada a uma ação ordenada e mobilizada para com um *estilo de pensamento*, diferente do tradicionalismo que é uma propensão temperamental.

> O conservadorismo é exatamente uma tal configuração estrutural objetiva, dinâmica e historicamente desenvolvida. As pessoas conhecem e agem de modo 'conservador' (distinto de um modo simplesmente tradicional). [...] O comportamento tradicionalista é quase que totalmente reativo. O comportamento conservador é significativo, e é ainda mais significativo em relação às circunstâncias que mudam de época para época (Mannheim, 1986, p. 105).

A ideia de *estilo de pensamento* figura como um ordenamento teórico que paira sobre as formas de pensar, constituindo um intervalo entre o que é chamado de *mentalidade* e *ideologia*. Assim, o autor pontua que o *estilo de pensamento* reflete os grupos sociais e suas pequenas mudanças que atravessam o destino da vida social. Para Mannheim

> [...] a chave para compreensão das mudanças nas ideias deve ser encontrada nas circunstâncias sociais em mudança, principalmente no destino dos grupos ou classes sociais que são portadores desse estilo de pensamento. (Mannheim,1986, p. 11).

Na busca por características fundamentais do *estilo de pensamento* conservador, Mannheim elege o apego ao conceito de *concreto e real*. Deste modo, o conservador, com base em miscelânia de autores abordados, busca uma posição em relação aos casos reais, ele lida com as particularidades dos eventos, em contraposição à ação de crítica sistêmica feita pela esquerda. "O reformismo conservador consiste na substituição de fatores individuais por outros fatores individuais ("melhoramentos")" (Mannheim, 1986, p. 112).

Assim, para Mannheim o pensamento conservador tem como mote: (a) a descrença no racionalismo como guia e mestre da experiência humana, isto leva a uma desconfiança em relação às abstrações; (b) a compreensão da sociedade enquanto organismo com vida; (c) diferenciação entre conservadorismo e tradicionalismo. Para o autor, o tradicionalismo, por sua vez, seria uma inclinação natural, instintiva e psicológica.

Os conservadores, em grande medida, recorrem a explicações de que a atitude conservadora é entrelaçada de sentimentos, intuições, estilos, entre outros elementos que antecedem a lógica do pensamento. Para alguns, parece se tratar de uma inclinação natural às conclusões chegadas pelos conservadores. Nisbet, por exemplo, ao refletir questões pertinentes à Revolução Francesa e à interpretação de Burke sobre ela, pontua os sentimentos mobilizadores da reação conservadora:

> Inevitavelmente, a família patriarcal sentiu o poder da Revolução. A crença geral dos philosophes tinha sido que a estrutura de parentesco tradicional era "contra a natureza

> e contrária à razão" [...] As leis tradicionais de primogenitura e morgadio foram abolidas para sempre, com implicações na propriedade e na família (Nisbet, 1987, p. 21).

A ação ou reação conservadora ante a razão se deve, segundo Nisbet, à recusa emocional da mesma por parte dos defensores da família. Confirma-se que os elementos fora do orbe racional, somados à própria importância dada à família, são características importantes para conservadores. Como acréscimo à conclusão, o conservadorismo, de acordo com Mannheim, tem sua concentração voltada ao passado, orientando os ajustes para prudência e precaução. Deste modo, o pensamento conservador se concentra sobre o passado na medida em que este sobrevive através do presente; o pensamento burguês, essencialmente devotado ao presente, alimenta-se do que é novo agora; e o pensamento proletário tenta apreender os elementos do futuro que já existem no presente [...] (Mannheim, 1986, p. 125)

Mannheim demanda um significativo trabalho na busca por delimitar o *estilo de pensamento* conservador, usando comparações com o que ele chamava de *pensamento burguês* e *pensamento proletário*, sendo entendidos como pensamento liberal e revolucionário, respectivamente. De acordo com tais premissas, o que se entende por filosofia política, com a função de traçar caminhos para o futuro é próprio dos revolucionários; o conceitual, atualmente, por realismo político se aproxima do pensamento liberal. Para tal, Mannheim já demonstrava uma tendência crescente de pesquisas com cunho realista nos estudos políticos do século XX e XXI.[9] Ficando a

9 Jaime Osório (2019) discute o conceito de realismo e apresenta como o conteúdo da análise realista da política pode ter como função a continuidade da realidade tal como ela é. Para este pensador, bem como para Mannheim, o realismo está em função da continuidade da própria realidade. Entretanto, enquanto Mannheim compreende como um exercício liberal, Osório o toma como um exercício intelectual conservador.

cargo do conservadorismo uma atenção ao passado e à defesa dos modelos já experimentados.

O efeito das ideias: conservadorismo na política brasileira recente

Argumentamos inicialmente que nosso interesse pela compreensão do estilo de pensamento conservador, conforme formulado por Mannheim (1986), a partir da revisão teórica da obra de conservadores com incidência no debate brasileiro, se orientava pela premissa de que as ideias importam e podem nos auxiliar no entendimento sobre as dinâmicas políticas. Dito de outro modo, aprofundar o entendimento sobre as teorias conservadoras nos permite recompor um processo complexo em que encontramos intermediadores dessas ideias, políticos e militantes que orientam sua prática política no mesmo sentido.

Diversos trabalhos (Singer, 2021; Rocha, 2021; Lynch e Cassimiro, 2021; Almeida e Toniol, 2018; Solano, 2018) têm buscado discutir a (re)emergência, na última década, do conservadorismo no Brasil, que eleitoralmente se expressa pela preferência política à direita.

Singer (2021) argumenta que o aumento na predição do voto para candidaturas à direita se deu não especialmente por uma politização conservadora de uma parcela da sociedade civil, mas por uma reativação da direita pela campanha de Bolsonaro, em 2018. Numa análise comparativa das eleições de 1990 a 2020, o autor aponta para o aumento no número de pessoas que desconheciam o espectro político com o qual se identificavam durante os anos de governo lulista, este número corresponde a setores que votavam na direita e voltaram para mesma orientação à medida que se apresentou um candidato competitivo. Como afirma o autor o que podemos observar foi:

> [...] a da desativação das predisposições à direita, que atingiu, sobretudo, os de menor escolaridade. Em 2006, despenca o posicionamento à direita entre os que cursaram no máximo até o ensino médio, sem completá-lo (o que inclui toda a gradação de escolaridade inferior a esta) [...]. Em compensação, cresce muito o número dos que passam a não se posicionar na escala. Em 2018, ocorrem, entre esses mesmos eleitores, os movimentos inversos, com subida da localização à direita e queda dos que não se localizavam no espectro (Singer, 2021, p. 723).

Salienta-se também que os agrupamentos de destaque estão localizados no que Singer chamou de "conservadorismo popular" (2021, p.721), além disso, o autor destaca também o aumento de pessoas com ensino superior que passaram a se orientar para o espectro político à direita, algo inédito no período pós-redemocratização, evidenciando um significativo aumento nesse campo:

> [...] aumentou gradativamente, entre 2006 e 2018, a adesão à direita por parte dos mais instruídos [...]. Ao final do processo, a direita, continuou a ter boa "receptividade nos segmentos de status social mais baixo" (Singer, 2000, p. 92), tal como ocorria em 1989, mas, agora acrescentava-se uma adesão significativa à direita por parte dos "universitários", provavelmente pela primeira vez pós-1988" (p. 723).

As análises de Singer (2021), portanto, indicam que o que aparentava ser um despontar avassalador da direita conservadora, em verdade, significava uma reativação do eleitorado em virtude da emergência de uma liderança política com oferta de um programa viável no campo conservador: "Desde esse ponto de vista, os eleitores com predisposição à direita constituíram uma massa silenciosa quando não havia candidatos presidenciais conservadores competitivos." (Singer, 2021, p. 713).

A campanha de Jair Bolsonaro trouxe à cena política um léxico mobilizador do conservadorismo, demarcando assim os valores conservadores como integrantes estruturais de seu programa político. Lopes, Albuquerque e Bezerra (2020), em artigo dedicado à análise da propaganda eleitoral de Bolsonaro, no segundo turno de 2018, evidenciaram que o conservadorismo constituiu o segundo eixo mais mobilizado com os temas da Segurança/Ordem; Fé/Cristão; Nação/Pátria e Família. O conservadorismo ficou atrás apenas do eixo anticorrupção, que se articulava à tônica assistêmica promovida pela Operação Lava Jato e que permeou praticamente todas as candidaturas do pleito.

Lynch e Cassimiro (2021), ao analisarem o governo Bolsonaro, destacam como o conservadorismo passou a orientar a prática governativa. De acordo com os autores, o bolsonarismo, inspirado nas formulações de Steve Banon, propôs a "[...] adoção de um conservadorismo societal radical, reacionário e nacionalista, mas também antiestatista" (p. 231). A compreensão desse grupo político sobre a sociedade brasileira remete a uma noção de "ordem social "natural" e harmônica, de índole cristã e patriarcal, garantida por pais de família viris e responsáveis pelo provimento de obedientes esposa e dos filhos" (p. 236).

A conexão com as ideias conservadoras tratadas anteriormente fica patente. Lynch e Cassimiro (2021) corroboram essa associação ao explorar a influência para o bolsonarismo da obra de Olavo de Carvalho (1995) que, como vimos, se inspirou nas teorizações de Évola. Nas palavras dos autores,

> No âmbito da sociedade civil, o ideal reacionário encontrou eco na filosofia política de Olavo de Carvalho, que repudiou a Nova República e a responsabilizou pela decadência da cultura nacional (Carvalho). A ordem natural da sociedade viria sendo solapada por um equivalente da Internacional Comunista (o "Foro de São Paulo"), que pretendia dissolver os vínculos familiares tradicionais, apregoando o cientificismo, o ateísmo, o feminismo, a homossexualidade e o ódio racial (Lynch e Cassimiro, 2021, 236).

As marcas da influência do pensamento conservador no Brasil se aprofundaram nas eleições de 2022. Mesmo com a vitória de Lula na disputa direta contra Bolsonaro pela Presidência da República, o conservadorismo conseguiu avançar na ocupação do parlamento (Câmara e Senado). Estes/as parlamentares foram eleitos/as em nome da defesa dos valores conservadores, suas campanhas e atuação parlamentar seguem pautadas pelos temas da família, ordem, religião, entre outros.

Assim, entendemos que a prática política não se descola completamente do campo das ideias e dos empreendimentos ideológicos. O pensamento político é constantemente apropriado e traduzido no âmbito dos movimentos sociais, partidos políticos, inspirando a ação e a busca por adesão nas disputas políticas.

Considerações finais

Neste capítulo, buscamos compreender as ideias conservadoras, suas origens, estatuto e articulação, a partir da operacionalização do conceito de *estilo de pensamento* de Karl Mannheim. Nosso foco nas teorizações de pensadores do conservadorismo se orientou pela compreensão de que as ideias importam para a compreensão da prática política. E por isso, a análise dos fenômenos conjunturais, como o recente avanço da direita conservadora na política brasileira, exige o entendimento aprofundado do pensamento que a orienta.

O conceito *estilo de pensamento* é central para a perspectiva mannheimiana sobre o conservadorismo. Como apresentado, o conceito ocupa um intervalo entre mentalidade e ideologia, apresentando uma característica dinâmica frente às situações, mas também com permanências na medida em que o estilo é fruto de uma articulação de ideias, uma forma de pensar que prescinde da constância. A mobilização deste conceito nos possibilitou uma interpretação plural das ideias conservadoras, compreendendo que, lado a lado, podem coexistir autores como Évola e Coutinho, com abordagens muito distintas, mas com pontos de conexão que se encadeiam de forma ordenada em pressupostos maiores.

Ademais, ainda em Mannheim (1986), o pensamento é fruto dos aspectos históricos e sociais em que foi produzido, sendo necessário o processo de historicização de quem o formulou e de seu contexto para uma análise mais objetiva dos fenômenos. Compreende-se, deste modo, que uma das permanências do estilo de pensamento conservador apreendidas ao longo do estudo se relacionam: (I) Ao conceito de *sistema de valores acumulados*, rogando a necessidade de continuidade dos fatos para que as mudanças não alterem uma sistemática maior da sociedade; (II) à ideia de que o estilo de pensamento conservador não expressa necessariamente uma ideologia, mentalidade ou hábito de pensamento, mas um híbrido articulado entre eles; e (III) à crítica à abstração moderna que explica os fenômenos a partir de uma lógica interna coerente e relativamente distinta do modelo iluminista.

Ainda que tais ideias possam parecer bastante abstratas, pudemos observar que elas chegam ao campo político-institucional através de intermediadores, como Olavo de Carvalho, no caso brasileiro, e Alexander Dugin, na Rússia. O prestígio e status de ambos diante dos governos conservadores de seus países sugerem as conexões que buscamos apontar entre ideias e prática política. Em se tratando do Brasil, destacamos alguns aspectos que revelam a inspiração do pensamento conservador para a atuação política do grupo bolsonarista.

Finalizamos reiterando que a discussão em torno das ideias conservadoras e seu estilo de pensamento constitui tarefa relevante no contexto contemporâneo, especialmente, considerando a emergência e ampliação da presença de atores políticos que reivindicam essa perspectiva como orientadora de sua atuação política. Recuperar as contribuições de Mannheim, portanto, nos permite contemplar a heterogeneidade dos caminhos que levam à construção e efetivação de uma agenda política conservadora.

Agradecimentos

Agradecemos à Fundação Cearense de Apoio à Pesquisa - FUNCAP pela concessão de bolsa que tem permitido a realização da pesquisa que subsidia as reflexões apresentadas neste texto.

Referências

ALMEIDA, R.; TONIOL, R. (org.). *Conservadorismos, fascismos e fundamentalismos*: análises conjunturais. Campinas: Editora da Unicamp, 2018.

BIROLI, F. Gênero, "valores familiares" e democracia. In: BIROLI, Flávia; VAGGIONE, Juan M.; MACHADO, Maria das Dores C. *Gênero, neoconsercadorismo e democracia*: disputas e retrocessos na América Latina. São Paulo: Boitempo, 2020.

BOBBIO, N. *Direita e esquerda:* razões e significados de uma distinção política. São Paulo: Unesp, 1995.

BURKE, E. *Reflexões sobre a Revolução na França*. Edipro, 2016.

CASSATA, F. *A destra del fascismo*. Profilo Politico di Julius Évola. Turim: Bollati Boringhieri, 2003.

CARVALHO, O. *O Jardim das Aflições:* de Epicuro à ressurreição de César: ensaio sobre o materialismo e a religião Civil. Rio de Janeiro: Editora Vide, 1995.

COUTINHO, J. P. *As ideias conservadoras:* explicadas a revolucionários e reacionários. São Paulo: Três Estrelas, 2018.

ÉVOLA, J. *Revolta contra o mundo moderno*. Lisboa: Dom Quixote, 1989.

LYNCH, C. E. C.; CASSIMIRO, P. H. P. O populismo reacionário no poder: uma radiografia ideológica da presidência Bolsonaro (2018-2021). *AISTHESIS: Revista Chilena de Investigaciones Estéticas,* Nº 70 (2021): 223 – 249.

LOPES, M. S.; ALBUQUERQUE, G.; BEZERRA, G. M. L.. "2018, a batalha final": Lava Jato e Bolsonaro em uma campanha anticorrupção e antissistema. *Civitas - Revista de Ciências Sociais*, v. 20, n. 3, p. 377–389, set. 2020.

MANNHEIM, K. O pensamento conservador. In: MARTINS, José de S. (Org.). *Introdução crítica à Sociologia Rural*. São Paulo: Hucitec, 1986.

NISBET, R. *O conservadorismo*. Tradução M. F. Gonçalves de Azevedo. Lisboa: Editorial Estampa, 1987.

OAKESHOTT, M. Ser conservador. In: *Racionalismo em política e outros ensaios*. Tradução de Bruno Costa Simões. São Paulo: É Realizações, 2013.

PERISSINOTTO, R.; STUMM, M. G. A virada ideacional: quando e como ideias importam. *Revista de Sociologia e Política*, v. 25, n. 64, p. 121–148, dez. 2017.

PIERUCCI, A. F. *Ciladas da diferença*: ensaios sobre o pluralismo cultural. São Paulo: Editora 34, 1999.

PIMENTEL, P. F. C. Conservadorismo para além do senso comum. *Cognitio-Estudos: revista eletrônica de filosofia*. v. 15 n. 2, 2018.

ROCHA, C. *Menos Marx, mais Mises:* o liberalismo e a nova direita no Brasil. São Paulo: Todavia, 2021.

SCRUTON, R. *Como ser um conservador* (15ª ed.). São Paulo, SP: Editora Record, 2021.

SINGER, A. A reativação da direita no Brasil. *Opinião Pública*, v. 27, n. 3, p. 705–729, set. 2021.

SOLANO, E. G. (org.). *O ódio como política:* a reinvenção das direitas no Brasil. São Paulo: Boitempo, 2018, p.128.

Austeridade e ultraliberalismo em tempos de redes sociais

Cristina Pereira de Araujo

> Como fenômeno do século XX, a austeridade se materializou em um projeto tecnocrata liderado pelo Estado em um momento sem precedentes de emancipação política dos cidadãos (que conquistaram o direito ao voto pela primeira vez) e demandas crescentes por democracia econômica. Desse modo, a austeridade deve ser entendida pelo que é e continua sendo: uma reação antidemocrática às ameaças de mudança social vindas de baixo para cima (Mattei, 2023, p. 24).

O ano era 2016. Em várias capitais, estudantes universitários ocupavam as escolas para protestarem contra a Proposta de Emenda à Constituição (PEC) 241/2016, que mais tarde se tornaria a EC 95. A presidenta Dilma Rousseff tinha acabado de ser deposta por meio de um golpe e seu vice, Michel Temer, assumido o poder. Parte da sociedade ainda se via atordoada e para não dizer chocada, com a consumação do golpe ou do *soft coup*, como classificaria Noam Chomsky (Goodman, 2016). Nesse interregno, Temer não perdeu tempo e, tão logo nomeou seus ministros, passou a consolidar seu plano de governo, intitulado "A ponte para o futuro" e com ele, o programa de austeridade a ser implementado. A PEC 241 era uma dessas propostas e visava instituir o novo regime fiscal que previa o congelamento por 20 anos dos investimentos em despesas primárias, atingindo em cheio as áreas da educação e saúde, salvaguardando, no entanto, os gastos com juros e amortizações da dívida pública, que permaneciam liberados.

Em um último fôlego, estudantes resolveram ocupar as escolas em todo o país, em protesto ao congelamento proposto e à reforma do ensino médio, também no radar do Governo. De acordo com a União Brasileira dos Estudantes Secundaristas (Ubes), 995 escolas e institutos federais, 73 campi universitários, três núcleos regionais de Educação, incluindo a Câmara Municipal de Guarulhos/SP, totalizando1.072 locais, teriam sido ocupados pelos estudantes. O Governo argumentou que o ajuste fiscal era necessário (Tokarnia, 2016) e, diferentemente do que ocorreu nas manifestações pró impeachment da presidenta Dilma, as "ruas não foram ouvidas".

O ajuste fiscal é um dos mantras da austeridade que, como anunciado na epígrafe, busca restaurar a ordem do capital em prol do topo da pirâmide social. Sempre que há uma crise no regime de acumulação capitalista, experimenta-se um momento de transição à espera de uma nova ordem dominante. Foi assim que tivemos: modo de acumulação fordista e implantação do Estado keynesiano, como reflexo da crise de 1929; modo de acumulação flexível e o Estado neoliberal, como resposta à crise dos anos 1970; e a crise de 2008, ainda em aberto, no que diz respeito a um modo predominante de acumulação e o Estado que lhe dê suporte. Nesse vácuo de oportunidade, o ultraliberalismo vem surgindo como experimentação aqui e acolá. O ultraliberalismo defende o livre mercado, numa versão ainda mais agudizada do neoliberalismo, já que prega a ausência de quaisquer regulações por parte do Estado. Em comum aos dois modelos, as políticas de austeridade.

O mais curioso das experiências ultraliberais, é que elas vêm chanceladas pelo voto, em eleições livres e democráticas, como aconteceu com Donald Trump (EUA) e Javier Milei (Argentina). Em comum, observa-se o uso intenso das redes sociais como forma de obtenção do consenso e aprovação popular de projetos que, à priori, destituem direitos. Esse foi especialmente o caso do Brasil, com a eleição de Jair Bolsonaro no ano de 2018, cuja capilaridade nas redes sociais foi fundamental para o seu êxito no pleito, posto que na propaganda eleitoral oficial, de rádio e TV, o então candidato possuía apenas seis segundos para expor suas ideias.

E essa é a história que se pretende contar neste capítulo: como que programas de austeridade têm perdurado ao longo do século XX, chegando intacto – e por não dizer mais forte, no século XXI. Suas formas de implementação via coerção – como foi o caso do fascismo – e consenso – buscando obter o consentimento das massas. No século XXI, as redes sociais tem sido uma importante aliada em prol da sua manutenção e se observam experiências exitosas aqui e acolá, chanceladas pelo voto. O Brasil foi um desses casos.

Austeridade e liberalismo no século XX

As guerras mundiais sempre significaram um reboliço nas economias capitalistas e que naturalmente conduzem a uma nova divisão internacional do trabalho. Para Clara Mattei[1] (2023), foram as experiências vivenciadas durante a Primeira Guerra Mundial, no que diz respeito à organização do trabalho, que levaram a uma contraofensiva do capital por meio do remédio amargo da austeridade. Segundo a autora, foi durante esse período que ocorreu um flerte com os princípios básicos do socialismo: muitas indústrias tornaram-se públicas para atenderem às necessidades internas e aos esforços de guerra.

Em meados do século XIX, as relações capitalistas de classe, entre proprietários e trabalhadores, se consolidaram a

1 Essa sessão toma como referencial bibliográfico a obra a Ordem do Capital: como economistas inventaram a austeridade e abriram caminho para o fascismo, publicada originalmente em inglês, no ano de 2022 e traduzida para o português em 2023. A autora toma como estudos de caso, a Grã-Bretanha, grande potência à época e berço do liberalismo clássico, e a Itália, berço do fascismo.

partir da adoção do padrão-ouro, onde cabia aos Estados a garantia de lastro financeiro em ouro, por meio da adoção de políticas fiscais e monetárias ortodoxas, em consonância com a matriz econômica liberal. Um orçamento fiscal rígido, associado a taxas de juros altas, reforçava o superávit comercial e reduzia a demanda interna, garantindo o colchão em ouro para o país. Essa era a economia "normal" vigente antes da Primeira Guerra e que tinha na Grã-Bretanha a principal liderança geopolítica mundial.

No entanto, com o advento da Primeira Guerra Mundial houve uma

> ruptura com a tradição dos orçamento equilibrados do laissez-faire[2], que por mais de dois séculos havia sido considerada por todos, exceto uma pequena minoria, parte da ordem natural da vida (Mattei, 2023 p. 52).

e com ela, o abandono do padrão-ouro pelos Estados. Sem as amarras do padrão-ouro, os Estados puderam lançar mão de expansão de crédito e de novas políticas de intervenção monetária, ou seja, eles passaram a serem os protagonistas da economia. Isso significa dizer que a propriedade privada e a lógica do livre mercado tiveram que se subordinar aos interesses da nação. Com efeito, várias indústrias passaram a ser controladas pelo governo, como carvão, minérios, têxteis, serviços públicos, etc.

A desconstrução do *laissez-faire* de então, em 1917, levou a Ordem Britânica de Cultivo de Terras a dar plenos poderes às autoridades locais para apropriação de terras para fins de produção agrícola, mesmo sem o consentimento dos proprietários. Já na Itália, em 1916, o Estado inaugurou uma ampla

---

2 Corresponde ao liberalismo econômico, ao ideário do mercado perfeitamente concorrencial, com mínima intervenção do Estado, cujo ápice se deu no século XVIII, na transição do mercantilismo para o capitalismo. Tem como principais pensadores, os economistas Adam Smith e David Ricardo.

nacionalização de comércio e alimentos, revogando o mecanismo de livre mercado no abastecimento doméstico.

> O controle político sem precedentes sobre a propriedade privada e as relações assalariadas teve consequências sociais inovadoras, com potencial para alterar a face do capitalismo de livre mercado ou até o abolir por completo. [...] O envolvimento do Estado expôs a irracionalidade do mercado – seu caráter "perdulário" e "antissocial" – e mostrou a possiblidade de superá-lo. [...] A reconstrução, insistia-se, é uma questão não propriamente de reconstruir a sociedade como era antes da guerra, mas sim de moldar um mundo melhor para além das condições sociais e econômicas que surgiram durante a guerra (Mattei, 2023).

Tais ideias começaram também a ecoar em parte da elite, dentro e fora do Estado, que passaram a defender uma nova ordem social aliada a uma repulsa ao capitalismo do livre mercado. Acreditavam que era possível um maior progresso social por meio de uma conjunção progressiva de políticas fiscais, monetárias e industriais, que levaria a um maior nível de emprego e justiça social. O Ministério da Reconstrução britânica, fundado em 1917, foi o setor responsável por compensar a classe trabalhadora pelos danos causados pela guerra. E o fez por meio de programas sociais direcionados à educação, habitação e auxílio-desemprego.

Apenas para se ter uma ideia do alcance desse programas: a Lei de Educação de 1918, abolia todas as taxas em escolas públicas de ensino fundamental e passara de doze para catorze anos a obrigatoriedade de ensino no nível fundamental. Os jovens de catorze a dezesseis anos passaram a ter acesso a escolas de formação continuada de meio período. Expandiu-se uma série de organizações voluntárias subsidiadas pelo Estado, como foi o caso da Associação Educacional dos Trabalhadores,

> que oferecia uma rede de cursos e rodas de leituras em muitos distritos, unindo 2.555 sociedades, incluindo 952 sindicatos, conselhos sindicais e seções, 388 sociedades

> cooperativas e outras organizações em um movimento de educação popular (Mattei, 2023).

Na mesma toada, a Lei de Habitação e Planejamento Urbano de 1919 foi inovadora. Além da promessa de construção de 500mil novas casas em três anos, várias demandas foram incorporadas nos programas habitacionais a partir da organização de subcomitês que ouviam as reivindicações das mulheres trabalhadoras. Existência de banheiros com oferta de água quente e fria, janelas para ventilação adequada dos cômodos, construção de armários de cozinha e espaços comunitários como centros sociais e áreas de recreação infantil, foram incorporados às diretrizes construtivas. Também de 1919, foi a criação do Ministério da Saúde com o objetivo de nacionalizar a saúde. Desse mesmo ano, o Ministério dos Transportes se propôs a nacionalizar todos os meios de transporte: rodovias, ferrovias, canais e docas, além de controlar o fornecimento de eletricidade.

Na Itália, os reconstrucionistas também se ocuparam de uma reforma universalista na saúde e na seguridade social. Em abril de 1919, instituiu o seguro obrigatório contra invalidez, velhice e contra acidentes para trabalhadores da agricultura. Um sistema de seguro-desemprego obrigatório, que abarcava trabalhadores industriais, administrativos e agrícolas, de ambos os sexos, dos 15 aos 65 anos, foi o maior em amplitude, suplantando o equivalente britânico.

Mas a grande mudança certamente veio com as novas leis eleitorais que ampliaram o direito ao voto a todos os homens, independente de suas posses e, no caso da Grã-Bretanha, a mulheres, ainda que com restrições. O resultado foi a ampliação da base eleitoral de 5,2 para 12,9 milhões na Grã-Bretanha desbancando o Partido Liberal, de caráter conservador, e conferindo vitória ao Partido Trabalhista. De forma similar, na Itália, o Partido Socialista e o Partido Popular obtiveram maioria no parlamento. Em 1920, o Partido Socialista esteve à frente, enquanto governo, de um terço dos municípios e dos conselhos provinciais, além de comandar 8 mil cooperativas. O Partido visava

> à socialização do capital financeiro, à supressão da dívida do Estado, à socialização da habitação, meios de transporte e grandes propriedades agrárias, além de grandes empresas da indústria e do comércio (Mattei, 2023).

Foi assim que, num curto intervalo de tempo, em 6 anos, os sindicatos viram sua base aumentar de 4 milhões para 6,5 milhões de pessoas entre os anos de 1914 e 1918 na Grã-Bretanha, capital industrial do mundo àquela época, chegando a impressionantes 8,4 milhões em 1920. E foi essa massa de trabalhadores que conduziu uma experiência nunca antes vista na história do capitalismo.

Os trabalhadores no poder

A experiência vivida durante a Primeira Guerra, onde o Estado tomou para si o controle da produção, associada aos programas sociais empreendidos pelos reconstrucionistas deu origem a novas iniciativas no mundo do trabalho. Na Grã-Bretanha, foram as guildas de construção que apresentaram uma alternativa às relações de trabalho. E na Itália, as cooperativas e os conselhos de fábrica.

As guildas consistiam em grupos organizados nacionalmente e que coletivizavam os meios de produção, de sorte a destina-la democraticamente aos trabalhadores que se organizavam por meio delas, nos mais diversos setores: moveleiro, alfaiates, agricultura, serviços de correios, e no setor de construção, onde logrou maior êxito.

As guildas de construção firmaram contratos para habitação com o Ministério da Saúde inglês. Em 1920, foram aprovados contratos com as guildas de Manchester e Londres para a construção de mais de oitocentas casas para a classe trabalhadora, que envolveram mais de oitenta comitês locais de guildas de trabalhadores da construção civil. Elas trabalhavam com a precificação do serviço a preço de custo, sem fins lucrativos.

> O sistema de guildas baseava-se no espírito e nos princípios da democracia na medida em que rejeitava os intuitos do capitalismo [...] Na prática, as guildas eliminavam os incentivos estruturais à competição entre os trabalhadores, rejeitando o pagamento individual por resultado e o tratamento diferencial com base na eficiência em favor de uma base comum de remuneração. Assim, os contratos assalariados – que se baseavam na mercantilização do trabalho – foram substituídos por um sistema de remuneração que reconhecia o valor social do trabalho e que atenderá mais adequadamente às necessidades do trabalhador como ser humano (Mattei, 2023, p. 145).

O sistema de guildas de construção prosperou por dezoito meses, contando com o subsídio do Estado. Em julho de 1921, em meio a uma crise econômica e implantação da austeridade monetária, o governo decidiu retirar seu apoio. Sem capacidade de financiamento, o sistema acabou por ser asfixiado.

Já as cooperativas italianas não podem ser introduzidas sem antes associá-las à figura do jovem Antonio Gramsci e de seu potente jornal *L'Ordine Nuovo*. Fundado em maio de 1919, de forma experimental e independente, o jornal de matiz político-cultural tinha no seu quadro formativo quatro jovens de base marxista: Antonio Gramsci (28 anos), Palmiro Togliatti (24 anos), Angelo Tasca (28 anos) e Umberto Terracini (24 anos). Os ordinovistas, como eram chamados, contribuíram sobremaneira para o processo de politização da economia, trazendo à baila os movimentos e teorias revolucionárias que estavam acontecendo na Europa. Eles reivindicavam uma nova ordem e negavam quaisquer formas de ideologia capitalista.

Defendiam quatro princípios-chave: i. a construção de uma base para uma forma de conhecimento emancipatória, contra a naturalização da ordem capitalista: um novo mundo social pode ser reinventado por meio da luta de classes, de forma consciente e intensa; ii. a capacidade de ação dos trabalhadores: o poder não emerge do indivíduo, mas sim do grupo; iii. a práxis: ação é pensamento e pensamento é ação; iv. a luta contra a divisão política e econômica: o produtor consciente é capaz de exercer liberdade política e econômica.

> *L'Ordine Nuovo* foi um esforço coletivo composto por intelectuais públicos, operários, trabalhadores administrativos e estudantes universitários; todos eles complementavam suas práticas cotidianas com conceitos capazes de esclarecer melhor e revitalizar sua missão. Adquirir conhecimento era, em si, um ato político (Mattei, 2023, p.167).

Dessa forma, eram realizados grupos de estudo, assembleias, discussão colaborativa e educação mútua, entre intelectuais e trabalhadores. Os conselhos de fábrica eram a expressão máxima da práxis. Em novembro de 1919, em Turim, foi inaugurada uma escola para formação dos trabalhadores com aulas sobre as teorias e história do capitalismo, ministradas pelos ordinovistas. Os jornais também tinham livre circulação dentro das fábricas. Eles defendiam a ocupação das fábricas e estas começaram a tomar forma, em movimentos de greve por parte dos trabalhadores em toda a Itália: os conselhos de fábrica assumiram o controle da produção e mostraram, durante os anos de 1920-21, que a revolução era possível.

> Em 31 de agosto de 1920, os trabalhadores tomaram mais de 280 fábricas em Milão, e em dois dias o movimento se estendeu de forma capilar por toda a península. Cerca de meio milhão de trabalhadores em pelo menos sessenta cidades ocuparam fábricas, altos-fornos, minas, estaleiros, ferrovias, docas e indústrias não metalúrgicas (Mattei, 2023, p. 175).

Os industriais tiveram que ceder e aceitar o controle das indústrias pelos sindicatos, além de promover aumento salarial, férias remuneradas e indenização aos trabalhadores demitidos. Um acordo foi assinado em setembro de 1920, em Roma, tendo à frente o primeiro-ministro Giovanni Giolitti para quem:

> o momento histórico exigia uma transformação radical na relação entre capital e trabalho. Já não era tolerável que, na indústria, um homem devesse comandar e milhares obedecer. Devemos dar aos trabalhadores o direito de saber, de aprender, de se erguer, o direito de participar da gestão da empresa, de assumir parte da responsabilidade.[3]

De forma similar, a sólida base sindical na Grã-Bretanha conduziu a um aumento exponencial no número de greves em relação ao período pré-guerra. Em 1919 foram quase 35 milhões de dias úteis perdidos em greves o que significava 100 mil trabalhadores em greves todos os dias. Esse número era seis vezes maior que o ano anterior. Segundo o relatório britânico, os trabalhadores não estariam mais dispostos a serem tratados como mercadoria e exigiam ser tratados como pessoas que cediam suas habilidades manuais e intelectuais a bem de toda a comunidade. A greve dos mineiros foi o caso mais emblemático.

Ocorre que o controle estatal do carvão durante a guerra possibilitou a negociação direta dos mineiros com o Estado, gerando um sindicato forte, com cerca de 1 milhão de homens, de âmbito nacional e que, no pós-guerra, passou a reivindicar melhores salários e redução na jornada de trabalho. Assim como na Itália, na mesa de negociação, especialistas em economia e representantes dos mineiros sentenciavam: "o capitalismo de livre mercado tinha que ser denunciado e superado" (Mattei, 2023, p. 131).

Reivindicava-se a nacionalização, conferindo aos mineiros voz ativa na gestão. Os relatórios, elaborados pelo Comitê

---

3 In Paolo Spriano. *The Occupattion of the Factories*, p. 103 apud Mattei (2023, p. 179).

Sankey, formado de dentro do governo por especialistas e liderados por John Sankey, juiz do Tribunal Superior, indicavam a formação de conselhos que assegurassem a participação efetiva dos trabalhadores na produção, por meio da proposição da Lei de Federação dos Mineiros. No entanto, assim como na experiência italiana, os proprietários das minas de carvão não aceitaram de bom grado a nova ordem proposta e assim iniciou-se a contraofensiva da ordem capitalista.

A contraofensiva da austeridade e o caminho para o fascismo

Naturalmente, as visões reconstrucionistas expressa pelo Comitê Sankey e pelo primeiro ministro italiano Giovanni Giolitti não eram consenso entre os capitalistas. Foram as Conferências de Bruxelas (1920) e Gênova (1922) que deram o tom e garantiram os planos de salvaguarda para a classe capitalista. Na primeira Conferência Financeira Internacional, realizada em Bruxelas entre os dias 24 de setembro e 04 de outubro de 1920, foram convidados representantes de 39 países – que representavam três quartos da população mundial. O objetivo era "estudar a crise financeira e buscar meios de remediar e mitigar as perigosas consequências dela decorrentes".[4] De forma similar, a Conferência de Gênova, ocorrida entre os dias 10 de abril e 19 de maio de 1922, também objetivava o enfrentamento da crise econômica e o restabelecimento das condições econômicas "normais". Leia-se: em ambas as conferências, o objetivo era acabar com qualquer possiblidade de democracia econômica vicejada pela classe trabalhadora. Inicialmente, por meio de consenso, de convencimento da população e se não fosse possível, por meio da coerção.

---

4 Bruxelas, 1920, Relatório da Conferência Financeira Internacional, v.1, p. 3. *apud* Mattei, 2023, p. 197.

Na visão de Matttei (2023), as conferências representaram o momento em que a tecnocracia retomou o poder, por meio de economistas que passaram a exercer uma forte influência no direcionamento das medidas econômicas a serem tomadas pelos respectivos países, isso porque eles passaram a ser vistos como seres "sem classe" e de posicionamento "neutro" e por isso mesmo passaram a defender a "economia pura", apolítica e a-histórica. O que se omitia perante à sociedade, era que esses especialistas "neutros" vinham de famílias abastadas, da alta classe média e a partir dessa lente, enxergavam a sociedade. São esses economistas que ingressaram nas universidades e concursos públicos, ocupando cargos no Tesouro e que passaram a defender a independência dos Bancos Centrais.

Argumentavam que as dificuldades financeiras mundiais, como o alto volume das dívidas interna e externa, o aumento dos gastos do governo, a oferta ampliada de papel-moeda que incorria em inflação descontrolada, escassez de capital e colapso do comércio internacional, tinham causas no modo de viver dos cidadãos que pressionavam os governos a terem gastos excessivos com programas sociais. De forma alguma, a crise financeira foi associada a contradições estruturais do próprio sistema associados aos gastos empreendidos durante a guerra. Nesse sentido,

> o comportamento dos cidadãos tinha de ser moldado e controlado de acordo com os princípios da ciência econômica que reabilitaria as condições de acumulação do capital (Mattei, 2023, p. 204).

E foi em meio à onda reconstrucionista britânica, que o economista interno do Tesouro, e estudioso da teoria macroeconômica, Ralph Hawtrey, trouxe o embasamento teórico e o prestígio científico para defender a independência dos Bancos Centrais e por meio deles, as reformas de austeridade que tinham no seu cerne deter a espiral de consumo excessivo da classe trabalhadora. Hawtrey brilhou na Conferência de Gênova, de onde disseminou sua teoria para os demais países.

A economia hawtreyana oferecia a lógica da austeridade calcada em três pilares: fiscal, industrial e monetária. A austeridade fiscal veio com a tributação sobre os bens de consumo – o que impunha parcimônia compulsória à classe trabalhadora já que estas eram esbanjadoras, segundo a visão hawtreyana. Com a implantação do Geddes Axe, de 1921, houve redução em 20% das despesas do governo central: o programa habitacional das guildas foi desmantelado, assim como o plano de serviço universal da saúde; a educação passou por fechamento de escolas pequenas, redução dos salários dos professores e aumento do número de alunos por turma; a educação crítica para a classe trabalhadora foi aniquilada.

Uma campanha maciça pela privatização e erradicação de vários ministérios, levou à extinção dos ministérios da Reconstrução, Transportes e Alimentos, sob a ótica da austeridade industrial. Já a austeridade monetária trouxe o dinheiro caro, via elevação da taxa de juros, o que implicava em menos emprego e menos renda no bolso do consumidor. A despolitização da economia via independência do Banco Central logrou êxito na Grã-Bretanha. Para Hawtrey, o Banco Central "é livre para seguir o preceito: Nunca explique, nunca se arrependa, nunca se desculpe".[5] E foi assim que a política de dinheiro caro permaneceu mesmo depois da redução da inflação, bem como o aperto fiscal.

> A recessão causada pela austeridade e o consequente desemprego não foram um erro econômico, mas um meio poderoso de esfriar a temperatura coletiva de uma classe trabalhadora aguerrida e abrir o caminho para desmantelar planos reconstrucionistas e transferir recursos às classes credoras da sociedade (Mattei, 2023, p. 281).

5 Ralph George Hawtrey, "Currency and Public Administration", v.3, n.3, 1925 apud Mattei, 2023, p. 277

Se na Grã-Bretanha predominou a atuação do consenso para reimposição do liberalismo, na Itália foi preciso lançar mão da coerção e do consenso, via maciça propaganda fascista. Data de 29 de outubro de 1922, a Marcha sobre Roma, quando Benito Mussolini assumiu oficialmente o poder, referendado pelo rei Vittorio Emanuele III que o convocou para dar cabo à crise política do pós-guerra. Economia, trabalho e disciplina foi o tom do primeiro discurso de Mussolini, que prometeu despolitizar a economia e dar fim em todas as interferências estatais.

Se Mussolini era a linha de frente e operacional do regime, por detrás estavam quatro professores de economia, os responsáveis pelo desenho da política de austeridade. Eram eles: Maffeo Pantaleoni, Alberto De Stefani, Umberto Ricci e Luigi Einaudi. Pantaleoni foi um dos fundadores da "economia pura" enquanto escola de pensamento, idealizada como sendo imparcial, independente de opiniões e predileções éticas, políticas e religiosas, algo similar à física e à matemática.

> Dessa forma, os economistas puros desviavam o olhar de questões históricas como as origens de propriedade ou das relações de classe; essas coisas eram entendidas como externas ao domínio economista e consideradas dados que ocorriam naturalmente (Mattei, 2023, p. 299).

Ainda em 1910, Pantaleoni havia comprado e passou a administrar o *Il Giornale degli Economici*, um jornal com bastante repercussão na área de economia. Moldar a opinião pública era parte da estratégia dos quatro professores que volta e meia debatiam questões políticas em jornais nacionais e estrangeiros.

> A população, afirmavam os economistas, era ignorante quanto às verdades econômicas, portanto agia contra os próprios interesses. Infelizmente, essas verdades econômicas haviam sido exploradas por especialistas em termos tão requintados que "não eram mais inteligíveis"

> não apenas para as massas, mas para qualquer não especialista, incluindo deputados do Parlamento. Era a condição grandiosa da economia pura que concedia uma aura superior a seus praticantes, encarregados da *árdua tarefa de educar a humanidade quanto ao correto comportamento econômico*, a fim de promover o equilíbrio econômico e o progresso. [...]. O economista agia desinteressadamente para o bem de todos[6] (grifos nossos).

Os quatro economistas realmente acreditavam em seu projeto e defendiam sacrifício, abstinência e autocontrole dos trabalhadores que, por sua vez, haviam conquistado poder político e econômico. Só uma mão pesada e um regime ditatorial teria condições de anular tal conquista. E aqui entra a ditadura de Mussolini. Para Pantaleoni, Einaudi, Ricci e De Stefani, Mussolini era *"o homem certo no momento certo para implementar os princípios da economia pura"* (Mattei, 2023, p. 309) e viam no fascismo uma possibilidade de renovação da classe política, formada por *"outro conjunto de políticos: jovens, enérgicos, cheios de vigor e patriotismo, aptos a contrariar a vontade das massas e impor a austeridade"* (Mattei, 2023, p. 308).

Mussolini e seus camisas negras, o exército fascista, sufocaram o movimento ordinovista: adversários políticos foram agredidos, as sedes de grupos socialistas foram queimadas e comunistas foram presos, como no caso de Gramsci, e mortos, como foi o assassinato do deputado socialista Giacomo Matteotti. O Estado fascista demitiu 27 mil trabalhadores ferroviários e outros 13 mil estavam na lista. As privatizações foram o caminho certeiro para impor o lema da austeridade industrial: produzir mais, posto que, sem o amparo do monopólio estatal do período de guerra, os trabalhadores seriam forçosamente disciplinados a competirem no mercado de trabalho, de modo que não lhes sobraria tempo para pensar em greve, avaliava Pantaleoni. As leis trabalhistas do fascismo re-

6 Umberto Ricci, *Del protezionismo al sindicalismo* apud Mattei, 2023, p. 297. (grifos nossos).

duziram os salários (em 1929 houve queda de 26% em relação a 1926) e proibiram os sindicatos.

A austeridade fiscal imposta por De Stefani em 1923 expandiu a base tributária por meio do imposto sobre o rendimento: os trabalhadores passaram a pagar 12, 4% de imposto sobre todos os seus bens. Por outro lado, isentou as faixas de renda média alta por meio da desoneração fiscal e da eliminação da taxação sobre heranças.

> Se pensássemos no austero Estado fascista como um pai disciplinador, sua predisposição era clara: embora fosse parcimonioso em relação à maioria, estava disposto a ser bastante generoso quando se tratava dos hábitos de seus filhos empreendedores (Mattei 2023, p. 317).

O regime fascista italiano foi derrocado durante a Segunda Guerra Mundial, momento em que se assiste a um interregno no programa de austeridade.

Uma trégua na austeridade: o Welfare State e os "Trinta Gloriosos"

O fim da Segunda Guerra resultou em uma nova divisão internacional do trabalho: os Estados Unidos saíram vitoriosos e passaram a comandar a cena geopolítica. O rearranjo estabelecido no plano ocidental dividiu os países em *primeiro mundo* e *terceiro mundo* (cabia a classificação de *segundo mundo* ao bloco soviético). Se a Primeira Guerra teve seu epicentro na Europa, pode-se afirmar que a experimentação de um novo modo de acumulação capitalista foi gestado nos Estados Unidos, mais especificamente em Michigan, via introdução da linha de montagem automática de carros por Henry Ford. Iniciava-se aqui um novo modo de acumulação capitalista, o fordismo, que teve seu apogeu no pós Segunda Guerra Mundial, dando início ao período que ficou conhecido na Europa como os "Trinta Gloriosos".

Para David Harvey (2003), o ano de 1914 é tido como a data inicial simbólica do fordismo, ano em que Henry Ford introduziu o dia de 8 horas e o pagamento de cinco dólares como recompensa aos trabalhadores da linha de montagem de automóveis, via produção em série, em sua fábrica no estado de Michigan/EUA. Se na produção manufatureira, predominante até então, o ritmo do trabalho era dado pela mão-de-obra e a máquina a servia, com a indústria fordista, o ritmo passa a ser dado pela máquina e a mão-de-obra é que passa a servi-la, uma vez que é o produto que se movimenta na linha de montagem e não o trabalhador. A lógica do sistema passou a ser produção em massa para consumo em massa.

Esse novo sistema de reprodução da força de trabalho requeria uma nova forma de gestão, que passaria a ocorrer em níveis hierárquicos: gerência, controle e produção. O trabalhador precisava se familiarizar com longas horas de trabalho repetitivo, o que naturalmente causou resistência por parte dos trabalhadores. Nesse primeiro momento, eram os imigrantes, mulheres, crianças e negros que compunham a maior parte dessa força de trabalho.

A crise de 1929, marcada pelo *crash* da bolsa de Nova York na famosa "quinta-feira negra" de 24 de outubro de 1929, quando os preços dos papeis despencaram, foi caracterizada por uma crise de superprodução de um lado, e uma crise de subconsumo de outro. Para Dardot e Laval (2016), uma das razões, foi que esse capitalismo de grande escala, marcado pela organização empresarial, formas jurídicas e de competição, não foram incorporadas de forma adequada pelo liberalismo clássico, gerando instabilidade. Foi necessária a intervenção do Estado, o que viria ocorrer somente em 1932, com a ascensão do presidente estadunidense Franklin Roosevelt ao poder e a instauração do *New Deal*.

O *New Deal* representava um "novo acordo", ou seja, o estabelecimento de uma relação Capital, Estado e Trabalho, em um acordo interclasses, que marcaria o modo de regulamentação do regime de acumulação fordista. Para Souza (2020, p. 64), "Roosevelt realizou o maior esforço americano de construção de um Estado social e de liberdades trabalhistas, pensadas, no entanto, como uma aplicação de conceitos keynesianos". Era um resposta ao "mau" funcionamento da economia liberal de então.

Uma consequência do *New Deal* foi a implantação do *Welfare State* ou o Estado do Bem Estar Social, que direcionou investimentos estatais nas áreas de educação, saúde, habitação, transportes e infraestrutura rodoviária. Tais investimentos, somados ao controle dos ciclos econômicos pela política de Estado, resultou em estabilidade no emprego e acordos salariais, via negociação com os sindicatos de um lado, e o capital corporativo, de outro. Os sindicatos tiveram papel fundamental para a adesão dos trabalhadores ao sistema fordista de produção, que o fizeram em troca de ganhos reais de salário. E o capital corporativo, diante da estabilidade proporcionada pelo *New Deal*, investiu em capital fixo para mudança tecnológica em suas fábricas.

Até o final da Segunda Guerra, a expansão do fordismo se deu para dentro do território estadunidense, o que Souza (2020) denomina de "imperialismo para dentro", já que se ocupava primeiramente do povoamento de seu território e agregação de terras vizinhas, seguido da implantação de uma potente malha ferroviária e posteriormente, rodoviária. Foi com o fim da Segunda Guerra, que o modelo se expandiu para além fronteiras, atingindo o Japão e a Europa, num processo de reconstrução das cidades, o que levou à internacionalização do fordismo.

A expansão do fordismo sacramentou o poder hegemônico dos Estados Unidos. Em substituição ao padrão-ouro, a transformação do dólar em moeda reserva mundial, pela assinatura do Acordo de Bretton Woods em 1944, passou a vincular o mundo ocidental à política fiscal e monetária estadunidense: os EUA passaram a agir como banqueiros do mundo em troca da abertura dos mercados de capital e de mercadorias dos demais países. Adicionalmente, exportou-se para Europa e Japão os compromissos do *New Deal*: era uma forma de apaziguar as classes trabalhadoras e conter a ameaça vizinha do bloco soviético, que vivenciava o comunismo.

Foi dessa forma que o *Welfare State* e as garantias de benefícios sociais também foram implantadas nos países europeus pós Segunda Guerra restaurando, ainda que em patamares distintos, as benesses conquistadas pelas classes trabalhadoras no período entre guerras, e que tinham sido esmagadas pelos programas de austeridade impostos pelos economistas defensores da "economia pura". Esse período, que vai do final dos anos 1940 ao final dos anos 1970, ficou conhecido na Europa como os "Trinta Gloriosos".

Piketty (2014) analisa o impacto dos "Trinta Gloriosos" na Europa. Para o autor, a excepcionalidade desse período deve-se ao fato de que a Europa acumulou um atraso tecnológico durante os anos 1914-1945, em relação aos Estados Unidos, devido às guerras mundiais em seu território. A produção por habitante praticamente foi nula no período de 1913 e 1950, chegando ao máximo de crescimento de 0,5% ao ano, e saltando para mais de 4% de crescimento anual no período de 1950-1970. No período seguinte, 1970 – 1990, a produção por habitante foi pouco acima de 2%, igualando-se com a dos Estados Unidos que, segundo o autor, manteve-se constante, em torno de 1,5 – 2% ano durante todo o período analisado. Sob esse prisma, a Europa apenas teria retomado a sua posição econômica de destaque, ao lado dos Estados Unidos, o que de fato seria consumado a partir da criação do Grupos dos Sete, o G7, nos anos 1970.[7]

Mas, independentemente de uma análise sobre o crivo do crescimento econômico, é inegável que o compromisso de

7 O G7 é composto pelos seguintes países: Estados Unidos, Canadá, Alemanha, França, Itália, Reino Unido e Japão.

classes assumido pelo *New Deal*, na forma de uma social democracia, foi fundamental para conter o avanço dos partidos comunistas europeus que haviam crescido diante do quadro de pobreza e destruição resultantes do fim da Segunda Guerra. O fato é que a União Soviética tinha saído como a grande vencedora contra o fascismo; logo, servia de inspiração a uma Europa pauperizada (Souza, 2020).

Foi a institucionalização da social democracia em toda a Europa ocidental, portanto, que garantiu a manutenção do capitalismo nesse período de trégua do programa de austeridade e que vai durar até meados de 1970, quando surgirá uma nova recessão. Os ganhos auferidos pela classe trabalhadora tinham como consequência o declínio no lucro da classe capitalista que, mais uma vez, como era de se esperar, reagiu. A morte de Roosevelt e a ascensão de Richard Nixon ao poder em 1968, determinou o declínio das políticas do *New Deal* (Souza, 2020) e delineou a retomada do programa de austeridade associado à construção do Estado neoliberal.

A cidade de Nova York foi o balão de ensaio para a retomada à tríade da austeridade. Diante da crise fiscal que o governo Nixon sofrera, a solução encontrada foi cortar os subsídios à cidade, que passou a enfrentar um desequilíbrio em seu orçamento, conduzindo-a a uma bancarrota técnica no ano de 1975. O salvamento se deu pelos bancos de investimento que passaram a controlar o orçamento da cidade. Sua reestruturação veio por meio de projetos de renovação urbana, realizada com êxito graças ao consenso criado a partir da venda da imagem de Nova York – a "Nova York delirante": um centro de cultura, de turismo e aberto à diversidade (Harvey, 2014).

Esse modelo abriu portas para a desregulamentação dos mercados financeiros e ao resgate dos programas de austeridade fiscal, monetária e industrial, levados a cabo nos anos 1980 por Ronald Reagan (EUA), Margareth Thatcher (Reino Unido) e Helmut Kohl (Alemanha). Tendo o Estado como agente regulador, e não mais como condutor das políticas públicas, defendeu-se o livre mercado e com ele a matriz ideológica neoliberal que deu suporte ao regime de acumulação flexível que passou a prevalecer em detrimento ao fordismo (Araujo, 2025). Como o sistema capitalista sempre tende a processos de superacumulação de uma forma cíclica (Harvey, 2003), o ano de 2008 assistiria a mais uma grande crise, ainda em curso.

A crise de 2008 e a agudização das ideias liberais: a criação do consenso via redes sociais

Outono de 2008, mais precisamente 15 de setembro de 2008. Esse foi o dia em que o banco de investimentos Lehman Brothers faliu e, em um efeito dominó, todos os mercados globais de crédito congelaram, assim como a maioria dos empréstimos. Para Harvey (2011, p. 10):

> no epicentro do problema estava a montanha de títulos de hipoteca tóxicos detidos pelos bancos ou comercializados por investidores incautos em todo o mundo. Todo o mundo tinha agido como se os preços dos imóveis pudessem subir para sempre.

E com efeito, um mundo que se via inundado com excesso de liquidez, fruto da voracidade do capital financeiro, de repente se viu inundado de escritórios, shopping centers, edifícios de apartamentos só que... sem lastro financeiro para honrar os compromissos assumidos.

Ainda segundo Harvey (2011), 2008 pode ser considerada a "mãe de todas as crises", atentando para o fato que estas se tornaram mais frequentes desde a última crise que ocorreu nos anos 1970, quando houve a transição para o modo de acumulação flexível e a adoção da matriz ideológica do neoliberalismo. E sentencia: "da mesma forma que o neoliberalismo surgiu como uma resposta à crise dos anos 1970, o caminho a ser escolhido hoje definirá o caráter da próxima evolução do capitalismo" (Harvey, 2008, p.16).

Pessoalmente, eu acreditava que o leme do capitalismo iria virar novamente para o keynesianismo, até mesmo porque vivíamos um momento único no Brasil, os nossos "Doze Gloriosos", período em que Lula e Dilma estiveram no governo e cujos indicadores sociais e econômicos não deixavam dúvidas do êxito das políticas adotadas em prol da redução da desigualdade.[8] Imaginava que os ciclos econômicos eram cíclicos e que seria lógica uma alternância entre experiências de ordem liberal e de ordem desenvolvimentista: adoção de políticas de livre mercado/programas de austeridade versus políticas tendo o Estado como principal indutor, respectivamente.

Ocorre que desde a assunção do *New Deal* e a adoção de políticas de corte keynesiano, os economistas liberais continuavam trabalhando em prol do *laissez-faire*. Passados nove anos da derrocada do modelo em função da crise de 1929, os especialistas se reuniram novamente no ano de 1938 no Colóquio Walter Lippmann.[9] Rocha (2021) pontua que dentre os 26 participantes do Colóquio, estavam dois teóricos da escola austríaca: Friedrich von Hayek e Ludwig von Mises.

Hayek foi um dos defensores do neoliberalismo. Para ele, a crise de 1929 não teria acontecido por falhas no mercado mas sim, por excesso de intervenção estatal. Na sua visão, o Estado deveria ser o promotor do livre mercado, ou seja, atuar como facilitador de um aparato jurídico-legal que o auxiliasse no seu bom funcionamento. O fato do Estado atuar como um

8 No capítulo intitulado "Votamos com o fígado ou com a cabeça?" trazemos um panorama dos indicadores referentes ao período Lula e Dilma.

9 Walter Lippmann foi um dos pais da psicologia social, No seu entendimento, uma democracia tendo como base a soberania popular era impossível; Lippmann defendia a necessidade de um trabalho de dominação social por meio da manipulação do medo e da produção de consentimento. Escreveu em 1922 um livro referencial em sua área: *The Public Opinion*, onde *"analisa as razões da carência cognitiva da maioria das pessoas e, portanto, a necessidade de serem conduzidas por um elite esclarecida"* (Souza, 2020, p. 69).

regulador, justificaria o prefixo *neo*. Por outro lado, Mises defendia um radicalismo do livre mercado, um retorno à postura do *laissez-faire* do século XIX. Essa corrente ficou conhecida como libertarianismo, anarcocapitalismo e/ou ultraliberalismo (Rocha, 2021), sendo identificados no espectro ideológico (Singer, 2021) como extrema direita.

Embora Da Empoli (2023) sustente que a Itália seja o berço das experimentações políticas que depois se disseminam pelo mundo, como foi o caso do fascismo, há de se pontuar que a disseminação das ideias a favor do livre mercado teve o seu berço, por meio dos *think tanks*, pelos Estados Unidos. Conforme aponta Rocha (2021), os primeiros *think tanks* configuravam-se como organizações civis de natureza privada, sustentadas por meio de doações provenientes tanto de indivíduos quanto de entidades jurídicas. A Foundation for Economic Education (FEE), criada em 1946, na cidade de Atlanta/EUA, foi o primeiro *think tank* pró-mercado de que se tem notícia, sustentado pela Volker Fund, pertencente ao magnata William Volker. Por seu turno, a fundação Atlas Network agrega os principais e mais importantes *think tanks* pró-mercado do mundo. São mais de quatrocentos afiliados distribuídos em mais de oitenta países. O Instituto Mises, com sede nos EUA, é vinculado à Atlas Network e tem um de seus braços aqui no Brasil.

Se os *think tanks* fazem o papel de produtores do conhecimento, a disseminação ocorre por meio da indústria cultural – como foi o caso da promoção da "Nova York delirante" associada ao papel da propaganda e da imprensa comercial. E a partir dos anos 1970 entrará com força mais um componente para reforçar o time da produção do consenso social: a tecnologia da informação e o desenvolvimento dos microcomputadores no Vale do Silício, concentrando jovens como Steve Jobs – criador da Apple, e Bill Gates – criador da Microsoft. É a sociedade em rede (Castells, 2008) que começava a tomar forma, para desaguar anos mais tarde, nas redes sociais e no que Han (2022) denomina de capitalismo da informação.

No capitalismo da informação, ao contrário do período fordista onde se aplicava uma análise foucaultiana na lógica "vigiar e punir", para a fabricação de corpos dóceis aptos ao trabalho; o que se observa, é o estímulo à liberdade e à comunicação, em troca do controle psicopolítico do comportamento.

> A dominação do regime da informação é ocultada, na medida em que se funde completamente com o cotidiano. É encoberta atrás da complacência das mídias sociais, da comodidade das máquinas de busca, das vozes embalantes das assistentes de voz ou da oficiosidade prestativa dos *smart apps*, os aplicativos inteligentes. O *smartphone* se revela como um informante eficiente, que nos submete a uma vigilância duradoura (Han, 2022, p. 16).

E esse capitalismo da informação, associado às guerras híbridas[10] e ao trabalho assertivo dos *think tanks*, têm logrado êxito na implantação de agendas ultraliberais, por meio de eleições democráticas, ao redor do mundo. É a infocracia, a crise da democracia no regime da informação, como alerta Han (2022), que na prática, visa implantar os programas de austeridade, favorecendo a plutocracia dos super-ricos (Souza, 2020).

Giuliano Da Empoli (2023) avança nessa análise ao explorar os processos políticos e sociais que favoreceram o surgimento de novos atores populistas, os quais têm impulsionado a ascensão da extrema direita em escala global. Esse processo está diretamente ligado ao aparecimento dos chamados *spin doctors* — consultores políticos especializados no uso de *big data* —, responsáveis por moldar campanhas e estratégias de

10 São as chamadas revoluções coloridas, que têm sido promovidas por países como os Estados Unidos para desestabilizar governos democraticamente eleitos, sempre que estes colidam com seus interesses estratégicos (Koribko, 2018; Souza, 2020). Foi o caso da praça Tahrir, no Egito, em 2011 e, dois anos mais tarde, também ocorreu no Brasil, com as "jornadas de junho".

líderes como Donald Trump, Boris Johnson, Viktor Orbán, Benjamin Netanyahu e Jair Bolsonaro.

É paradigmático o surgimento do Movimento 5 Estrelas (M5S) que tinha à sua frente o comediante Beppe Grillo e o especialista em marketing digital Gianroberto Casaleggio. Em 08 de setembro de 2007, milhares de pessoas foram às ruas atendendo ao chamado do blog de Beppe Grillo durante o *Vaffanculo Day* [dia do Vá se Foder], em protesto contra *"a casta dos homens políticos corruptos que oprime os italianos"* (Da Empoli, 2023, p. 49). O M5S também conseguiu eleger uma prefeita em 2016, desconhecida do público até então e sem experiência administrativa.

Também em 2016, Donald Trump foi eleito presidente dos Estados Unidos e o Reino Unido aprovou sua saída da União Europeia (Brexit). Por trás dessas campanhas, estava o estrategista Steve Bannon, então diretor da empresa Cambridge Analytica, de propriedade do multimilionário Robert Mercer (Souza, 2020). A empresa adquiriu acesso a informações pessoais de usuários do Facebook, o que possibilitou a aplicação intensiva de técnicas de segmentação digital. Assim declarou: "estamos convencidos que nossa abordagem revolucionária da comunicação impulsionada por dados teve um papel muito decisivo para a extraordinária vitória nas eleições do presidente eleito Donald Trump" (Han, 2022, p. 39).

Em comum a todos esses casos "exitosos" está a manipulação da raiva, das teorias da conspiração e das *fake news*, enviadas com precisão, de acordo com o perfil psicométrico[11] de cada eleitor fazendo com que grupos diferentes recebam "informações diferentes que, não raro, se contradizem. Os cidadãos não ficam mais sensibilizados por temas importantes e relevantes da sociedade" (Han, 2022, p. 40). E assim, a partir

11 *"A psicometria [...] é um procedimento impulsionado por dados para a produção de um perfil de personalidade"*, sendo utilizada pelo marketing político para direcionar mensagens aos eleitores (Han, 2022 p. 38).

da retórica antissistema, cada vez mais *outsiders* conquistam o eleitorado com promessas de combate à corrupção. Incluso no pacote, e isso passa desapercebido pelo eleitor, está a validação do ideário ultraliberal e com ele, o programa da austeridade. Entre os anos de 2016 e 2022, foi a vez do Brasil vivenciar o modelo ultraliberal.

De Temer a Bolsonaro: a experiência ultraliberal no Brasil alimentada pelas redes sociais e chancelada pelo voto

No Brasil, as consequências do avanço da estratégia ultraliberal foram devastadoras. No mundo real, estávamos vivendo nossos "Doze Gloriosos", desde a assunção do presidente Lula ao poder em 2003. Foram duas gestões do governo Lula e uma da presidenta Dilma, sendo que a segunda gestão foi interrompida por um golpe, golpe este que se convencionou chamar de "golpe jurídico midiático parlamentar", pois reunia os três principais atores envolvidos no processo de construção do consentimento e que juntos trabalharam para o retorno do programa de austeridade e a adoção das ideias ultraliberais.

Essa história foi gestada no contrapúblico (Fraser, 1990), por um longo período, e as redes sociais tiveram papel determinante para a sua eclosão durante as "jornadas de junho" de 2013 que culminaram três anos mais tarde no impeachment da presidenta Dilma Rousseff e ascensão ao poder de Michel Temer seguido, dois anos depois, por meio de eleições majoritárias, por Jair Bolsonaro.

Ocorre que, assim que o presidente Lula ganhou as eleições em 2002, a máquina de construção de consentimento para retorno de um candidato mais alinhado às ideias liberais entrou em ação, embora esse processo tenha demorado 12 anos para lograr efeito e levar milhares de pessoas às ruas pedindo o impeachment da Presidenta (Pereira de Araujo et al, 2022).

Inicialmente, o processo de desconstrução da imagem do presidente Lula se deu pela mídia convencional: era comum ouvir na rádio comentaristas ridicularizando a fala com "erros de português" do presidente Lula, em contraponto ao então presidente, doutor em sociologia e ex-professor da USP (Universidade de São Paulo), Fernando Henrique Cardoso. Inclusive, anos mais tarde, em meio à crise política que se instaurava, seu colega de universidade, José de Souza Martins, lançaria um livro (Martins, 2016) reunindo os editoriais escritos para o jornal *O Estado de S. Paulo*, onde chancelava, com a autoridade intelectual de "produtor do conhecimento", a desconstrução do Partidos dos Trabalhadores (PT) e de Lula, supostamente envolvidos em tramas de corrupção desde a ascensão do PT ao poder. No entanto, mais insidioso e potente que o trabalho realizado pela esfera pública às claras, era o trabalho "de formiguinha" sendo gestado nas redes sociais desde 2004.

A rede social Orkut, criada pelo Google em 2004 foi o berço inicial desse "trabalho de formiguinha". Em seu interessante estudo sobre o surgimento de uma nova direita no Brasil, Camila Rocha (2021), por meio de um trabalho etnográfico, revela como novos personagens, desconhecidos até então, foram se organizando e formando uma potente rede seguidora do pensamento de Mises e de suas ideias ultraliberais. Os grupos de estudos, assim organizados, eram realizados por meio do Orkut, à época acessado por um público seleto que usava a internet.[12] Por meio desses fóruns de discussão, eram disseminadas ideias constantes do blog de Olavo de Carvalho, já na lida desde o final dos anos 1990. O objetivo principal

12 Rocha (2021) aponta que no auge da rede social Orkut no Brasil, nos anos de 2006 e 2007, o seu acesso era bastante restrito e composto por grupos de adolescentes e jovens adultos, de perfil universitário, oriundos das classes A e B, das regiões Sul e Sudeste do país.

era divulgar o pensamento de Mises e combater a "hegemonia cultural esquerdista" muito ligada, no pensamento desses grupos, às ideias de Antonio Gramsci.

> Em pouco tempo os frequentadores de tais comunidades passaram a perceber que todos defendiam uma versão do capitalismo de livre mercado muito mais radical que o neoliberalismo. [...] Foi justamente essa radicalidade que motivou os debatedores a eleger Ludwig von Mises, tido como o defensor mais radical do livre mercado. No Brasil, a referência ao legado do economista costuma vir acompanhada da defesa de ideias sintetizadas em motes como "imposto é roubo", "não existe almoço grátis", "privatiza tudo!" e "menos Marx, mais Mises" (Rocha, 2021, p. 101).

Das discussões em fóruns virtuais, a narrativa foi ganhando apoio e terreno, via criação de institutos. O Instituto Millenium foi lançado em 2006, durante o Fórum da Liberdade[13] e contava com o financiamento de grupos empresariais e da mídia, como o Grupo Abril, Organizações Globo, Grupo Gerdau, entre outros. Dentre seus participantes, estava o economista Paulo Guedes. Já o Instituto Mises Brasil (IMB) iniciou suas atividades em 2007, com o apoio da Atlas Network, e de acordo com a revista Forbes, o IMB era o *think tank* liberal mais influente na internet fora dos Estados Unidos, contando à época, com 280 mil seguidores no Facebook, 110 mil no Instagram e 44 mil no Twitter (Rocha, 2021).

---

13 Este é um dos principais eventos da direita brasileira, promovido desde 1988 pelo Instituto de Estudos Empresariais (IEE), reunindo empresários, membros da elite política e intelectuais. Cabe destacar uma observação sobre o processo de elaboração da Constituição Federal de 1988, quando houve uma tentativa de inserir ideias de cunho liberal e de conferir "uma orientação mais racional para a 'viagem na maionese' que o pessoal de esquerda queria fazer com a Constituinte" (Rocha, 2021, p. 63). Na ocasião, o empresário Emílio Odebrecht, presente em uma reunião com o grupo que viria a compor a bancada do Centrão e com membros do IEE, teria rejeitado de forma contundente as propostas liberais. Anos depois, não por coincidência, a Odebrecht foi alvo da Operação Lava Jato.

Mas foi em 2013, durante as "jornadas de junho", que os movimentos passaram, de forma definitiva, a ocupar as ruas e influenciar a opinião pública. Embora a mobilização inicial — liderada pelo Movimento Passe Livre — tivesse como foco o aumento de R$ 0,20 na tarifa de ônibus, reunindo milhares de jovens nas principais capitais do país, com São Paulo como centro das atenções midiáticas, rapidamente a pauta se deslocou para o combate à corrupção. No livro *A Radiografia do Golpe*, Jessé Souza analisa detalhadamente essa mudança de foco, tendo como principal objeto de estudo a cobertura do *Jornal Nacional* (JN).

Segundo Souza (2016), a primeira menção às manifestações de junho de 2013 no *Jornal Nacional* ocorreu em 10 de junho, quando os protestos foram retratados como meros tumultos que causavam transtornos ao trânsito. Nos dias 12 e 13, a cobertura manteve esse tom, classificando os manifestantes como vândalos. Paralelamente, como forma de testar a reação do público, o telejornal passou a introduzir temas de alcance nacional, como a PEC 37 — proposta que restringia a competência de investigação criminal às polícias federal e civil dos estados e do Distrito Federal. Em 17 de junho, a narrativa mudou: o movimento passou a ser descrito como pacífico, com a bandeira do Brasil assumindo o papel de símbolo central. Entraram em destaque temas como os gastos com a Copa do Mundo, a própria PEC 37 e a corrupção, ainda tratada de maneira genérica. Dois dias depois, em 19 de junho, os protestos passaram a ser apresentados como um fenômeno nacional, com incentivo explícito à participação popular. Nesse mesmo contexto, a FIESP projetou a bandeira brasileira em sua sede na Avenida Paulista, reforçando o engajamento de setores empresariais no movimento.

A chamada às ruas acabou animando a participação de grupos libertários que seu reuniam em torno dos temas anticorrupção e antipetismo. "Em 2013 a gente conseguiu organizar, durante as passeatas de junho, uma manifestação libertária também. Enquanto a passeata estava passando pela Paulista, a gente estava concentrado no vão do Masp", disse um entrevistado à Camila Rocha (2021, p. 143) que avalia que, a partir de então, essa nova direita, organizada por meio das redes sociais, viu espaço para pautar o seu debate também nas ruas. A organização da militância se deu sobretudo em torno do MBL (Movimento Brasil Livre), do Vem Pra Rua e dos Revoltados Online, que foram peças chave nas manifestações que conduziram ao impeachment da presidenta Dilma Rousseff.

Michel Temer assume a presidência em 16 de maio de 2016, quando Dilma é afastada para responder ao processo de impeachment. E com ele, é executado o plano de governo perdedor nas urnas durante as eleições de 2014. O documento apresentado pelo PMDB (2015) intitulado "A Ponte para o Futuro" afirma que o país gasta muito com políticas públicas e que as iniciativas ali expostas são um consenso no país. Temer executou à risca o programa de austeridade: defendeu equilíbrio fiscal, transferência de ativos à iniciativa privada, extinguiu ministérios (como os da cultura, desenvolvimento agrário e direitos humanos), anunciou cortes no SUS e no Bolsa Família, liberou jogos de azar[14], sancionou a lei que pôs fim à exclusividade da Petrobrás na exploração da camada pré-sal[15], a Lei de Partilha, sancionada no governo Dilma e que previa que parte dos recursos seriam destinados às áreas da Educação e Saúde. Em 2016, aprovou a Emenda Constitucional n. 95

---

14 Tratam-se das *bets*, legalizadas em 2018 pelo Governo Temer, que já se tornou um problema de saúde pública dado a gravidade do vício da população nesse tipo de jogo. Em 2025, o Governo Federal criou um grupo de trabalho para avançar na regulamentação e na prevenção dos impactos negativos das apostas esportivas. Disponível em https://agenciagov.ebc.com.br/noticias/202502/governo-federal-define-os-membros-do-gt-sobre-saude-mental-dos-apostadores. Acesso em 19 jun. 2025.

15 Disponível em https://www.camara.leg.br/noticias/503787-sancionada-lei-que-poe-fim-a-exclusividade-da-petrobras-na-exploracao-do-pre-sal/. Acesso em 19 jun. 2025.

– que abriu esse capítulo, congelando por 20 anos os investimentos na área social. Ao fim do governo, pesquisa Ibope mostrava que 88% da população desaprovava a sua forma de governar (Araujo, 2025).

Se Temer assumiu por meio de um golpe, esse não foi o caso de Bolsonaro. Com Lula convenientemente preso, Jair Bolsonaro disputou as eleições contra Fernando Haddad e venceu com 55,13% dos votos válidos (TSE, 2018). Bolsonaro não possuía visibilidade na esfera pública tradicional e se candidatava por um partido nanico, com apenas seis segundos de propaganda no rádio e na televisão. Mas era nas redes sociais que o "mito" era forte.

Ainda em 2014, o Facebook já era acessado por cerca de 89 milhões de brasileiros,

> as páginas que circulavam discursos antipetistas e as teses defendidas por Olavo de Carvalho, entre as quais figuravam páginas de políticos tucanos e ligadas a Jair Bolsonaro, já apelidado como "Bolsomito", alcançavam dezenas de milhões de pessoas (Rocha, 2021, p. 147).

Bolsonaro inaugurou uma página no Facebook ainda em 2013 e passou a ficar mais conhecido à medida que a Operação Lava Jato ia ganhando envergadura midiática. Para Rocha (2021), isso ocorreu porque, apesar de seus 30 anos de carreira como deputado, até aquele momento não havia nenhuma acusação contra ele, referente à participação em esquemas de corrupção e desvio de recursos, o que foi fundamental para a desvinculação de sua imagem com a política tradicional.

O seu "casamento" com a agenda ultraliberal se deu por meio da indicação do economista Paulo Guedes para ministro da Economia. Bolsonaro recebeu apoio de praticamente toda composição da nova direita que passou a atuar no Congresso Nacional e cuja origem advém das comunidades do Orkut e das manifestações de rua. A relevância da atuação de uma militância organizada a partir das redes sociais, resultou em "um amálgama ideológico inédito no Brasil: o ultraliberalismo conservador" (Rocha, 2021, p. 175). Foi assim, que dentre outros, assistimos a eleição de Kim Kataguiri (quase meio milhão de votos e o quarto deputado mais bem votado do país), Bia Kicis, Carla Zambelli, Joice Hasselmann (segunda deputada mais bem votada) e Eduardo Bolsonaro, o deputado mais bem votado.

Os quatro anos da gestão Bolsonaro não entregaram exatamente o que os ultraliberais gostariam. Paulo Guedes conseguiu concretizar apenas a privatização da Eletrobrás e, como de praxe, a preço abaixo do mercado.[16] Mas por outro lado, cumpriu as agendas de austeridade preconizadas pela "economia pura": tornou o Banco Central independente, executou a reforma administrativa e a reforma tributária, facilitando a evasão de divisas para paraísos fiscais. Como consequência, a pobreza e o desemprego aumentaram, de sorte que em 2021 o país atingiu um recorde na pobreza, compreendendo 29,4% da população brasileira (Araujo, 2025).

Segundo Bolsonaro e seus apoiadores, a pandemia de Covid-19 teria impedido a plena execução do seu plano de governo. No entanto, essa narrativa desconsidera sua responsabilidade na condução da crise sanitária, que resultou na morte de mais de 687 mil pessoas. Durante a pandemia, o então presidente defendeu a chamada "imunidade de rebanho" e incentivou o tratamento com o "kit covid" – medicamentos sem a eficácia comprovada, em detrimento à compra da vacina. Essas ações foram objeto de investigação pela Comissão Parlamentar de Inquérito (CPI) da Covid, instaurada no Senado Federal, cujo relatório final recomendou o indiciamento de mais de 60 pessoas físicas e jurídicas, entre

16 Segundo Vital do Rêgo, ministro do Tribunal de Contas da União e que se posicionou contra a venda da estatal, a empresa foi vendida "a preço de banana". Disponível em https://www.brasildefato.com.br/2022/06/10/privatizada-eletrobras-fixa-preco-por-acao-em-r-42-e-levanta-r-29-29-bilhoes-em-oferta. Acesso em 27 de junho de 2022.

elas o próprio Jair Bolsonaro e diversos ministros de Estado (Dermmam, Pigatto, 2024).

Bolsonaro manteve sua militância ativa, por meio de *lives* semanais e aparições no "cercadinho" junto ao Palácio da Alvorada, de sorte que, apesar de todos os indicadores sociais deporem contra sua gestão, o forte uso da máquina pública associado à sua permeabilidade nas redes, quase lhe conferiram um segundo mandato, onde prometia realizar todas as promessas ultraliberais do governo anterior. Bolsonaro perdeu numa eleição acirrada: 49,1% contra 50,9% (TSE, 2022) dos votos válidos conferidos a Lula, que caminhava para o seu terceiro mandato, algo inédito no país.

União e Reconstrução: os desafios do governo Lula em meio à "hegemonia direitista" nas redes sociais

No primeiro dia de janeiro de 2023, Lula subiu a rampa do Planalto pela terceira vez. O que foi inédito nesse cerimonial, foi a passagem da faixa presidencial: Jair Bolsonaro se recusou a passa-la e viajou para os Estados Unidos antes do dia da posse. No seu lugar, foram representantes da sociedade civil que o fizeram.[17]

O terceiro mandato começou de forma conturbada, surpreendido com a tentativa de golpe de Estado e vandalização do patrimônio público federal nos ataques golpistas de 08 de janeiro de 2023. Num gesto simbólico, um dia depois

17 Quem subiu a rampa do Planalto ao lado de Lula, Alckmin, Janja e Lu Alckmin foram: Francisco, 10 anos, morador da periferia de São Paulo; Aline, 33 anos, catadora de recicláveis no DF; Cacique Raoni, 90 anos; Wesley, 36 anos, metalúrgico em Diadema/SP; Murilo, 28 anos, professor em Curitiba; Ivan Baron, influencer potiguar; Jucimara, cozinheira de Palotina/PR e Flávio, artesão de Pinhalão/PR: ambos estiveram os 580 dias na Vigília Lula Livre, durante a prisão de Lula em Curitiba (Vilela, 2023). E não menos importante, a cachorrinha Resistência, conduzida por Lula ao subir a rampa, e que foi adotada por Janja durante a Vigília Lula Livre.

dos ataques, Lula e os presidentes do STF (Supremo Tribunal Federal), Senado e Congresso desceram a rampa do Planalto de mãos dadas, em defesa da democracia. Dois anos depois, Jair Bolsonaro e mais 33 pessoas, dentre elas vários militares, respondem no STF pelos crimes de tentativa de golpe de Estado e abolição do Estado de Direito, entre outros.

União e Reconstrução, lema do governo Lula, foi desenhado com base no plano de governo apresentado e também no relatório final produzido pelo Gabinete de Transição Governamental (2022), liderado pelo vice-presidente Geraldo Alckmin. O relatório não deixa dúvidas sobre o desmonte do Estado vivenciado durante os anos 2016-2022, fruto da experiência ultraliberal: cortes no orçamento da saúde, inviabilizando programas como o farmácia popular e os atendimentos especializados; regresso do país ao mapa da fome, contando com mais da metade da população vivenciando algum grau de insegurança alimentar; não cumprimento das metas do Plano Nacional de Educação; desvirtuamento do programa Minha Casa Minha Vida que, ao se tornar programa Casa Verde Amarela, zerou as contratações para a baixa renda.

Na economia, o crescimento médio do PIB foi em torno de 1% a.a. no período 2019-2021. A inflação acumulada durante a gestão Bolsonaro superou 26% e em contrapartida, o salário mínimo não obteve ganho real, perdendo seu poder de compra. A agenda ultraliberal na economia flexibilizou os mecanismos de proteção ao trabalho, desmontou e combateu a organização sindical.

Para tentar recompor o orçamento, o Ministro da Fazenda Fernando Haddad e sua equipe apresentaram o Novo Arcabouço Fiscal (NAF), Projeto de Lei Complementar 93/2023, aprovado na Câmara dos Deputados em substituição à Lei do Teto de Gastos (EC 95). Em linhas gerais,

> o regime condiciona maiores gastos do governo ao cumprimento de metas de resultado primário, buscando con-

> ter o endividamento e criando condições para a redução de juros e garantia de crescimento econômico (Nogueira, 2023, p. 1).

Na prática, a austeridade fiscal está mantida e somada à austeridade monetária, via aumento da taxa de juros – atualmente a Selic está em 15% a.a.[18], tem provocado o Governo a "fazer uma ginástica" para colocar em prática as políticas públicas almejadas e obter resultados positivos, como os descritos pelo jornalista Pedro Cafardo[19] (2025), para o jornal Valor Econômico, ao qual tomamos a liberdade de reproduzir um longo trecho:

> Num certo país infeliz, espalha-se um enorme pessimismo sobre a economia e, aparentemente, resultados bastante positivos para a vida real de pobres e ricos são quase ignorados nas análises. Nesse país infeliz, argumenta-se que a inflação está incontrolável, mas ela atingiu em média 4,73% ao ano nos dois últimos anos, Nos quatro anos anteriores, havia alcançado 6,71% ao ano. E a inflação média atual está abaixo da média dos últimos trinta anos (6,5% ao ano), desde que foi criada a moeda em circulação. [...] Resumindo: nesse país infeliz, a inflação está abaixo da média nacional dos últimos 30 anos, a renda dos mais pobres cresce mais que a inflação de alimentos, principal item de consumo nessa faixa de rendimento; o nível de desemprego é o mais baixo da história; o nível de pessoas em situação de fome caiu 85% em um ano; a desigualdade de renda é a mais baixa da história, e a renda per capita, a mais alta; o crescimento da produção surpreende positivamente há cinco anos; a safra de alimentos bate recorde; o lucro das empresas financeiras e não financeiras aumentam muito mais que a inflação; a bolsa de valores quebra recordes e rentistas/investidores da clas-

18 Conforme Ata do Copom de 18 junho de 2025. Disponível em https://www.bcb.gov.br. Acesso em 21 jun. 2025.

19 A coluna de Cafardo faz alusão a "um certo país infeliz" em resposta à propaganda política obrigatória do Partido Liberal (PL) que tem sido veiculada em rádio e televisão que diz hoje estar tudo caro e finaliza com "que saudade de Bolsonaro". A peça publicitária, apesar de mentirosa, não foi contestada.

> se média e alta ampliam seu patrimônio com os juros de dois dígitos. [...] O debate econômico se dá basicamente em torno de problemas fiscais, que podem ter impacto nos próximos anos, mas não afetam hoje o humor e o dia a dia das pessoas. Ou esse país infeliz tem graves falhas na comunicação ou talvez sua infelicidade e seu pessimismo não venham da economia, estúpido.

No entanto, essa não tem sido a narrativa comum à grande mídia. O editorial do jornal da *Folha de S. Paulo*, de 22 de dezembro de 2025, trazia o título: "A conta do almoço grátis chega cedo ou tarde" e como subtítulo: "Apenas se abandonar a gastança Lula terá condições de concluir seu mandato sem pôr em risco a estabilidade macroeconômica". Em linhas gerais, o editorial enfatiza que há dois caminhos a serem seguidos: o organizado, que minimiza os riscos para a sociedade e o caótico, preferido pelo Presidente e que insiste em praticar, segundo o editorial, o ideário derrotado pela história, qual seja de que o progresso decorre da expansão ilimitada do Estado e sentencia:

> para a sorte de Lula, os legisladores que aprovaram a autonomia do Banco Central em 2021 não pensavam como ele. A ação firme da autoridade monetária contra arrestou a incontinência do Planalto e evitou que a inflação saísse do controle por quase dois anos.

Ainda mais atual, foi o comentário de Teco Medina, no programa "O assunto é dinheiro" veiculado em 13 de maio de 2025, na rádio CBN, pertencente às organizações Globo: "O Governo acelerando e o Banco Central freando".

O estardalhaço mais recente provocado pela grande mídia tem sido referente ao IOF (Imposto sobre Operações Financeiras). Em participação na audiência da Comissão de Finanças e Tributação e Fiscalização Financeira e Controle, no dia 11 de junho de 2025, o ministro da Fazenda, Fernando Haddad, defendeu o decreto n. 12.499, de 11 de junho de 2025, que trata do IOF, e a medida provisória MP 1.303/2025.

Haddad enfatiza que tais medidas criam tributos apenas para os "moradores da cobertura", acostumados a não pagar as taxas de condomínio. A renúncia fiscal corresponde a 4,8% do PIB brasileiro. A proposta é taxar em 18% (ao invés dos 12% atuais) o faturamento das plataformas de apostas digitais, as *bets*, e cobrar das *fintechs*, que são os bancos digitais (C6, Nubank, mercado pago, etc.) o mesmo que se cobra dos demais bancos com agência física (Dalle, 2025).

O presidente Lula também sai na defesa, conforme entrevista dada ao podcast do Mano Brown:[20]

> O IOF do Haddad, não tem nada demais. [...] O Haddad quer que as *bets* paguem imposto de renda; que as *fintechs* paguem, que os bancos paguem. Só um pouquinho, para a gente poder fazer a compensação, porque toda vez que a gente vai ultrapassar o arcabouço fiscal, temos que cortar no Orçamento [...] A gente quer fazer justiça tributária. Queremos que as pessoas que ganham mais, paguem mais. Que quem ganha menos, pague menos. E que as pessoas vulneráveis não paguem impostos.

Mas para o Deputado Federal Zucco, do PL/RS, líder da oposição, e que assina o PDL (Projeto de Decreto Legislativo)[21] que derrubou o decreto presidencial[22], "o IOF é um imposto extrafiscal que somente pode ser utilizado como instrumento

---

20 Mano a Mano: Presidente Lula. Locução de Mano Brown e Semayat Oliveira, 18 jun. 2024. Disponível no Spotfy.

21 Disponível em https://www.camara.leg.br/proposicoesWeb/prop_mostrarintegra?codteor=2934648&filename=PDL%20314/2025https://www.camara.leg.br/proposicoesWeb/prop_mostrarintegra?codteor=2934648&filename=PDL%20314/2025. Acesso em 21 jun. 2025.

22 No dia 25 de junho de 2025, em votação expressiva, 383 deputados derrubaram o decreto assinado pelo presidente Lula referente à alta do IOF, contando com a votação simbólica do Senado referendando tal decisão. Na contramão do Executivo, o Congresso e setores do empresariado defendem que cortes ocorram nas despesas primárias, ou seja, nos gastos sociais, com saúde e educação (Léon, 2025). O que demonstra a disposição do Congresso em atender o chamado da agenda ultraliberal. O presidente Lula pode contestar a constitucionalidade da decisão junto ao STF.

para controle da política econômica, inadmitindo o desejado feitio arrecadatório" e sentencia:

> Em apertada síntese, resta nítido não ter o Ministério da Fazenda capturado a *aversão* do Parlamento e *da sociedade com a majoração de tributos*: quando uma medida fracassa, simplesmente se apresenta outra, sempre com o mesmo formato: mais arrecadação, mais exação, mais pressa – como se a política tributária fosse exercício de tentativa e erro. Nesse figurino, o Congresso vira laboratório e a *sociedade paga a conta* (grifos nossos).

O que o Deputador Zucco não diz, é qual a parcela da sociedade que pagará a conta pois, como demonstrado por Haddad, são "os do andar de cima". E justamente o "andar de cima" é quem comanda a narrativa, por meio dos jornais de grande circulação, rádio e telejornais. A essa conta, somam-se as redes sociais, cujos algoritmos entregam ao usuário as versões que geram maior conteúdo de *likes* e monetização. Essa é a estrutura da infocracia, de quem fala Han (2022).

Apenas para citar uma das redes, o Instagram. O deputado federal Nikolas Ferreira, do Partido Liberal, com 17,6 milhões de seguidores, traz em seus *posts* versões distorcidas que viralizam e desinformam a população, como o vídeo sobre o Pix[23], em que alega a quebra de sigilo por parte da Receita; ou sobre a fraude no INSS, que começou no governo Bolsonaro e tem sido apurada nessa gestão, mas o deputado distorce a informação, acusando o atual governo. Seus conteúdos têm mais de 100 milhões de visualizações, muito acima de qualquer publicação realizada pelo governo ou seus aliados.[24]

---

23 Disponível em https://www.estadao.com.br/estadao-verifica/video-nikolas-ferreira-pix-receita-federal-enganoso/?srsltid=AfmBOorVO5KZcjvMpYRT8PALk3GA1BqZFuvAIUvZNZfLcjku75J0sOzT. Acesso em 21 jun. 2025.

24 Disponível em https://noticias.uol.com.br/politica/ultimas-noticias/2025/05/10/pt-governo-video-nikolas-inss-aposentados-bolsonaro.htm. Acesso em 21 jun. 2025.

Se no começo dos anos 2000, se combatia a "hegemonia esquerdista", como proferido por Olavo de Carvalho, hoje, o que se observa, é uma "hegemonia direitista" nas redes sociais, impulsionada pelos algoritmos e interessada na desinformação para que afinal, apesar de todos os avanços já conquistados no Lula 3, a população seguidora das redes[25] se perceba "num país infeliz" e chancele, numa próxima eleição majoritária, o projeto ultraliberal. Afinal, para a plutocracia o que importa é a austeridade hoje e sempre, bastando para tanto, "educar as massas", de forma a orientá-las a votar em seus projetos e interesses.

No entanto, conforme demonstrado pela história durante o período entreguerras, houve um momento em que se vislumbrou uma nova ordem social possível. A expressão "educar as massas" pode também ser entendida como um projeto de educação emancipatória e popular, voltada à politização da economia e ao fortalecimento da consciência crítica da população. Trata-se de capacitar os cidadão a reconhecerem no voto, uma ferramenta fundamental da democracia representativa, capaz de contribuir para a construção um Estado mais justo e igualitário. Como já defendiam os ordinovistas, adquirir conhecimento é um ato político. Talvez seja essa a oportunidade de se usar a máquina pública para esse fim, a exemplo do que fizeram os reconstrucionistas no século passado.

Agradecimentos

Agradeço ao CNPq e a Fundação Tide Setubal pelo fomento à pesquisa.

25 De acordo com os resultados preliminares do Censo 2022, 89,4% das pessoas vivem em domicílios com acesso a internet (Torkania, 2024).

Referências

ARAUJO, C. P. de. Os nexos entre austeridade, ultraliberalismo e o avanço da extrema direita através do voto. *Revista de Políticas Públicas*, v. 29. N.1. p. 237-257, 12 jun 2025. Disponível em: https://periodicoseletronicos.ufma.br/index.php/rppublica/article/view/25042. DOI: https://doi.org/10.18764/2178-2865v29n1.2025.13

CAFARDO, P. Coisas que acontecem num certo país infeliz. *Jornal Valor Econômico*, de 10/06/2025. Disponível em https://valor.globo.com/brasil/coluna/coisas-que-acontecem-num-certo-pais-infeliz.ghtml. Acesso em 10 jun. 2025.

CASTELLS, M. *A sociedade em rede*. 11 ed. São Paulo: Paz e Terra, 2008.

DA EMPOLI, G. *Os engenheiros do caos*. São Paulo: Vestígio, 2023

DALLE, I. Corrigir distorção sem aumentar tributo para o povo, diz Haddad. *Agência Gov*, 16/06/2025. Disponível em https://agenciagov.ebc.com.br/noticias/202506/haddad-diz-que-medidas-nao-aumentam-impostos-conheca-argumentos-do-ministro. Acesso em 21 jun. 2025.

DARDOT, P; LAVAL, C. *A nova razão do mundo:* ensaio sobre a sociedade neoliberal. São Paulo: Boitempo, 2016.

DERMMAM, M; PIGATTO, F. CPI da Covid: 3 anos sem respostas. *Outra Saúde*. Publicado em 30/10/2024. Disponível em https://www.gov.br/conselho-nacional-de-saude/pt-br/assuntos/noticias/cpi-da-covid-3-anos-sem-respostas. Acesso em 20 jun. 2025.

FRASER, N. Rethinking the public sphere: a contribution to the critique of actually existing democracy. *Social Text*, 25/26 (1990): 56-80.

GABINETE DE TRANSIÇÃO GOVERNAMENTAL. *Relatório Final*. Brasília: dezembro de 2022.

GOODMAN, A. Noam Chomsky: Brazil`s President Dilma Rousseff Impeached by a Gang of Thieves". *Democracynow*. May 17, 2016. Disponível em: https://www.democracynow.org/2016/5/17/noam_chomsky_brazils_president_dilma_rousseff. Acessado em 10 jun. 2024.

HAN, B-C. *Infocracia:* digitalização e a crise da democracia. Petrópolis, RJ: Vozes, 2022.

HARVEY, D. *O Neoliberalismo*: história e implicações. 5 ed. São Paulo: edições Loyola, 2014.

HARVEY, D. *O enigma do capital*: e as crises do capitalismo. São Paulo: Boitempo, 2011.

HARVEY, D. *A condição pós moderna.* 12 ed. São Paulo: Loyola, 2003.

KORYBKO, A. *Guerras híbridas*: das revoluções coloridas aos golpes. São Paulo: Expressão Popular, 2018.

LEÓN, L. P. Entenda: disputa em torno do IOF define quem paga pelo ajuste fiscal. *Agência Brasil.* Disponível em: https://agenciabrasil.ebc.com.br/economia/noticia/2025-06/entenda-disputa-em-torno-do-iof-define-quem-paga-por-ajuste-fiscal. Acesso em 26 jun. 2025.

MARTINS, J. S. *Do PT das lutas sociais ao PT do poder.* São Paulo: Contexto, 2016.

MATTEI, C. E. *A ordem do capital*: como economistas inventaram a austeridade e abriram caminho para o fascismo. São Paulo: Boitempo, 2023.

NOGUEIRA, C. Novo arcabouço fiscal. *Agência Câmara de Notícias*, 18/04/2023. Disponível em https://www.camara.leg.br/internet/agencia/infograficos-html5/novo-arcabouco-fiscal/index.html#:~:text=O%20Regime%20Fiscal%20Sustentável%2C%20conhecido,equil%C3%ADbrio%20entre%20arrecadação%20e%20despesas. Acesso em 21 jun. 2025.

PMDB, Partido do Movimento Democrático Brasileiro. *Uma ponte para o futuro*. Brasília: Fundação Ulysses Guimarães, 2015. Disponível em https://edisciplinas.usp.br/pluginfile.php/3359700/mod_resource/content/0/Brasil%20-%20Uma%20ponte%20para%20o%20futuro%20Funda%C3%A7%C3%A3o%20Ulysses%20Guimar%C3%A3es.pdf. Acesso em 28 out 2024

PEREIRA DE ARAUJO, C; DE OLIVEIRA E SILVA, T. D.; NASCIMENTO RODRIGUES, B. "Vem pra rua" ou "fica em casa"? *Bitácora Urbano Territorial*, 32 (III): 55-68. https://doi.org/10.15446/bitacora.v32n3.102150

PIKETTY, T. *O capital no século XXI*. Rio de Janeiro: Intrínseca, 2014.

ROCHA, C. *Menos Marx, mais Mises*: o liberalismo e a nova direita no Brasil. São Paulo: Todavia, 2021.

SINGER, A. A reativação da direita no Brasil. *Opinião Pública*, Campinas, vol. 27, no. 3, set-dez, p. 705-729, 2021.

SOUZA, J. *A guerra contra o Brasil*. Rio de Janeiro: Estação Brasil, 2020.

SOUZA, J. *A radiografia do golpe*: entenda como e por que você foi enganado. Rio de Janeiro: Leya, 2016.

TORKANIA, M. Nove a cada dez brasileiro têm acesso à internet em casa. *Agência Brasil*, 12/12/2024. Disponível em: https://agenciabrasil.ebc.com.br/geral/noticia/2024-12/nove-cada-dez-brasileiros-tem-acesso-internet-em-casa#:~:text=Nove%20a%20cada%20dez%20brasileiros%2C%2089%2C4%25%2C%20vivem,Geografia%20e%20Estat%C3%ADstica%20(IBGE). Acesso em 21 jun. 2025.

TORKANIA, M. Mais de mil escolas do país estão ocupadas em protesto; entenda o movimento. *Agência Brasil*. Publicado em 25/10/2016. Disponível em: https://agenciabrasil.ebc.com.br/educacao/noticia/2016-10/mais-de-mil-escolas-do-pais-estao-ocupadas-em-protesto-entenda-o-movimento. Acesso em 10 jun. 2025.

TSE, Tribunal Superior Eleitoral. *Portal de dados abertos, votação nominal ano 2018*. Recuperado de https://sig.tse.jus.br/ords/dwapr/r/seai/sig-eleicao-resultados/resultado-da-eleição?p0_ano=2018&session=307256565590580

TSE, Tribunal Superior Eleitoral. *Portal de dados abertos, votação nominal ano 2022*. Recuperado de https://sig.tse.jus.br/ords/dwapr/r/seai/sig-eleicao-resultados/resultado-da-eleição?p0_ano=2022&session=307256565590580

VILELA, P. R. Saiba quem são as pessoas que entregaram a faixa presidencial à Lula. *Agência Brasil*. Publicado em 01/01/2023. Disponível em https://agenciabrasil.ebc.com.br/politica/noticia/2023-01/saiba-quem-sao-pessoas-que-entregaram-faixa-presidencial-lula. Acesso em 01 jan. 2023.

O grande consenso da austeridade

Gilberto Maringoni

> Para justificar o conservantismo inconsequente, faz-se apelo a todas as fórmulas de senso comum. (...) Veja-se como repetem todos "É preciso cortar despesas... " Por quê? Porque o bom senso tradicional assim o diz. E julgam-se todos dispensados de estudar as coisas, para ver que, por toda a parte, tem sido preciso justamente aumentar as despesas públicas, máxime nos países novos, onde as populações crescem mais rapidamente, e onde tudo está por fazer (Bomfim, 2008, p. 123).

Introdução

A América do Sul vive um inédito consenso no final do primeiro quartil do século XXI, ao mesmo tempo em que seus países enfrentam fortes turbulências políticas. O consenso não se dá em torno da democracia, do desenvolvimento ou da integração regional. Trata-se da austeridade fiscal, novo valor universal e inconteste entre governos compreendidos no leque que vai da centro-esquerda à extrema-direita. Todos, em graus e intensidades variadas, formulam, produzem, aplicam e defendem políticas de restrições de gastos e investimentos públicos e propagam ser esse o passaporte para o desenvolvimento, o crescimento, o progresso e a felicidade. Depois de avançar sobre Bancos Centrais, tornando-os independentes – o que significa privatizar a formulação e execução de políticas monetárias –, a alta finança e a mídia corporativa defendem abertamente a criminalização do gasto público, sob o simpático apelido de responsabilidade fiscal. Atinge-se assim o – desculpe o lugar-comum – paradigma enunciado pelo economista francês Jean Baptiste-Say (1767-1832), em seu Tratado de economia política (1803):

> Durante muito tempo, confundiu-se a Política propriamente dita, a ciência da organização das sociedades, com a Economia Política, que ensina como se constituem, se distribuem e se consomem as riquezas que satisfazem as necessidades das sociedades. Entretanto, as riquezas são essencialmente independentes da organização política. Desde que bem administrado, um Estado pode prosperar sob qualquer forma de governo (Say, 1983, p. 39).

A separação entre Economia e Política, a partir daí, se tornou uma métrica do liberalismo econômico, repetida ad nauseam como forma de blindar a disputa pelo excedente na sociedade. Seja qual for o governo eleito, a condução da economia deve permanecer intocada, como se opções de investimentos e alocações de recursos públicos fossem realizadas a partir de obscuras diretrizes "técnicas". Vale sempre perguntar *"técnicas em favor de quem?"*.[1] Na atual cena continental dá-se o mesmo: pouco importa a orientação política de cada governo.[2] O que interessa é o fato de suas políticas macroeconômicas apontarem, com graus e intensidades variadas, numa só direção. De Gabriel Boric, no Chile, a Dina Boluarte, no Peru, de Lula, no Brasil, a Javier Milei, na Argentina e de Gustavo Petro, na Colômbia, a Daniel Noboa, no Equador, a pregação por restrições orçamentárias dá a tônica no ambiente institucional.

---

1 A pergunta foi feita por Wanderley Guilherme dos Santos in *Quem dará o golpe no Brasil?* (Santos, 1962. p. 23).

2 Cuba está fora desse consenso.

A convergência forçada

O consenso resulta de escolhas para não colocar em risco interesses seculares e por limitações objetivas em cada país. Os governos conservadores que chegaram ao poder após 2015 – através de eleições ou golpes – aprofundaram medidas liberalizantes. Através delas, enfraqueceram estruturas de Estado, privatizaram empresas estratégicas, fizeram aprovar legislações que ampliaram a informalidade nos mercados de trabalho e facultaram poderes inéditos ao grande capital.[3] Além de inúmeras iniciativas pró-mercados e regressivas socialmente, buscaram institucionalizar medidas de austeridade, propaladas como únicas formas de se realizarem boas gestões. O quadro ficou complicado para partidos progressistas que buscam no ativismo estatal a alavanca para reforçar direitos sociais e incorporar maiorias empobrecidas na dinâmica do desenvolvimento. O espantoso é que setores de esquerda parecem ter se convencido ou se conformado com as políticas de austeridade como caminho insubstituível para se realizarem boas administrações.

O presidente chileno Gabriel Boric, por exemplo, numa entrevista ao jornal argentino *Clarín* em 3 de março de 2022, logo após sua posse, afirmou o seguinte: *"Na esquerda, temos que parar de pensar que responsabilidade fiscal é uma questão de direita. (...) Deve ser uma política de Estado"* (Cantelmi; Niebieskikwiat, 2022). Apesar do projeto de se aprovar uma nova Constituição ter sido derrotado num plebiscito em 4 de outubro de 2022, vale a pena ler o que uma maioria de convencionais progressistas aprovou no texto preliminar, divulgado em 4 de julho daquele ano. No artigo 183, dos Princípios Constitucionais, estava escrito o seguinte:

---

3 São os casos de Sebastián Piñera, no Chile, Maurício Macri, na Argentina, Michel Temer e Jair Bolsonaro, no Brasil, Lenin Moreno e Guillermo Lasso, no Equador, Lacalle Pou, no Uruguai, entre outros.

> As finanças públicas se conduzirão conforme os princípios de sustentabilidade e responsabilidade fiscal, que guiarão a atuação do Estado em todas as suas instituições e em todos os níveis.[4]

Boric não é voz isolada. Em 11 de julho de 2020, o então presidente argentino Alberto Fernández, afiançou ao jornal *Página 12*:

> É importante que todos os mercados entendam que a Argentina está disposta a (...) controlar os gastos públicos, continuar no caminho da redução gradual do déficit fiscal para que isso não se torne um ajuste que prejudique as pessoas (Molina, 2022).

Na semana anterior, o economista colombiano José Antonio Ocampo, ministro da Fazenda nos primeiros oito meses do governo Gustavo Petro, em entrevista à Bloomberg, declarou que *"Há imensas demandas sociais [por parte da população]. Isso exige gastos sociais adicionais significativos e, ao mesmo tempo, é necessário dar prosseguimento ao ajuste fiscal [do governo anterior]"*. A meta seria necessária, segundo ele, para cortar os níveis de endividamento para 55% do PIB a partir dos *"mais de 60% atuais"* (Cifuentes, 2022).

O jornal *Valor Econômico* de 10 de agosto daquele ano informou que o ex-presidente Luís Inácio Lula da Silva, em palestra na Federação das Indústrias do Estado de São Paulo (Fiesp), referiu-se à responsabilidade fiscal: *"Lula disse saber que não pode gastar mais do que arrecada e nem criar dívida para financiar despesas de custeio"*. Afirmou então que responsabilidade fiscal é, para ele, *"uma profissão de fé"* (Mendonça, 2022).

O caso brasileiro é distinto dos dois demais casos. Apesar de instabilidades econômicas serem notadas desde 2015, o

---

4 Propuesta nueva Constitucion 2022. Disponível em: https://labconstitucional.udp.cl/documentos/propuesta-nueva-constitucion-2022/. Acesso em 10 mar. 2024.

PIB do país representa pouco mais da metade do total do continente. O fato de, no final de 2023, pouco mais de 95% da dívida pública ser denominada em moeda nacional faz com que o país não necessite gerar dólares a todo custo para honrar compromissos financeiros (Ministério da Fazenda, 2024). A flexibilidade para a expansão fiscal, via emissão, é grande e o Brasil está muito menos vulnerável a restrições ou choques externos do que seus vizinhos. Entre o início de 2020 e o final de 2022, intervalo que compreende as fases mais agudas da pandemia de Covid-19, o governo destinou R$ 666,2 bilhões para a realização de políticas anticíclicas, visando sustentar a economia.[5] As reservas internacionais somam US$ 350 bilhões, ou 19% do PIB. Na Argentina essa porcentagem estava em 2,9%[6] e no Chile 12,6 %[7], no final de 2023.

Por isso mesmo, a responsabilidade fiscal no Brasil funciona muito mais como argumento vazio – porém ruidoso – para chantagem dos mercados sobre o Estado. O problema maior não se resume a pressões do poder econômico pela austeridade, mas a defesa incondicional da "responsabilidade" pela alta finança ser considerada um consenso na sociedade.

Conceitos liberais básicos

A chamada responsabilidade fiscal é um dos conceitos básicos das políticas de austeridade, marcadas por ajustes e cortes permanentes nos orçamentos públicos, através da redução de investimentos, gastos e salários. É também uma das

5 "Monitoramento dos Gastos da União com Combate à COVID-19". Disponível em: https://www.tesourotransparente.gov.br/visualizacao/painel--de-monitoramentos-dos-gastos-com-covid-19. Acesso em 03 mai. 2024.

6 CEIC DATA. "Argentina – reservas cambiais, % do PIB". Disponível em: https://www.ceicdata.com/pt/indicator/argentina/foreign-exchange-reserves--of-gdp. Acesso em 01 jun. 2024.

7 CEIC DATA. "Chile – reservas cambiais, % do PIB". Disponível em: https://www.ceicdata.com/pt/indicator/chile/foreign-exchange-reserves--of-gdp. Acesso em 01 jun. 2024.

premissas do Consenso de Washington, de 1989. A meta seria um equilíbrio visando reduzir a dívida pública e priorizar o pagamento de compromissos financeiros.

A alegada necessidade de se reduzir a proporção da dívida pública em relação ao produto interno bruto (PIB) não tem explicações muito definidas na racionalidade econômica. Inexiste uma porcentagem virtuosa para essa comparação e nem se conhece algum tipo de correlação entre baixo endividamento e desenvolvimento. No Brasil, essa proporção era de 61,2%, no final do primeiro semestre de 2024.[8] Países centrais, em geral, têm dívidas ao redor ou acima de 100% do PIB, como Japão (214,27%), Estados Unidos (110,15%), Espanha (102,25%), Itália (140,57%) e França (92,15%), entre outros. De outra parte, Estados pobres têm débitos abaixo de 40%, a exemplo de Azerbaijão (20,68%), Bangladesh (39,9%), Bulgária (31,5%), Botsuana (20,35%), Estônia (18,83%) e Haiti (25%). São países que não se caracterizam por terem saído da periferia do mundo.[9] Apesar dessas proporções se constituírem em uma mitologia liberal, existe a possibilidade virtuosa de se reduzir a relação dívida/PIB através do aumento do denominador, com o crescimento da produção e do emprego.

O que importa é o custo da dívida, ou qual a taxa básica de juros que os Bancos Centrais têm de fixar para que seus papéis se tornem atraentes para agentes financeiros e para regular a liquidez da economia. As taxas nos EUA e na zona do euro em geral não são altas quando comparadas às da periferia. Já o baixo endividamento pode indicar desinteresse de investidores e ausência de um mercado de capitais com alguma robustez.

---

8 BANCO CENTRAL, Estatísticas, Dívida Líquida do Setor Público (DLSP) – Disponível em https://www.bcb.gov.br/estatisticas/estatisticasfiscais. Acesso em 07 jun. 2024

9 As porcentagens estão na página do FMI: https://www.imf.org/external/datamapper/CG_DEBT_GDP@GDD/SWE. Acesso em 30 mai. 2024.

Mais do que tudo, a aceitação da austeridade como consenso acima de orientações políticas geralmente leva governos eleitos com grande expectativa popular a frustrarem suas bases sociais, contribuindo para o senso comum de que "políticos são todos iguais". Quando lideranças introjetam a concepção de que responsabilidade fiscal não tem ideologia e serviria a qualquer país em qualquer situação ou tempo, acabam por atender a uma visão rebaixada das disputas na sociedade.

Tanto Boric quanto Fernández, Petro e Lula na maior parte das vezes manifestam concepções econômicas desenvolvimentistas e repetiram publicamente a necessidade de se aumentarem gastos sociais e investimentos públicos. A conta entre a necessidade de elevar e cortar gastos ao mesmo tempo costuma não fechar, a não ser em períodos de bonança nos mercados internacionais, como no ciclo altista das commodities (2004-2014).

O discurso pró-austeridade nem sempre resulta da vontade de presidentes e dirigentes políticos progressistas, mas expressa a reduzida margem de manobra de governos que enfrentam desaceleração econômica e surtos inflacionários significativos. O efeito mais visível de tais intervenções é mitigar investimentos sociais e turbinar o descontentamento popular quando governos não cumprem o prometido em campanha. O chamado "estelionato eleitoral" do segundo mandato de Dilma Rousseff (2015-2016) e suas terríveis consequências deveriam servir de alerta às novas administrações. A ex-presidenta frustrou seus eleitores ao prometer emprego e desenvolvimento, em sua campanha eleitoral de 2014, e realizar em seguida um duríssimo ajuste macroeconômico que decepcionou sua base social e abriu caminho para sua derrubada.

Estruturas intocadas

Os países que vivenciaram o primeiro ciclo de governos progressistas da América do Sul enfrentaram um paradoxo, entre os anos 1999-2016. Alegaram buscar distância das diretrizes econômicas mercadistas, esboçaram maior ativismo estatal, reafirmaram sua soberania política, mas não lograram alterar estruturalmente o panorama econômico e social de seus países. Os casos em que alguma mudança de maior envergadura foi experimentada cabem nos dedos de uma mão: Venezuela, Bolívia e, talvez, Argentina. Nos demais, havia programas pontuais de socorro à pobreza, sem projetos estruturantes de um novo modelo de desenvolvimento. Aliás, em muitos casos, o combate à pobreza com políticas sociais focadas não significava minorar as desigualdades sociais – o que acirraria o conflito distributivo –, mas tratar a questão como problema administrativo e não político.

A legitimidade dessas administrações residiu em grande parte na retomada da expansão econômica e de alargamento de mercados internos, após quase duas décadas de virtual estagnação, após a crise das dívidas externas nos anos 1980. A alta foi motivada, como se sabe, pela entrada da China – e, em menor grau, da Índia – como forte compradora de commodities, desde o final do século passado. As administrações se firmaram porque a vida da população pobre de fato melhorou.

Os países da América do Sul passaram a ter balanças comerciais superavitárias. A Argentina viu crescerem fortemente suas vendas de trigo e carne. A soja, o milho, a carne e minérios in natura tiveram papel decisivo para o crescimento econômico do Brasil. No caso boliviano, exportações de gás e minérios apresentaram efeito semelhante. O petróleo venezuelano – que alcançou seu preço mais alto em meados de 2007 – possibilitou ao país não apenas dispor de um ingresso de moeda forte que impulsionou uma série de obras de infraestrutura e programas sociais, como deu curso a uma ousada ação diplomática. A Venezuela pôde – entre outras iniciativas – comprar títulos argentinos, em 2005, rompendo um cerco de crédito que estrangulava a república do Prata, dois anos após a renegociação forçada de sua dívida pública. Já se denominou esse ciclo de primário-desenvolvimentista.

A expansão econômica permitiu uma forte ofensiva política por parte da maioria desses governos e um enfraquecimento relativo das oposições, em geral compostas por correntes de direita.

Tal aquecimento econômico deu margem a elevações generalizadas de salários, à queda nos índices de desemprego, ao acesso à educação e à expansão dos serviços públicos. Nesses anos não apenas o Mercosul ganhou dimensão política, para além de sua marca inicial de união aduaneira, como veio à luz a União de Nações Sul Americanas (Unasul), entre outras iniciativas. Em um âmbito ampliado, em 2011 surgiu a Celac (Comunidade de Estados Latino-americanos e Caribenhos) organismo intergovernamental, composto por 33 países.

O surto de prosperidade apresentou, no entanto, sérios limites, que não foram transpostos. Ele não mudou a posição tradicional dos países na divisão internacional do trabalho. O continente reafirmou suas características de exportador de produtos primários e importador de manufaturas e de capital. Embora Brasil, México e Argentina, em especial, tenham vivido processos de industrialização acelerada no período 1930-80, a partir dos anos 1990, a tendência se inverteu. E os governos das últimas duas décadas não lograram concretizar de forma abrangente processos industrializantes, o que reafirmou o papel periférico das economias.

Medidas anticíclicas na crise

Se no auge da bonança das exportações de produtos primários havia certa ilusão de que um novo caminho para a redução das desigualdades teria sido encontrado, sem acirrar conflitos com as classes dominantes, tudo mudou após 2008. Quando a crise das hipotecas nos EUA acarretou perdas significativas para oligopólios, com súbita desvalorização acionária na bolsa de Nova York, quebra do Lehmann Brothers e redução abrupta da taxa de lucro de empresas financeiras e não-financeiras, o Estado estadunidense entrou em cena, intervindo em grandes empresas e impedindo um efeito dominó que colocaria todo o sistema em risco. A crise também teve a característica de encolher mercados consumidores de produtos industriais chineses – em especial bens duráveis – e de atingir a própria economia do país asiático. Seu PIB, que chegou a bater um crescimento anual de 14,2% em 2007 – em uma média ao redor de 10% ao longo dos anos 2000-10 – passou a crescer 7,7% em 2012 e 2013, baixando ainda para 7,4% em 2014, segundo dados do FMI. A retração chinesa e de países centrais correspondeu também a uma menor demanda por produtos primários, o que derrubou seus preços.

A crise exigiu forte atuação anticíclica dos Estados nacionais, tanto para salvar empresas, manter a oferta, quanto para injetar crédito e renda na sociedade, buscando segurar a demanda aquecida. Taxas de juros próximas a zero nos países centrais, refinanciamento de dívidas privadas e intervenção estatal para o salvamento de grandes empresas deram o tom na primeira fase da crise. Mas as saídas heterodoxas se combinaram a medidas regressivas. O objetivo era reduzir custos através de arrocho salarial nas empresas. A partir daí, mudanças de legislação que garantissem aumento das taxas de lucros – via reformas trabalhistas – espalharam-se pelo mundo. Os pesquisadores Dragos Adascalieti e Clemente Pignatti Morano relatam que, entre 2008 e 2014, foram realizadas reformas trabalhistas em 110 países. O objetivo comum a todas foi – repetindo – reduzir o custo do trabalho.

O duplo sentido do lulismo

Vamos examinar, a partir daqui o processo político no maior país do continente. No caso brasileiro, no final de 2008, o governo Lula decidiu elevar os gastos públicos em uma direção anticíclica, mantendo o aumento real do salário mínimo, expandindo o crédito e incentivando a população a consumir – o que afastou os efeitos mais graves da primeira onda da crise. Na recidiva das turbulências externas (2011), o lulismo – já sob Dilma – hesitou em dar o lógico passo seguinte, que seria ampliar o gasto estatal. O governo se iniciou sob a diretriz do ajuste e apenas no ano seguinte, e de forma descoordenada, tentou dar curso a medidas anticíclicas, como a redução dos juros sem articulação política prévia, a redução das tarifas de energia e a política de desonerações sem contrapartidas ao capital. Ao mesmo tempo, o investimento público se contraiu.

Embora a economia registrasse moderado crescimento, um forte descontentamento popular se materializou em fortes protestos no ano de 2013, o que se traduziu em queda nos índices de aprovação do governo, aferida por pesquisas de opinião. O conservadorismo – amálgama de interesses de variadas frações do capital – cresceu na sociedade. Às denúncias de fracasso econômico se somaram discursos moralistas nos costumes e contra supostos atos de corrupção e farta disseminação de notícias falsas pela internet. Sem condições de garantir políticas distributivistas e investimentos em serviços públicos e manutenção da expansão do mercado interno, a administração foi acuada por uma frente de direita, que envolveu, entre outros atores, representantes do sistema financeiro, igrejas neopentecostais, empresários midiáticos, do setor agrário e do comércio, forças armadas e a direita política, além de fontes de pressão dos Estados Unidos.

Em uma conjuntura contracionista só pode haver ampliação de investimentos fazendo escolhas claras, retirando dinheiro de um lugar e alocando em outro. O que se convencionou chamar de "estelionato eleitoral" no segundo mandato de Dilma Rousseff, a partir das eleições de 2014, foi, na verdade a explicitação de uma opção não perceptível aos olhos da maioria, quando o setor externo estava aquecido e havia excedente a ser distribuído sem tocar em interesses do andar de cima.

Dilma Rousseff decidiu combater a crise com medidas altamente discutíveis: realizou um duríssimo ajuste fiscal que praticamente dobrou os índices de desemprego entre janeiro de 2015 e março de 2016 e levou o país a uma desnecessária depressão, com queda de quase 8% no PIB no período. Nessa situação, as balizas do lulismo – mudança e conservadorismo[10] – não deram conta de manter sua legitimidade política quando a conjuntura econômica mudou. Ao invés de solidificar vínculos com a base social que a elegeu, a presidenta Dilma decidiu romper com ela, através das medidas tomadas a partir do início de 2015. Em entrevista ao jornal belga Le Soir, em 8 de junho daquele ano, ela afirmou: "O ajuste é essencial. Não é algo que você pode ou não fazer: não há alternativa senão fazê-lo" (FolhaPress, 2015).

Findo o ciclo de crescimento propiciado pelo dinamismo do setor externo, não havia mais espaço para o ganha-ganha, expressão difundida por membros do governo durante o segundo mandato de Lula (2007-2011). Diante da fragilidade

10 O aparente oximoro é detalhado por André Singer: "Ao tomar das propostas originais do PT aquilo que não implicava enfrentar o capital como seria o caso da tributação das fortunas, revisão das privatizações, redução da jornada de trabalho, desapropriação de latifúndios ou negociação de preços por meio dos fóruns das cadeias produtivas, o lulismo manteve o rumo geral das reformas previstas, não obstante aplicando-as de forma muito lenta. É a sua lentidão que permite interpretá-lo como tendo um sentido conservador"(Singer, 2012, p. 162).

do governo, a direita encontrou terreno fértil para avançar e cometer um golpe parlamentar.

Um parêntesis importante. Embora Dilma Rousseff tenha nas suas opções neoliberais a causa maior de sua derrocada, é importante frisar que a ofensiva reacionária foi continental. Praticamente a totalidade dos países da região viu suas economias e taxas de emprego encolherem significativamente após 2008. A queda dos preços das commodities e a recidiva da crise motivaram a derrota de Cristina Kirchner por parte de Maurício Macri na Argentina, em 2015, e a vitória de Sebastián Piñera, no Chile, em 2016. Agreguemos a esses fatos o golpe de Estado na Bolívia, em 2019, a guinada conservadora de Lenin Moreno, em 2017 no Equador e a eleição do líder de extrema-direita Iván Duque na Colômbia, em 2018. Nesse mesmo ano, Jair Bolsonaro chega à presidência, no Brasil.

A nova fase do neoliberalismo

O golpe de 2016 foi possível graças à convergência de diversas frações do grande capital, em consonância com as Forças Armadas e embalado por duvidosas denúncias de corrupção, feitas pela operação Lava Jato, com grande apoio de mídia.

A melhor justificativa para a derrubada de Dilma vem da pena dos próprios golpistas, no programa do Movimento Democrático Brasileiro (MDB), partido do vice Michel Temer, intitulado Ponte para o futuro (PMDB, 2015):

> Nesta hora da verdade, em que o que está em jogo é nada menos que o futuro da nação, impõe-se a formação de uma maioria política, mesmo que transitória ou circunstancial, capaz, de num prazo curto, produzir todas estas decisões na sociedade e no Congresso Nacional (p. 2).

São curiosas as frases com sujeito oculto. Quem é o sujeito de "Impõe-se a formação de uma maioria política"?

Quem impõe? Os golpistas de 2016 buscam criar uma cortina de fumaça sobre o gesto antidemocrático que cometeram. A coalizão golpista de imediato tomou medidas práticas – aprovar a reforma trabalhista, acelerar privatizações, desmontar a Petrobrás, franquear o pré-Sal à canibalização do capital estrangeiro, entre outras –, a partir de seu programa:

> [A] Constituição e legislações posteriores criaram dispositivos que tornaram muito difícil a administração do orçamento e isto contribuiu para a desastrosa situação em que hoje vivemos. (...) O crescimento automático das despesas não pode continuar entronizado na lei e na Constituição, sem o que o desequilíbrio fiscal se tornará o modo padrão de funcionamento do Estado brasileiro (p. 7).
>
> (...)
>
> Para isso é necessário em primeiro lugar acabar com as vinculações constitucionais estabelecidas, como no caso dos gastos com saúde e com educação, em razão do receio de que o Executivo pudesse contingenciar, ou mesmo cortar esses gastos em caso de necessidade, porque no Brasil o orçamento não é impositivo e o Poder Executivo pode ou não executar a despesa orçada (p. 9).

Quando fica claro que a quinta administração petista tem por meta os mesmos objetivos de desvincular o salário mínimo dos vencimentos da Previdência e acabar com os pisos constitucionais de Saúde e Educação, percebe-se que o real programa econômico aplicado de maneira suprapartidária no Brasil desde 2016 parte de uma instância externa a partidos e governos: o mercado financeiro. Mas a grande marca do golpe foi a constitucionalização do ajuste fiscal.

Embora alguns países do mundo tenham leis destinados a limitar gastos governamentais, o Brasil foi o primeiro a inscrever tal política na letra de sua Constituição. Some-se a isso a aprovação da lei complementar que estabeleceu a independência do Banco Central, sancionada em 2021. Com as duas medidas, os governos Michel Temer (2016-2019) e Jair

Bolsonaro (2019-2022) retiraram do poder eleito a possibilidade de dirigir a política fiscal e a política monetária. Tais tarefas passaram na prática a serem dirigidas pelo mercado.

Na sequência, a vitória de Bolsonaro foi a vitória da antipolítica e de uma rasa pregação antissistêmica, obtida após a prisão de Lula, o favorito da eleição de 2018. Em sua campanha, o candidato da extrema-direita encontrou um terreno de desesperança e desencanto, motivado em grande parte pela virada recessiva de 2015-2016, pela Lava Jato e pela inclemente campanha pseudomoralista da mídia. De forma não surpreendente, partidos políticos liberais e setores econômico-financeiros estiveram dispostos a sacrificar a democracia para segurar seus interesses e privilégios, apoiando Jair Bolsonaro.

Em meio ao avanço conservador, a América Latina foi duramente atingida pela pandemia de Covid-19, entre 2020-2022. Segundo levantamento feito pela agência Reuters, no final de 2021, 1,55 milhão de latino-americanos havia perdido a vida em decorrência da doença e quase 50 milhões de pessoas haviam sido infectadas. No mundo todo, os óbitos alcançaram 5,35 milhões. Com 11,7% da população mundial, a região exibia quase 30% das mortes, no final de 2021. No início de julho do ano seguinte, o total de óbitos motivados pela doença na região passava de 1,7 milhão (Reuters, 2024). A maioria dos países do mundo adotou políticas anticíclicas para evitar quedas abruptas do Produto Interno Bruto (PIB).[11]

Após duas tentativas golpistas, seguidas ameaças ao processo democrático e uso sem freios de dinheiro público, a extrema-direita perdeu as eleições de 2022. Embora desorganizado e fora do poder político, essa nova versão do fascismo segue alojada em várias instâncias do Estado – em especial nas Forças Armadas – e demonstra força social surpreendente.

11 Para mais informações, consultar. Policy responses to Covid-19, na página do FMI. Disponível em: https://www.imf.org/en/Topics/imf-and-covid19/Policy-Responses-to-COVID-19#F. Acesso em 31 mai.2024.

O pacto conservador

O terceiro governo Lula é resultado da constituição de uma ampla frente política entre contrários, considerada essencial para se derrotar a extrema-direita, numa situação especialmente delicada da vida nacional. Embora a face visível dessa coalizão seja marcada pela presença de lideranças conservadoras na chapa presidencial, a convergência real de forças envolveu fatia considerável do PIB brasileiro e o apoio do governo dos Estados Unidos, em articulações iniciadas antes mesmo da saída do ex-presidente da cadeia, em 8 de novembro de 2019. Encarcerado em 7 de abril do ano anterior, Lula permaneceu trancado ao longo de 580 dias. Vários pedidos de soltura, por parte da defesa, foram negados pelo Supremo Tribunal de Justiça e pelo Supremo Tribunal Federal até poucas semanas antes do próprio STF considerar a prisão inconstitucional. Colocado em liberdade e recobrando os direitos políticos, o ex-presidente passou a percorrer o país e a buscar montar uma rede de acordos que sustentasse a legalidade democrática e uma campanha presidencial.

Numa conjuntura pontuada por ameaças, a Casa Branca enviou mensagens claras de que não apoiaria iniciativas golpistas no Brasil em pelo menos duas oportunidades. A primeira foi em 5 de agosto de 2021, quando da visita do assessor de Segurança Nacional dos Estados Unidos, Jake Sullivan. Em encontro com Jair Bolsonaro, Sullivan afirmou que o governo Biden esperava que as eleições previstas para o ano seguinte transcorressem normalmente. Entre outros recados, um foi especialmente significativo. O *Financial Times* relatou que

> O secretário da Defesa Lloyd Austin usou uma visita a um encontro regional de ministros da Defesa, em Brasília, para enviar uma mensagem clara. Disse em discurso que

> as forças militares e de segurança precisavam estar sob "forte controle civil".[12]

Em agosto de 2022, parcela expressiva do empresariado patrocinou a Carta aos Brasileiros, manifesto em defesa da democracia, que repete o título de histórico documento lançado em São Paulo, em 1977, nos estertores da ditadura militar (1964-1985). Embora não citasse a candidatura de Lula em suas linhas, o viés do documento era de evidente oposição às ameaças golpistas do então presidente da República. Depois de destacar que *"estamos passando por momento de imenso perigo para a normalidade democrática"*, o documento afirma:

> No Brasil atual não há mais espaço para retrocessos autoritários. Ditadura e tortura pertencem ao passado. A solução dos imensos desafios da sociedade brasileira passa necessariamente pelo respeito ao resultado das eleições.[13]

A Carta foi o sinal para que, no início de outubro, quatro membros de primeiro escalão do governo Fernando Henrique Cardoso que participaram da criação do plano real – Armínio Fraga, Pérsio Arida, Pedro Malan e Edmar Bacha – declarassem em nota apoio à candidatura do líder petista.

Essas movimentações apontaram uma divisão eleitoral na Faria Lima, nome fantasia do capital financeiro, entre apoios eleitorais a Lula e a Jair Bolsonaro. Em conformidade com sinais enviados nos meses anteriores pela Casa Branca,

---

12 O artigo "EUA fizeram campanha para defender Brasil de possível golpe de Bolsonaro" foi reproduzido pela *Folha de S. Paulo* em 22.06.2023. Disponível em: https://www1.folha.uol.com.br/mundo/2023/06/eua-fizeram-campanha-para-defender-brasil-de-possivel-golpe-de-bolsonaro.shtml. Acesso em: 14 dez. 2023.

13 Carta às brasileiras e aos brasileiros em defesa do Estado democrático de direito. Disponível em https://direito.usp.br/noticia/3f8d6ff58f38-carta-as-brasileiras-e-aos-brasileiros-em-defesa-do-estado-democratico-de-direito#:~:text=No%20Brasil%20atual%20n%C3%A3o%20h%C3%A1,respeito%20ao%20resultado%20das%20elei%C3%A7%C3%B5es. Acesso em: 14 dez. 2023.

de que não apoiaria qualquer tipo de ruptura constitucional no Brasil, a opção pela candidatura petista dividiu as classes dominantes brasileiras e possibilitou a volta do petista ao Planalto.

A camisa de força fiscal

O período compreendido entre a vitória de Lula, em 30 de outubro de 2022, e sua posse em 1º de janeiro de 2023 testemunhou uma ação decisiva do chamado gabinete de transição, que se comprometeu a eliminar os resquícios da administração anterior. A equipe de transição era composta por cerca de mil especialistas, divididos em 32 grupos de trabalho (GTs). Em aproximadamente 30 dias, foi elaborada uma abrangente análise da situação do país. Os grupos traçaram planos para futuras ações setoriais do governo que chegava. À exceção da área de Defesa, na qual não houve transição alguma, existia uma difusa expectativa de que o Brasil entraria em nova fase democrática e de desenvolvimento.

A principal peça elaborada naquelas semanas foi a proposta de emenda constitucional (PEC) da transição, promulgada pelo Congresso em 21 de dezembro de 2022, antes da posse de Lula. Ela se transformou na emenda constitucional 32/2022 e permitiu gastos de R$ 168 bilhões acima do teto. Assim, o novo presidente teve condições de cumprir suas principais promessas de campanha, como o aumento do bolsa família para R$ 600, com um adicional de R$ 150 por criança de até 6 anos, aumento real no salário mínimo além de possibilitar o financiamento de programas prioritários como o Minha Casa, Minha Vida e Farmácia Popular, entre outras. A lei orçamentária de 2023, aprovada no governo Bolsonaro, não incluía tais despesas.

Para sinalizar o compromisso da nova equipe com o controle de gastos, o texto estabeleceu o seguinte:

> Art.6º – O Presidente da República deverá encaminhar ao Congresso Nacional, até 31 de agosto de 2023, projeto de lei complementar com o objetivo de instituir regime fiscal sustentável para garantir a estabilidade macroeconômica do País e criar as condições adequadas ao crescimento socioeconômico.

Havia um genérico compromisso da nova administração produzir uma regra fiscal em substituição ao teto de gastos. Nada indicava sua intensidade, grau restritivo ou dinâmica de funcionamento. Poderia ser algo mais brando do que a versão apresentada.

O projeto do chamado novo arcabouço fiscal (NAF) não foi debatido nas instâncias do PT e nem pelos economistas do partido. O mais provável é que a proposta tenha surgido no interior da administração, em articulações com o mercado.

Antes mesmo da regra ser apresentada, em 20 de abril de 2023, o Ministério da Fazenda conseguiu reduzir o aumento real do salário mínimo aventado pelas instâncias políticas do governo e reduzir o teto de isenção do imposto de renda.

Cortes sem limites

Ao longo do primeiro ano de gestão, ficou claro que a ampla frente lulista tinha como amálgama unificador um severo programa de cortes de gastos. Além disso, havia o compromisso não-escrito de que as Forças Armadas não seriam responsabilizadas por tentativas de golpe, que não haveria mudanças na política de Defesa, que o Ministério da Educação se articularia com diretrizes de fundações empresariais privadas e que a política de comunicação seguiria os passos tradicionais de favorecer as grandes empresas de mídia – com destaque para as Organizações Globo – na distribuição de verbas publicitárias oficiais. Minoritária na representação parlamentar, a gestão rendeu-se às exigências do centrão, e o STF mostrou sua força na escolha do novo procurador geral da República. Não podem ser minimizadas as sérias ameaças que rondam o governo, desde a tentativa golpista de 8 de janeiro de 2023, até a permanente presença da extrema-direita como fenômeno de massas na sociedade.

Num cenário de pouca flexibilidade para concessões por parte do andar de cima, praticamente inexistem espaços para políticas de desenvolvimento. O governo tem como centro de atuação a continuidade do ajuste fiscal.

Lula não faz um governo de conciliação de classes, como foram os governos da socialdemocracia europeia entre 1945 e 1985. Mantendo sólida base sindical organizada, administrações dessas vertentes obtiveram conquistas para os trabalhadores e alcançaram ganhos salariais, direitos previdenciários, educacionais, sanitários e de cidadania, em enfrentamentos com representantes do capital. Lula evita o enfrentamento em qualquer situação.

Que governo é esse?

"Lula montou um governo que não é de centro-esquerda, é um governo de centro-direita". A frase não é de nenhum opositor ou militante de extrema-esquerda. Foi proferida pelo ex-ministro José Dirceu num seminário empresarial, dia 22 de abril de 2024, em São Paulo (Meirelles, 2024). No dia seguinte, possivelmente pressionado por apoiadores do governo, Dirceu voltaria atrás, classificando a administração como de centro-esquerda.

André Singer e Fernando Rigistsky, em artigo intitulado "O lulismo em câmara lenta", classificam o governo como partidário da dinâmica de "fazer, no atacado, concessões à burguesia e, no varejo, buscar as brechas por meio das quais consiga beneficiar, em alguma medida, os segmentos populares".

A partir daqui uma inferência importante pode ser percebida. É a de que não existem diferenças estruturais entre o programa econômico da direita golpista e da extrema-direita com aquilo que o ex-ministro José Dirceu, com acuidade, denomina de centrodireita. Trata-se de realizar um ajuste fiscal para reequilibrar o que é visto como o grande problema nacional, a relação entre a dívida pública e o PIB. Isso só poderia ser alcançado com a redução de gastos, investimentos e serviços públicos por parte do Estado, com a manutenção das empresas já privatizadas, das reformas levadas a cabo após o golpe de 2016 e a reiteração de uma trava permanente na política fiscal. E, acima de tudo, com a quebra de conquistas sociais da Constituição de 1988, como os pisos em Saúde e Educação e a vinculação do salário-mínimo aos valores pagos pela Previdência Social.

Ou seja, o ajuste fiscal deve ser promovido a pilar essencial da institucionalidade e do Estado de direito e disputas entre a centro-direita e a extrema-direita ficariam restritas a normas e procedimentos institucionais. Nem mesmo a democracia seria um princípio inegociável, como se percebeu a partir da absoluta submissão governamental às Forças Armadas no que toca o golpe de 1964. Como bem o presidente afirmou, trata-se de *"página virada"* e não se deve *"remoer o passado"*.[14]

Não há polarização política real, mas uma espécie de briga de torcidas organizadas nas redes sociais, com vieses eleitorais. A centro-direita não apresenta um projeto de país muito distinto daquele da extrema-direita em termos econômicos. A disputa é para ver quem aplica melhor e com menos conflito social o programa de ajuste fiscal.

Apesar da vitória eleitoral de Lula os dois anos seguintes mostraram a força da extrema-direita continental. Três vitórias eleitorais são extremamente significativas das mudanças de ares na América Latina: a de Javier Milei, na Argentina, em 19 de novembro de 2023, a de Daniel Noboa, em 15 de outu-

---

14 *Folha de S. Paulo*, 27.02.2024 . Disponível em: https://www1.folha.uol.com.br/poder/2024/02/lula-diz-que-golpe-de-64-e-historia-e-que-nao-quer-remoer-o-passado.shtml. Acesso em 13 mai. 2024.

bro do mesmo ano, no Equador e a de Nayab Bukele, em 4 de fevereiro de 2024, em El Salvador.

Conclusões

Ao contrário do panorama do início do século, quando a entrada da China no mercado mundial, com sua alta demanda por commodities gerou quase uma década de prosperidade na periferia (2004-2014), a economia internacional, impactada pelo conflito na Ucrânia, tende a se desacelerar, com sinais de estagnação em partes da Europa.

Fragilidades estruturais nos países menores e pressões fiscalistas e antidesenvolvimentistas por parte de hipertrofiados sistemas financeiros colocam quase todos os governos sulamericanos em questão. A emergência do neofascismo surge como ameaça, num período em que uma onda neoliberal muito mais agressiva que a observada nos anos 1990 afronta não apenas o caráter público do Estado, como o próprio funcionamento da democracia.

As perspectivas de desenvolvimento continentais, segundo o Balanço preliminar das economias da América Latina e do Caribe, lançado pela Cepal (Comissão Econômica para a América Latina e o Caribe) em 14 de dezembro de 2023, mostravam-se preocupantes.

> A atividade econômica [na região] continua exibindo uma trajetória de baixo crescimento. (...) Para 2024 se espera uma taxa inferior à de 2023, o que acentuará a dinâmica de desaceleração (...) e da criação de emprego (Cepal, 2024).

A situação deve-se, de acordo com o texto, à aplicação de *"uma política [monetária] mais restritiva para controlar a inflação e à debilitação dos impulsos externos"*, o que impacta a demanda interna de cada país. Para a Cepal, *"A produtividade laboral (...) mantém sua dinâmica descendente e se afasta ainda mais dos níveis alcançados em 1980"* (Cepal, 2024). Ou seja, a forte desindustrialização na maioria dos países leva a uma regressão produtiva de quatro décadas, o que coincide com a crise das dívidas externas da periferia.

É possível encontrar alguma lógica entre a eleição de um bufão na Argentina, o aumento desmesurado da violência no Equador, a rejeição popular de dois projetos opostos de Constituição no Chile, uma tentativa de golpe no dia da posse do novo presidente da Guatemala e os sinais ambíguos do governo brasileiro diante dos organizadores de uma violenta intentona antidemocrática, entre outras turbulências regionais? Ou numa frase: há pontos comuns na ofensiva da extrema direita em vários países da região?

É possível que haja, por existirem condições objetivas semelhantes em vários países, como desindustrialização, baixo crescimento e ausência de políticas de desenvolvimento. Em graus diferenciados e com características particulares, todos os países da região aplicam intermináveis políticas de ajuste fiscal, que tendem a retrair o crescimento econômico, tirar de cena projetos de desenvolvimento e ampliar a precarização dos mercados de trabalho, aumentando tensões sociais.

Diante da insegurança social crescente, resultado de mudanças profundas no mundo do trabalho, o neofascismo cresce com pregações salvacionistas tematizados em questões de raça, nacionalismo, religiosidade e valores tradicionais. É algo que, em maior ou menor grau, se verifica em todas as Américas – com destaque nos Estados Unidos – e na União Europeia. É bem possível que a aplicação de políticas de ajuste por parte de distintos governos, que reduzem investimentos, restringem serviços públicos e aumentam a insegurança social seja o terreno fértil no qual viceja o neofascismo. Num quadro desses, a democracia torna-se ornamental e a sensação de que "políticos são todos iguais" desmobiliza e reduz a capacidade de ação e pressão coletiva das grandes maiorias empobrecidas.

Referências

ADASCALIETI, D; MORANO, C. P. Drivers and effects of labour market reforms: Evidence from a novel policy compendium. *IZA Journal of Labor Policy*, 2016. Disponível em: https://izajolp.springeropen.com/articles/10.1186/s40173-016-0071-z. Acesso em: 05 out. 2023.

BOMFIM, M. *América Latina, males de origem*. Rio de Janeiro: Centro Edelstein de Pesquisas Sociais, 2008.

CANTELMI, M.; NIEBIESKIKWIAT, N. Gabriel Boric: "Debemos dejar de pensar que la responsabilidad fiscal es una cuestión de derechas". *Clarin*. Publicado em 03/04/2022. Disponível em: https://www.clarin.com/mundo/gabriel-boric-debemos-dejar-pensar-responsabilidad-fiscal-cuestion-derechas-_0_UuBFVOFAMf.html. Acesso em: 10 fev. 2024.

CEPAL. Anuário Estadístico de América Latina y el Caribe 2024. Disponível em: https://repositorio.cepal.org/entities/publication/821e7277-e637-49be-a979-9cb12ac26670. Acesso em 27 dez. 2024.

CIFUENTES, V. José Antonio Ocampo: "La reforma pensional no es una prioridad en el corto plazo" *Bloomberg Línea*. Publicado em 05/07/2022. Disponível em: https://www.bloomberglinea.com/2022/07/05/jose-antonio-ocampo-la-reforma-pensional-no-es-una-prioridad-en-el-corto-plazo/. Acesso em 06 mar. 2024.

FOLHAPRESS. "Ajuste não é nem de direita, nem de esquerda, nem de centro", diz Dilma a jornal. *Gazeta do Povo*, Curitiba, 8 jun. 2015. Disponível em: https://www.gazetadopovo.com.br/vida-publica/ajuste-nao-e-nem-de-direita-nem-de-esquerda-nem-de-centro-diz-dilma-a-jornal-7bvblkhqkjmz5paeq2ggo2gud/. Acesso em: 31 mai. 2024.

MEIRELLES, M. "Governo Lula é de centro-direita", diz José Dirceu". *CNN Brasil*. Disponível em:

https://www.cnnbrasil.com.br/politica/governo=-lula-e-de-centro-direita-diz-jose-dirceu/#:~:text-%E2%80%9CLula%20montou%20um%20governo%20que,o%20ex%2Dministro%20de%20Lula. Acesso em 31 mai. 2024.

MENDONÇA, R. "A empresários, Lula promete reformas e responsabilidade fiscal" *Valor Econômico*. Publicado em 09/08/2022. Disponível em: https://valor.globo.com/politica/noticia/2022/08/09/na-fiesp-lula-promete-reformas-e-faz-juras-de-responsabilidade-fiscal.ghtml. Acesso em 20.10.2025.

MINISTÉRIO DA FAZENDA. *Plano anual de financiamento*, PAF 2024. Secretaria do Tesouro Nacional/ Ministério da Fazenda, Brasília, 2024. Disponível em: https://thot-arquivos.tesouro.gov.br/publicacao/48800. Acesso em: 04 jun. 2024.

MOLINA, M. "El respaldo de Alberto Fernández y el silencio ruidoso en el entorno de Cristina Kirchner: cómo se leyeron los anuncios de Batakis en el Frente de Todos". *Página 12*. Publicado em 12/07/2022. Disponível em: https://www.pagina12.com.ar/436310-el-respaldo-de-alberto-fernandez-y-el-silencio-ruidoso-en-el. Acesso: 10 mar. 2024.

PMDB, Partido do Movimento Democrático Brasileiro. *Uma ponte para o futuro*. Brasília: Fundação Ulysses Guimarães, 2015. Disponível em https://edisciplinas.usp.br/pluginfile.php/3359700/mod_resource/content/0/Brasil%20-%20Uma%20ponte%20para%20o%20futuro%20Funda%C3%A7%C3%A3o%20Ulysses%20Guimar%C3%A3es.pdf. Acesso em: 28 out. 2024.

REUTERS, América Latina e Caribe. Disponível em: https://graphics.reuters.com/world-coronavirus-tracker-and-maps/pt/regions/latin-america-and-the-caribbean/. Acesso em 10 mar. 2024.

SANTOS, W. G. *Quem dará o golpe no Brasil?* Rio de Janeiro: Civilização Brasileira, 1962.

SAY, J-B. *Tratado de economia política*. São Paulo: Abril Cultural, 1983.

SINGER, A. *Os sentidos do lulismo*. São Paulo: Companhia das Letras, 2012.

Dinâmicas políticas no Brasil do século XXI: limites para a expansão da democracia em governos progressistas e conservadores

Frederico Alves Costa
Candida Maria Bezerra Dantas
Jáder Ferreira Leite
Maria da Graça Silveira Gomes da Costa
Ane Caroline da Silva Fagundes

> Classificar os partidos populistas de direita como de 'extrema direita' ou 'neofascistas' e atribuir seu apelo à falta de educação é especialmente conveniente para as forças de centro-esquerda. É uma forma fácil de desqualificá-los sem reconhecer a própria responsabilidade da centro-esquerda na sua emergência (Mouffe, 2019, p. 44-45).

Introdução

Na primeira década do século XXI observamos a vitória de candidaturas presidenciais na América do Sul que se apresentavam como alternativas aos projetos neoliberais de governos anteriores, que defendiam a legitimidade de demandas sociais de grupos historicamente subalternizados e, assim, a ampliação dos princípios democráticos de liberdade e igualdade para diferentes relações de dominação. Os governos decorrentes dessas vitórias são concebidos neste capítulo como parte de uma dinâmica política construída na região que nomeamos como "onda progressista", interrompida por meio de golpes de Estado como é o caso, por exemplo, dos governos do Partido dos Trabalhadores - PT (2003-2016), no Brasil, dos governos de Evo Morales (2006-2019), na Bolívia, e do governo de Fernando Lugo (2008-2012), no Paraguai.

Neste capítulo, abordamos o contexto brasileiro, considerando o período entre a vitória de Luiz Inácio Lula da Silva (PT), nas eleições presidenciais de 2002, e o governo de Jair Bolsonaro (2018-2022). Argumentamos que os governos progressistas do PT, a fim de alcançarem vitórias eleitorais e governabilidade, adotaram práticas políticas que limitaram o enfrentamento ao neoliberalismo e a satisfação de demandas de grupos subalternizados. Compreendemos que essas práticas não foram suficientes para evitar o golpe contra a presidenta Dilma Rousseff, em 2016, e a emergência de governos articulados à "onda conservadora" (governos de Michel Temer e de Jair Bolsonaro), caracterizada pelo acirramento do neoliberalismo e pelo antagonismo à expansão dos princípios democráticos possibilitada pela onda progressista. Desenvolvemos essa argumentação por meio de três eixos de análise, a partir dos quais organizamos a estrutura do capítulo: as articulações político-partidárias, os conflitos agrários e as relações de gênero e sexualidade.

Para a construção da discussão recorremos à literatura científica referente ao contexto político analisado e a documentos produzidos, principalmente, pelos principais partidos políticos envolvidos nas eleições presidenciais: Partido dos Trabalhadores (PT); Partido da Social Democracia Brasileira (PSDB); Partido do Movimento Democrático Brasileiro (PMDB); Partido Social Liberal (PSL).

O material foi analisado a partir da Teoria do Discurso, proposta por Ernesto Laclau e por Chantal Mouffe, que concebe a realidade como discursiva e, portanto, como não determinada por um fundamento último – seja da história, seja dos sujeitos -, sendo construída de maneira contingente e histórica, por meio de disputas pela significação da realidade (Laclau; Mouffe, 2015; Laclau, 2013; Mouffe, 2019). De acordo com Laclau (2013, p. 116), "uma coisa é o que é somente por meio de suas relações diferenciais com outras coisas".

Desse modo, a compreensão da dinâmica política depende de entendermos como os sentidos sobre as coisas foram construídos e disputados de maneira histórica e contingente. Tomamos a demanda social como a unidade mínima de análise para o entendimento daquela dinâmica. Concebemos a demanda social como a explicitação de uma insatisfação em relação a ordem social sedimentada em um contexto histórico específico; e os discursos produzidos no contexto político dos governos progressistas e conservadores como construídos por meio da satisfação de demandas sociais pela ordem social sedimentada ou, no caso de insatisfeitas, pela articulação delas a outras demandas, configurando projetos políticos distintos sobre a realidade social.

A construção destes projetos políticos, contudo, não se faz sem tensões internas, na medida em que a articulação entre as diferentes demandas em torno de um modo de nomeação da ordem social não significa a eliminação da particularidade de cada uma dessas demandas; e não há nenhuma garantia que determinada demanda será satisfeita. Desse modo, como abordaremos no capítulo, essa articulação não é fixa e como uma coisa é o que é somente por meio de suas relações, mudanças nessa articulação implicam alterações nos modos de significação da realidade.

Dois outros conceitos importantes para a construção da análise sobre a dinâmica política investigada são hegemonia e antagonismo. Hegemonia é entendida por Laclau (2013) como uma operação por meio da qual uma particularidade, sem deixar de ser particular, assume a representação de uma totalidade incomensurável. No caso da compreensão das dinâmicas políticas neste artigo, trata-se assim de um projeto político particular assumir a representação da totalidade de uma ordem social, encarnando uma completude inalcançável. Esse momento de hegemonização é denominado de sedimentação, sendo caracterizado pela invisibilidade do caráter histórico e contingente constitutivo de toda objetividade.

Como essa sedimentação não significa o alcance de uma plenitude, pois se estabelece por meio da universalização de um discurso particular na disputa com outras possibilidades discursivas, ela pode ser desconstruída por meio da visibilidade de sua contingência e da hegemonia como um ato de poder. Esse momento de reativação do caráter histórico e contingente da ordem social é possível mediante a emergência do antagonismo. Isto é, de uma lógica política que explicita uma divisão do social entre um "nós" (que constrói demandas sociais) e um "eles" (aqueles que representam o discurso hegemônico), sendo a insatisfação com a ordem social estabelecida como uma condição de injustiça e aquela divisão construída como uma relação entre amigo e inimigo, subvertendo as posições de sujeitos instituídas na ordem social sedimentada.

A articulação entre diferentes demandas sociais por meio da negação de um "eles" proporciona a construção de projetos políticos alternativos na disputa pela hegemonização da ordem social. Frente a ausência de um fundamento último que determine o que é a ordem social, toda objetividade social é sempre uma nomeação resultante de uma operação hegemônica, sendo o antagonismo inerradicável.

Mouffe (2019), contudo, aponta a importância de diferenciarmos antagonismo e agonismo no que diz respeito aos modos de estabelecimento daquela divisão do social quando tratamos da elaboração de uma política democrática compatível com o reconhecimento do pluralismo de formas de vida, fundada nos princípios da igualdade e da liberdade. Segundo a autora, neste caso é fundamental que aquela divisão ocorra não na forma de um antagonismo, entendido como a luta entre inimigos que visam eliminar um ao outro. Mas na forma de um agonismo, uma luta entre adversários, na qual a existência de cada um é percebida como legítima e ambos reconhecem os procedimentos por meio dos quais a disputa hegemônica se instituirá. A categoria de inimigo não desaparece, contudo, passa a ser pertinente apenas àqueles que rejeitam a condição conflitual de uma democracia pluralista, não podendo estes fazerem parte da luta agonística (Mouffe, 2019).

Articulações político-partidárias: "consenso no centro" e a crise hegemônica

O avanço da onda progressista no Brasil nas primeiras décadas do século XXI ocorreu por meio da crítica, sobretudo, aos governos anteriores de Fernando Henrique Cardoso – FHC (PSDB), caracterizados pela adesão à hegemonia neoliberal emergente nos anos 1980, que trouxe limites para a expansão da democracia.

Mouffe (2019), ao analisar o impacto da hegemonia neoliberal na Europa, liderada por Margareth Thatcher, concebe que os partidos políticos tradicionais de esquerda ao invés de construírem um discurso agonístico ao discurso neoliberal, acabaram por incorporar demandas neoliberais em seus projetos políticos, de modo que, à esquerda e à direita, o neoliberalismo se estabelecia como um ideário político a ser seguido pelas candidaturas políticas e pelos governos eleitos. Isso resultou em um borramento na fronteira política que dividia direita e esquerda, provocando o deslocamento dos partidos políticos em direção ao centro e uma celebração desse "consenso no centro", em detrimento de uma perspectiva adversarial. A escolha entre projetos políticos passou a ficar restrita à centro-direita e à centro-esquerda. Atores críticos ao consenso no centro e ao neoliberalismo passaram a ser desqualificados como extremistas.

Concebemos que uma dinâmica política semelhante ocorreu no Brasil em relação à onda progressista, na medida em que os governos de Luiz Inácio Lula da Silva e de Dilma Rousseff (2003-2016) aderiram a práticas políticas das gestões de FHC a fim de vencerem as eleições e na busca de mantererem a governabilidade, deslocando-se para o centro no jogo político. As articulações entre os partidos políticos é uma das lentes possíveis para observarmos a dinâmica do consenso no centro, permitindo refletir sobre os limites da expansão dos princípios democráticos nos governos do PT e sobre a construção do golpe de Estado contra Dilma. Ressaltamos que ao apontar para a lógica política do consenso no centro no contexto brasileiro não estamos entendendo-a apenas em termos do neoliberalismo, mas também da relação com demandas conservadoras contrárias à expansão dos princípios democráticos para relações de dominação históricas no país como é o caso dos conflitos agrários e de gênero e sexualidade.

Em 2002, vivia-se no Brasil o final dos governos de FHC (PSDB), eleito em 1994 e reeleito em 1998, disputando estas eleições, principalmente, com o candidato Lula (PT). Os governos de FHC foram caracterizados pela continuidade do Plano Real, criado durante a presidência de Itamar Franco, e pelo aprofundamento das reformas neoliberais na década de 1990. Segundo Lenardão (2008), as reformas neoliberais tinham como objetivos:

> estabilizar a moeda, equilibrar as finanças públicas, privatizar empresas estatais, estimular a "terceirização" do trabalho, criar condições favoráveis para o capital estrangeiro, redirecionar a ação do Estado nas políticas sociais no sentido de estimular políticas de caráter compensatório em substituição àquelas de caráter universalista (p. 202-203).

De acordo com o autor, esse receituário pode ser visualizado nos governos de FHC a partir de quatro iniciativas: "a abertura comercial, as privatizações, a Reforma Administrativa do

Estado e a Lei de Responsabilidade Fiscal (aprovada em 2000)" (p. 203).

Na eleição presidencial de 2002, o programa do candidato do PSDB, José Serra, propunha a continuidade das políticas estabelecidas nos governos FHC. Contrapunha-se ao projeto petista e articulava as demandas da campanha em torno do slogan "Trabalho e progresso para todos" (PSDB, 2002). A demanda por geração de emprego apresentava centralidade naquele período e o PSDB defendia que satisfazê-la era o ponto de partida para o desenvolvimento social e econômico do país. A oposição questionava se o partido responsável pela alta taxa de desemprego teria capacidade para promover ações para sua superação (Couto; Abrucio, 2003).

Neste contexto eleitoral, a candidatura de Lula (PT) articulou partidos políticos que eram antigos aliados, tais como o Partido Comunista do Brasil (PCdoB) e o Partido Comunista Brasileiro (PCB), mas também o Partido Liberal (PL), o qual ocupou a vice-presidência na chapa, representado por um dos maiores empresários do país à época, José de Alencar. Fortes e French (2012) argumentam que a aliança com o PL foi uma tentativa de "acalmar" o empresariado que se identificava com as políticas neoliberais do PSDB. Ou seja, para vencer o adversário histórico, o PT buscou articular demandas de grupos historicamente vinculados ao partido (como sindicatos, partidos políticos e movimentos sociais que demandavam direitos para populações subalternizadas) e demandas defendidas pelo PSDB.

O slogan do programa de governo da candidatura de Lula em 2002 era "Um Brasil para Todos" e um marco importante nessa eleição foi a publicação da "Carta ao Povo Brasileiro". Na Carta, Lula afirma, remetendo-se aos governos de FHC, que há uma "poderosa vontade popular de encerrar o atual ciclo econômico e político" (PT, 2002a, p. 01) e que "se em algum momento, ao longo dos anos 90, o atual modelo conseguiu despertar esperanças de progresso econômico e social, hoje a decepção com os seus resultados é enorme" (p. 01). Defende-se que a "verdadeira estabilidade precisa ser construída por meio de corajosas e cuidadosas mudanças que os responsáveis pelo atual modelo não querem absolutamente fazer" (p. 01).

Ao mesmo tempo, a Carta aponta que será necessária uma transição "lúcida e criteriosa" entre o modelo vigente e o que "a sociedade reivindica", defendendo o respeito aos contratos e obrigações do país; a necessidade de administrar e controlar a dívida interna e externa do Brasil, com fins a responder às preocupações do mercado financeiro relativas ao endividamento público; a busca do superávit primário e o combate à inflação. Destaca-se que "A estabilidade, o controle das contas públicas e da inflação são hoje um patrimônio de todos os brasileiros. Não são um bem exclusivo do atual governo, pois foram obtidos com uma grande carga de sacrifícios, especialmente dos mais necessitados" (PT, 2002a, p. 05). Dessa maneira, a campanha buscava ressignificar essas políticas que eram centrais ao modelo neoliberal de FHC, disputando o sentido delas e articulando-as com demandas históricas do PT negligenciadas pelo governo anterior como a reforma agrária, o combate à fome, a valorização do salário-mínimo, a inclusão social por meio de políticas sociais construídas em parceria com os movimentos sociais, de maneira integrada e estratégica e não de forma assistencialista e dispersa (PT, 2002a; 2002b).

Assim, segundo a campanha de Lula, o modelo a ser construído no país seria "fruto de uma ampla negociação nacional, que deve conduzir a uma autêntica aliança pelo país, a um novo contrato social, capaz de assegurar o crescimento com estabilidade" (PT, 2002a, p. 03). Tratava-se "de um movimento em defesa do Brasil" (p. 02).

Após eleito, Lula buscou ampliar sua base política no Congresso Nacional junto ao Partido do Movimento Democrático Brasileiro (PMDB), um dos maiores partidos na época, e que se alinhava ao PSDB. O governo conseguiu contar com o apoio de setores do partido (Silva, 2016). Por um lado, isso significou o enfraquecimento da oposição psdbista. A ampliação da base no Congresso Nacional foi exitosa nos governos Lula (2003-2010) e convergia com a estratégia do consenso no centro, provocando um borramento na fronteira política entre esquerda e direita.

Por outro lado, sobretudo devido a política econômica adotada pelo governo, que atendia a demandas neoliberais, o Partido Democrático Trabalhista (PDT), o PCB e o Partido Popular Socialista (PPS) afastaram-se do governo por considerar que este havia traído os setores historicamente defendidos pelas esquerdas e que não havia mais possibilidade de disputa dentro da base governista para a satisfação do compromisso com a transformação social (Silva, 2016). Militantes petistas também migraram para outros partidos como para o Partido Socialismo e Liberdade (PSOL), fundado em 2004 como uma oposição à esquerda ao consenso no centro construído pelo governo Lula.

Outro grande desafio para o governo Lula foi o escândalo de corrupção nomeado como "Mensalão", em 2005. Em 2002, a campanha de Lula defendia a demanda pela ética na política em contraposição aos governos de FHC (PT, 2002a; 2002b); em 2005, a oposição, liderada pelo PSDB, passou a reivindicá-la, construindo o PT como um partido corrupto, sem legitimidade para governar o país. A campanha do PSDB para presidência da República em 2006 tinha como slogan "Por um país decente", que explicitava a centralidade da demanda por ética na política em seu projeto político. Em resposta, o PT lembrava a "privataria tucana" nos governos de FHC, bem como os engavetamentos de denúncias na Justiça e as Comissões Parlamentares de Inquérito (CPI) abafadas na Câmara e no Senado (PT, 2006).

Apesar do Mensalão, Lula foi reeleito. Segundo Anderson (2011), isso se deveu a dois fatores principais referentes ao primeiro governo: a retomada do crescimento econômico e as políticas públicas que ajudaram a reduzir a desigualdade social no país. Ademais, a crítica da campanha de Lula às privatizações de empresas estatais nos governos FHC, que teriam servido para enriquecer poucos e manter a maioria da população na pobreza, foram relevantes para a derrota do candidato Geraldo Alckmin (PSDB), sendo este um ponto de divergência entre os dois partidos no que se referia às políticas neoliberais. A despeito da vinculação produzida pela oposição, e abertamente pela grande mídia, entre PT e corrupção, as críticas aos governos do PSDB e a estratégia do consenso no centro presentes na campanha de 2002 mantiveram-se centrais para a vitória eleitoral. O projeto político petista conseguiu se sedimentar no país, construindo uma hegemonia que perdurou até o golpe de 2016.

Era "Lula de novo com a força do povo", como dizia o slogan do programa político de 2006, tendo novamente José de Alencar (que migrou do PL para o Partido Republicano Brasileiro) como vice-presidente e o apoio do PT, do PCdoB, do PRB, do Partido Socialista Brasileiro (PSB) e da maioria do PMDB (PT, 2006).

Na articulação política com os movimentos sociais, uma estratégia que caracterizou os governos petistas foi a realização de Conferências de Políticas Públicas organizadas de maneira temática, dedicadas a debater demandas, por exemplo, por direitos das mulheres e da população LGBTQIA+. As medidas construídas pelo governo na defesa da participação da sociedade civil na formulação e controle das políticas públicas apontam para duas consequências: a) amplia a esfera pública, pois legitima a discussão de demandas de movimentos sociais que foram historicamente marginalizadas em espaços institucionais, e a articulação desses diferentes movimentos sociais com o Estado; b) evita a articulação entre diferentes movimentos sociais no antagonismo ao governo ao satisfazer, ao menos parcialmente, algumas demandas sociais desses grupos. Ainda que o fomento de instâncias de participação da sociedade civil deva ser reconhecido como importante para o processo de democratização possibilitado pelos governos Lula, esses espaços, a exemplo das Conferências, eram consultivos e não deliberativos. Assim, como o governo, coerente com a lógica do consenso no centro, dependia de satisfazer também demandas sociais de grupos conservadores que possuíam legitimidade junto à base aliada no Congresso Nacional, a implementação das demandas apresentadas pelos movimentos sociais progressistas ficava limitada.

Sob a prática do consenso no centro, Lula terminou o mandato com alta popularidade e foi importante articulador da coligação entre PT e PMDB para as eleições de 2010 e de 2014, sendo a chapa constituída por Dilma Rousseff (PT) como presidenta e Michel Temer (PMDB) como vice-presidente. A chapa foi eleita em ambas as eleições e os governos construíram uma ampla base no Congresso Nacional. Entretanto, o primeiro mandato de Dilma foi marcado pelas manifestações de 2013, que visibilizaram diversas insatisfações da população, entre elas, com a classe política (demanda antissistema) e com o governo federal (demanda antipetista). No ano de 2014, a crise política foi intensificada pelos protestos contrários à Copa do Mundo de Futebol que ocorreria no país, pelos desdobramentos da operação anticorrupção nomeada como Lava-Jato e pelo acirramento da polarização política durante as eleições presidenciais.

Pinto (2017) relata que os protestos contra a Copa giravam em torno de demandas semelhantes às das manifestações de 2013, entretanto, diferente de 2013, observava-se uma articulação entre elas, configurando um discurso conflitivo em relação ao governo Dilma. Segundo Pinto (2017), de um lado havia os antipetistas que associavam o PT ao comunismo, denunciando os programas sociais do governo como o maior arrecadador de votos do partido e comparando a boa qualidade das obras da Copa com a má qualidade das políticas públicas. Do outro lado, havia manifestantes pertencentes a movimentos sociais e partidos de esquerda que demandavam moradia, direito dos ambulantes, fim da exploração sexual de crianças e mulheres e da repressão da polícia aos manifestantes contrários à Copa. O PT, que historicamente liderou manifestações de rua, tornava-se o alvo dos protestos.

Em relação à operação Lava-Jato, iniciada em 2014, foi divulgado que grandes empreiteiras pagavam propina a executivos da Petrobrás e a políticos há anos, destacando-se integrantes do PT, do PP (Partido Progressista) e do PMDB (Nunes; Melo, 2017). Embora não tenha sido indiciada, Dilma foi associada aos escândalos por ter atuado na Petrobrás entre 2003 e 2010 (Nunes; Melo, 2017). O PT, como no caso do Mensalão, era mais uma vez vinculado à corrupção. Nesse contexto, tal vinculação foi articulada às crises econômica e política existentes, sendo o governo Dilma construído discursivamente como incompetente.

Ainda que a chapa Dilma-Temer tenha conseguido se reeleger em 2014, essa vitória ocorreu em um contexto distinto das eleições anteriores, caracterizado pelo fortalecimento dos antagonismos na sociedade brasileira, sendo o PT cada vez mais construído como um inimigo a ser expurgado do jogo político: tanto pela oposição liderada pelo PSDB, que não aceitou a derrota na eleição presidencial de 2014, inserindo na dinâmica política a acusação de fraude eleitoral (Goldstein, 2016); quanto por movimentos sociais à direita, como o Movimento Brasil Livre (MBL), e parte do empresariado, representado, por exemplo, pela Federação das Indústrias do Estado de São Paulo (FIESP), que passaram a defender o impeachment de Dilma em nome do combate à corrupção e da defesa do fortalecimento de políticas neoliberais (Rocha, 2019).

No início do segundo mandato, o governo, a fim de reproduzir a lógica do consenso no centro e satisfazer os setores empresariais, nomeou Joaquim Levy, economista com marcada orientação neoliberal, para o cargo de ministro da Fazenda (Goldstein, 2016; Singer, 2015). O que, por outro lado, gerou uma onda de insatisfação por parte de integrantes do próprio PT e de movimentos sociais à esquerda em razão das políticas restritivas neoliberais que limitavam as políticas sociais. O equilíbrio entre a questão econômica e a questão social defendida pelos programas políticos do PT desde 2002 encontrava-se fragilizado.

Nesse quadro de crise, protestos em defesa do impeachment de Dilma foram mobilizados em 2015 sob a liderança de movimentos sociais à direita e da oposição institucional ao governo. A articulação entre PT e PMDB também se enfraqueceu e este passou a se articular com a oposição. O deputado Eduardo Cunha (PMDB), eleito presidente da Câmara dos Deputados em uma disputa com um parlamentar do PT (Arlindo Chinaglia), atuou contrariamente às medidas do governo para o enfrentamento da crise econômica e aceitou um pedido de Impeachment contra Dilma. O PMDB lançou o documento "Uma ponte para o futuro" (PMDB, 2015) apresentando-se como um ator político que poderia satisfazer demandas de insatisfação com o governo. Temer (PMDB) passou a criticar o próprio governo do qual fazia parte.

O impeachment de Dilma, em 2016, que articulou demandas antipetista, anticorrupção, antissistema, neoliberal e conservadoras (antagônicas a demandas de movimentos sociais progressistas), foi construído como alternativa política para que, sob a presidência de Temer, reformas neoliberais e conservadoras demandadas pelos apoiadores do Impeachment fossem aprovadas. Mas o envolvimento do presidente e de outros políticos da base do governo com casos de corrupção não contribuiu para a satisfação das demandas antissistema e anticorrupção. As candidaturas para presidência da República do MDB (que retirou "partido" do nome, em 2017, a fim de retomar a memória do período da redemocratização do país e em convergência à insatisfação com os partidos políticos na época) e do PSDB na eleição de 2018 fracassaram.

A candidatura do PT, mesmo com a prisão de Lula por acusação de corrupção, alcançou o segundo turno. A coligação do PT, tinha desta vez, Fernando Haddad (PT) como candidato a presidente, e não mais uma vice-presidência ocupada por um partido político que indicava a construção de um consenso no centro (como vimos nas candidaturas de 2002 a 2014), e sim uma política do PCdoB, Manuela d'Avila. Partido historicamente articulado ao PT e que traz no nome um significante construído pejorativamente pelos atores políticos que apoiaram o golpe contra Dilma e que reforçava o antipetismo: comunista.

A candidatura petista, desta vez, enfrentava um novo adversário: um deputado que defendeu a ditadura militar, Deus, pátria e família no seu discurso pró-impeachment de Dilma, Jair Bolsonaro (PSL). Ele foi eleito com um plano de governo que apresentava como slogan "Brasil acima de tudo, Deus acima de todos" (PSL, 2018). Remetendo-se à demanda anticorrupção e antissistema, o programa enfatiza a defesa de um governo decente, "sem toma lá-dá-cá, sem acordos espúrios (...) que devolva o país aos seus verdadeiros donos: os brasileiros" (PSL, 2018, s/p) e que liberte o Brasil dos corruptos. Na defesa do neoliberalismo ressaltava-se o princípio da liberdade, a propriedade privada, a economia de mercado, a não interferência do Estado nas vidas das pessoas, privatizações, a flexibilização das leis trabalhistas, o controle fiscal, o superávit primário. Entretanto, a defesa da liberdade era articulada ao antagonismo ao petismo e à esquerda. Na defesa de um projeto nacionalista, por exemplo, resgatava-se as cores da bandeira nacional como símbolo da nação brasileira e a defesa das Forças Armadas em contraposição ao que se nomeava como "marxismo cultural", a doutrinação ideológica defendida pela esquerda que corrompia a democracia e da qual o Brasil deveria se libertar. No antagonismo ao debate sobre os direitos relacionados à gênero e sexualidade, defendia-se uma educação "sem doutrinação e sexualização precoce" (PSL, 2018, s/p).

A hegemonia petista, baseada no consenso no centro, entrou em crise no governo Dilma. Os antagonismos construídos em 2014, que situavam o PT como inimigo e não apenas como um adversário, acirraram-se na eleição de 2018. A vitória de Bolsonaro representava o fortalecimento de uma extrema direita neoliberal no Brasil, convergente com a "onda conservadora" emergente também em outros países na segunda década do século XXI. Demandas neoliberais e conservadoras defendidas por esse governo foram construindo legitimidade no país, inclusive, por meio da prática do consenso no centro adotada pelos governos do PT, como poderemos notar na discussão sobre conflitos agrários e relações de gênero e sexualidade.

Conflitos agrários: disputas no meio rural brasileiro

Figurando como um dos países com maior concentração fundiária do planeta (IBGE, 2019), o Brasil vive processos continuados de lutas por terra, disputas no campo e antagonismos em torno de modelos de desenvolvimento rural. Tal concentração tem ensejado demandas históricas por políticas de acesso à terra, especialmente por reforma agrária, em disputa com sucessivos processos de expansão da fronteira agrícola por parte de setores do chamado agronegócio.

Com isso, podemos entender o meio rural brasileiro a partir de uma dinâmica que põe concepções, projetos, demandas e atores variados em disputa. De um lado, o modelo da agricultura familiar, de outro, o modelo do agronegócio, de base industrial e comercial, que tem sido privilegiado pelos diferentes governos, com financiamento público dirigido a grandes corporações internacionais e empresários que atuam no meio rural.

Embora tenha se identificado uma maior atenção dada à agricultura familiar desde os anos noventa por parte de agências governamentais e entidades sindicais (Schneider, 2016), a nítida preferência e investimentos feitos na agricultura de base convencional, desenvolvida em extensas propriedades, de caráter monocultor e com uso de quantidades elevadas de agrotóxicos acabam por ampliar as históricas desigualdades sociais vividas no campo.

Nesse sentido, distintos governos têm defendido em suas pautas políticas a implantação de projetos para o meio rural que imprimem essas disputas, seja de uma relativa valorização da agricultura familiar, seja de incentivo ao modelo hegemônico de agricultura monocultor e de produção de commodities para o mercado internacional.

O governo Lula talvez seja o mais representativo, após o processo de redemocratização do país, a incorporar essas disputas. Tanto atuou na criação de um conjunto de programas e políticas públicas voltadas às demandas de alguns movimentos sociais do campo (Leite; Leite, 2024), a exemplo do Movimento dos Trabalhadores Rurais Sem Terra (MST) e de entidades sindicais da agricultura familiar, como também favoreceu o setor do agronegócio com vultosos incentivos financeiros (PT, 2002a; 2002b). Essa tensão pode ser vista à luz da variedade de demandas trazidas pela ampla base de apoio que o elegeu por meio do que já se discutiu aqui como consenso no centro.

As ações do governo Lula com vistas a atender as demandas dos movimentos sociais do campo, especialmente relativas à reforma agrária, não se deram de modo satisfatório, o que gerou descontentamento. Efetivamente o que as gestões de Lula e de Dilma Rousseff, em escala bem menor, adotaram foi uma política de criação de assentamentos rurais a partir da desapropriação de terras improdutivas, de terras devolutas e de algumas áreas de conflito, bem como de ações de regularização fundiária. Em que pese a importância de tais medidas, não chegaram a alterar a estrutura fundiária do país, mantendo com isso a hegemonia da classe patronal e empresarial do campo brasileiro. Motivados por esse descontentamento, o MST organizou, em 2005, com apoio de outros movimentos sociais, a Marcha Nacional pela Reforma Agrária para reivindicar a efetivação das propostas do governo elaboradas no II Plano Nacional de Reforma Agrária (MST, 2005).

Portanto, se há o reconhecimento de uma descontinuidade no atendimento de demandas dos setores populares do campo brasileiro nas gestões Lula e Dilma, o agronegócio não parece ter sofrido de tal descontinuidade. Como aponta Grisa (2021), este setor segue, desde o governo de FHC, contemplado no conjunto de suas demandas. Evidencia-se, desse modo, que os governos progressistas, embora tenham reconhecido demandas de setores populares no âmbito das políticas de desenvolvimento rural, atuaram com vistas a implantar o receituário neoliberal para atendimento das pressões exercidas pela agricultura de mercado.

No contexto da onda conservadora (governos Temer e Bolsonaro), como afirma Alentejano (2020), ocorreu um aprofundamento do benefício ao agronegócio como base do desenvolvimento do campo e um desmantelamento das políticas voltadas à agricultura familiar. Como assinala Elias (2021),

> os retrocessos políticos vivenciados no Brasil desde o golpe parlamentar de 2016, que escancaram as portas para o grande capital privado, mostram a tendência ao aumento de poder dos agentes hegemônicos do agronegócio atuantes no país e, consequentemente, a propensão ao acirramento das desigualdades socioespaciais, dos conflitos e da violência no campo e nas cidades (p. 02).

Do ponto de vista dos investimentos a este setor, identificou-se uma redução acentuada de recursos voltados para programas de fomento à comercialização dos produtos advindos da agricultura familiar, tais como o Programa de Aquisição de Alimentos (PAA) e o Programa Nacional de Alimentação Escolar (PNAE), iniciativas promovidas no primeiro governo do presidente Lula (Leite; Leite, 2022). A grande concentração de recursos voltou-se para o agronegócio, com ampliação de valores destinados ao Plano Safra a fim de atender as demandas dos atores desse campo (empresários rurais, bancada ruralista no congresso nacional e a Confederação Nacional da Agricultura). Não à toa, ao assumir a presidência mediante o golpe instalado contra a presidenta Dilma, Michel Temer extinguiu o Ministério do Desenvolvimento Agrário, onde eram centralizadas as ações voltadas aos/às produtores/as rurais de base familiar. Para assumir o Ministério da Agricultura, foi convocado Blairo Maggi, dono da maior empresa de processamento e comercialização de soja brasileira e nome forte do agronegócio.

Com relação ao governo Bolsonaro, Isidro e Forlani (2019) listam algumas ações que indicam a continuidade com o projeto de Temer para o campo. O governo nomeou Tereza Cristina, presidente da Bancada Ruralista, para assumir o Ministério da Agricultura e estabeleceu a transferência das principais atividades desenvolvidas pela Fundação Nacional do Índio (FUNAI) para aquele Ministério. As atividades incluíam a identificação, delimitação e demarcação de terras indígenas. Alentejano (2020) pontua três marcas fundamentais das políticas fundiárias de Bolsonaro: (1) a suspensão de qualquer destinação de terras para criação de assentamentos rurais, terras indígenas e territórios quilombolas; (2) a criação de mecanismos para franquear as terras dos assentamentos e indígenas para a expansão do agronegócio e outros interesses do capital, como a mineração e a construção de hidrelétricas; (3) a intensificação da legalização da grilagem de terras, em especial na Amazônia.

Podem ser tomados aqui outros acontecimentos ocorridos no âmbito de sua gestão e protagonizados por seus agentes institucionais que incitaram ações de apagamento, deslegitimação e de aniquilamento de variados sujeitos e coletivos que vivem e trabalham no meio rural, que têm uma importante relação com a terra e demais recursos da natureza. Tratou-se de ações carregadas de uma força discursiva que tentava descaracterizar e homogeneizar as distintas formas de vida social no campo sob a égide do agronegócio. Em alguns de seus pronunciamentos, a então ministra da agricultura Tereza Cristina expressou haver uma só agricultura: "um só ministério olhará com igual destaque para todos os produtores".[1] A ministra invisibilizava as demandas e disputas históricas em torno de um projeto de desenvolvimento para o campo, lutas essas que fizeram emergir sujeitos políticos variados, notadamente aqueles que, a partir dos anos 1990, se aglutinaram em torno da categoria agricultura familiar. O paradigma do agronegócio incidia como verdade inquestionável e o investimento midiático favorável a ele produz um forte impacto na sociedade, por meio de uma produção discursiva que o figura como um signo ultramoderno: "o agro é tech, o agro é pop, o agro é tudo". Já é sabido como os discursos enquanto práticas sociais são capazes de gerar efeitos variados no campo social (Ibañez, 2005; Laclau; Mouffe, 2015; Laclau, 2013), efeitos que podem legitimar determinados modos de vida e produzir a abjeção de modos antagônicos a esses.

O governo de Bolsonaro também se caracterizou pelo estímulo à violência contra os movimentos sociais do campo, em especial o MST, os povos indígenas e os quilombolas. De acordo com dados da Comissão Pastoral da Terra (CPT, 2023), numa análise realizada em 2022, o governo Bolsonaro foi o principal causador de conflitos por posse de terra no primeiro semestre do mesmo ano, através de ações violentas principalmente de conivência e omissão. Em resumo, o projeto políti-

1 Ver, por exemplo: https://istoe.com.br/tereza-cristina-promete-igual-destaque-para-produtores-na-agricultura/. Acesso em: 12 de nov. de 2024.

co defendido por esse governo tinha como um dos principais objetivos a continuidade do projeto de Temer para a questão agrária com a adição dos ataques violentos aos grupos historicamente marginalizados como os sem-terra, os quilombolas e os indígenas.

Ataques e disputas em torno das questões de gênero e sexualidade

A análise das ondas progressista (2003 a 2016) e conservadora no Brasil (2016 a 2022) evidencia a importância, e em alguns momentos até mesmo a centralidade, das disputas hegemônicas em torno da ampliação ou negação da expansão dos princípios de igualdade e liberdade para as relações de gênero e sexualidade. Apesar deste capítulo focar o Brasil, é importante evidenciar que a onda conservadora no país é parte de um processo transnacional que emerge a partir do que Corrêa e Kalil (2021) chamam de "coalizão conservadora ecumênica" entre católicos conservadores e evangélicos, articulando tradições morais cristãs seculares com a teologia da prosperidade, racionalidade econômica presente nas igrejas neopentecostais.

Butler (2024) destaca como o gênero se torna um importante instrumento colonizador de produção de medo no Sul Global, incidindo diretamente na vida política e social da região, e abrindo caminho para a produção de políticas que privem as pessoas de seus direitos, e até mesmo da sua própria existência. Neste caminho, destacam-se as ofensivas antigênero que limitam ou inviabilizam debates e ações relacionadas à diversidade sexual (Maracci; Prado, 2022), e se articulam ao antagonizar reinvindicações históricas dos movimentos feministas e LGBTQIA+, por meio de campanhas, por exemplo, antiaborto e provida, contra educação sexual, contra o casamento entre pessoas LGBTQIA+ (Butler, 2024;

Correa; Parker, 2021). Essas ofensivas atuam no ataque ao que nomeiam como "ideologia de gênero".

Segundo Corrêa e Kalil (2021), o discurso em torno da "ideologia de gênero" é forjado desde os anos de 1980 a partir de mobilizações transnacionais da Igreja Católica, inclusive durante as Conferências da ONU, e fazem emergir a retórica antigênero no cenário global. Ideologia de gênero é operada como um dispositivo que acusa a teoria feminista do gênero de falsificação, no qual o conceito de gênero seria uma estratégia para borrar a diferença sexual "natural" e também faz supor que as teóricas e feministas propagam ideologia, enquanto quem critica o conceito estaria totalmente isento de vieses ideológicos (Corrêa; Kalil, 2021).

Na história recente do Brasil, é possível identificar momentos de maior porosidade às demandas dos movimentos de mulheres, feministas e LGBTQIA+, especialmente no que tange aos direitos sexuais e reprodutivos. A partir de 2003, início do que denominamos neste texto de onda progressista, as lutas e organizações políticas construídas desde décadas anteriores e, de certo modo, fortalecidas no processo de redemocratização, no final da década de 1970 e nos anos 1980, disputaram as questões relacionadas ao gênero e sexualidade e conseguiram implementar importantes avanços institucionais e legais como a criação de órgãos específicos, maior representatividade nos conselhos de políticas públicas, realização de conferências de políticas públicas e a proposição de políticas públicas transversais (Biroli; Machado; Vaggioni, 2020).

No período dos governos Lula observou-se uma explícita demonstração de melhorias na gestão estatal no que diz respeito a ações voltadas ao enfrentamento de preconceito e discriminação vinculadas às lógicas de gênero e sexualidade, ainda que, de baixa institucionalidade (Prado; Maracci; Monteiro, 2021). Esse período foi marcado pela instituição do Programa Brasil Sem Homofobia (PBSH), em 2004, pelo Plano Nacional de Promoção da Cidadania e Direitos Humanos de

LGBT, em 2009, pela realização da I Conferência Nacional LGBT, em 2008, das I e II Conferências Nacionais de Políticas para as Mulheres, em 2004 e 2007, elaboradas em articulação do governo federal com a sociedade civil.

Contudo, como apontam Prado, Maracci e Monteiro (2021), as ações propostas por tais dispositivos enfrentaram muitos obstáculos para serem incorporadas pelas gestões dos estados e municípios, além de questões de financiamento, planejamento e execução dentro do governo federal. Cabe também destacar que, sob a lógica do consenso no centro, os governos progressistas incluíram na sua articulação política uma base conservadora e religiosa, que ganhou força no Congresso Nacional, em 2003, com a fundação da Frente Parlamentar Evangélica (FPE).

No que diz respeito aos governos Dilma, importante ressaltar que o aborto foi um tema central na eleição de 2010. A oposição acusou Dilma de defender o aborto, estratégia para o enfraquecimento da candidatura dela junto aos eleitores religiosos. Dilma teve de se pronunciar publicamente contra o aborto no intuito de manter o apoio de alas das igrejas católica e evangélica. Nesse contexto, divulgou uma carta compromisso, intitulada "Mensagem de Dilma"[2], explicitando ser pessoalmente contra o aborto, se comprometendo a não propor nenhuma alteração legislativa sobre este tema e a outros referentes à família e à liberdade religiosa.

Durante a presidência de Dilma, as políticas de gênero e sexualidade, diante das alianças com a bancada evangélica, se tornaram moeda de troca para a satisfação de demandas do governo e para sua permanência no poder (Barajas, 2018). Assim, entre 2011 e 2014 tais políticas caracterizaram-se pelo rechaço às demandas progressistas de gênero e sexualidade em favor das ofensivas antigênero, as quais provocaram rear-

---

2 Ver: https://www1.folha.uol.com.br/fsp/poder/po1610201010.htm. Acesso em: 12 de novembro de 2024.

ticulações no âmbito das políticas públicas (Prado; Maracci; Monteiro, 2021).

Neste contexto, a escola e a família representam duas das instituições mais importantes nas disputas pela regulação da moral sexual. O rechaço à chamada "ideologia de gênero" se materializou, e com grande intensidade, no âmbito das discussões legislativas e dos mecanismos de controle social em torno do que viria ser o Plano Nacional de Educação (PNE) 2014-2024.

O governo Dilma, através do ministro da educação Fernando Haddad, propôs o Projeto Escola Sem Homofobia (ESH), a ser implantado no âmbito da educação básica. Tal proposição viria a fortalecer a escola como espaço de expansão dos princípios democráticos para as relações de gênero e sexualidade. Sob pressões políticas e religiosas, que apelidaram pejorativamente o projeto de "Kit-gay", ele foi vetado pela presidência da República. Projetos de Lei contrários à "ideologia de gênero" foram propostas no Congresso Nacional como o "Escola Sem Partido" (PL 7.180/2014), que especifica que o Estado não deveria aplicar os postulados da teoria ou "ideologia de gênero", pois esta ameaça os princípios morais da sociedade, defendendo que o modelo familiar cristão deve estar acima da laicidade da educação. Para Leite (2019):

> A articulação de tais pânicos morais fortalece uma ideia de que o Estado estaria apoiando e financiando o "desvirtuamento" das crianças. Assim, esses discursos deixam de ter uma base mais religiosa, como foram claramente ancoradas as discussões no caso do ESH, e assumem uma pretensão científica. A presença de uma "infância" a ser protegida marca a força do acionamento da categoria "pedofilia" ao longo do percurso das polêmicas aqui abordadas. Praticamente todos os opositores do projeto ESH no Congresso Nacional, que são os mesmos atores que trabalham contra o conjunto de proposições no Legislativo ligadas aos direitos LGBTI, utilizaram a imagem da criança indefesa, "presa fácil dos pedófilos" (p. 132).

Esse debate ajudou a fomentar a campanha contra o governo da presidenta Dilma Rousseff, que se enfraquecia ainda mais com as acusações de corrupção envolvendo o PT. O golpe parlamentar impetrado contra a presidenta foi realizado em meio a um cenário de crise institucional, a partir da mobilização de demandas conservadoras, antipetistas, neoliberais pela bancada de direita e de extrema direita no Congresso Nacional. Em paralelo, o movimento #ForaDilma se fortaleceu utilizando, inclusive, imagens e frases misóginas, numa evidente expressão da violência política de gênero ao questionar a capacidade e integridade da presidenta por ser mulher (Carniel; Ruggi; Ruggi, 2018).

É nesse cenário de fragilidade do governo Dilma e de fortalecimento das forças conservadoras que o discurso de Jair Bolsonaro, na Câmara dos Deputados, em favor do Impeachment, ganhará notoriedade, remetendo-se diretamente à defesa da família cristã, da ditadura militar (fazendo referência a um dos torturadores de Dilma) e ao rechaço à "ideologia de gênero": "Perderam em 1964. Perderam agora em 2016. Pela família e pela inocência das crianças em sala de aula, que o PT nunca teve".

Com o Impeachment consolidado em 2016, uma das primeiras medidas do governo Temer (PMDB) foi retirar da Secretaria de Políticas para as Mulheres o status de Ministério, iniciando um desmonte crescente das políticas públicas voltadas para este público. Juntamente a isto, a reforma trabalhista, a aprovação do teto de gastos públicos, a lei da terceirização e o incentivo ao mercado informal trouxeram retrocessos que atingiram as mulheres de maneira considerável, sobretudo àquelas pobres e negras, maioria das que desempenham trabalhos como domésticas, diaristas, babás, cuidadoras de idosas, etc.

O ano de 2017 foi marcado por duas importantes vitórias de grupos religiosos no campo da educação: a) o Ministério da Educação (MEC) decidiu retirar do documento da Base

Nacional Comum Curricular passagens que continham os termos "identidade de gênero" e "orientação sexual"; b) o STF decidiu que o ensino religioso nas escolas públicas pode ter caráter confessional.

Neste cenário, a visibilidade de Bolsonaro como figura pública cresceu paulatinamente. Em sua campanha em 2018, pelo PSL, ganha destaque a cruzada antigênero, através da produção de *fake news*, por exemplo, sobre a distribuição do "kit gay" pelo governo Dilma. Uma dessas notícias falsas mostrava a imagem de uma mamadeira em forma de pênis, com a informação mentirosa de que o objeto havia sido distribuído em pré-escolas.

Ao mesmo tempo em que ocorria essa rede de *fake news* em massa em apoio à ofensiva antigenêro, ao final do primeiro turno eleitoral, a candidatura de Bolsonaro foi amplamente repudiada pela manifestação nacional #EleNão, liderada principalmente por mulheres. Milhares de mulheres e homens foram para a rua marchar por "Ele Não", ativistas, feministas, pessoas vinculadas a partidos políticos ou não partidárias protestando contra ao que chamavam de "onda fascista" e em defesa da democracia. O movimento foi iniciado nas redes sociais, movimentando grande número de pessoas, que ao ocupar as ruas de pequenas e grandes cidades contestavam o candidato e seus discursos LGBTfóbicos e misóginos. Essa mobilização colocou o protagonismo das mulheres em evidência, assumindo posições no cenário brasileiro marcado pelo machismo.

A proteção da família, sempre pensada como heterossexual, presente na candidatura de Bolsonaro está no centro da contestação às demandas feministas e da população LGBTQIA+. Na atmosfera da campanha, a "ideologia do gênero" foi articulada ao PT e disseminada como a nova face do marxismo e do comunismo no Brasil.

Durante o governo Bolsonaro, a agenda antigênero e antifeminista que alimentou a campanha eleitoral foi transferida para políticas estatais, particularmente as implementadas pelos Ministérios da Educação e pelo rebatizado Ministério da Mulher, da Família e dos Direitos Humanos (MMFDH). O MMFDH foi um dos espaços centrais de consolidação das políticas antigênero. Ao assumir o cargo, a ministra Damares Alves declarou que o Brasil estava entrando "numa nova era, na qual os meninos usam azul e as meninas usam rosa".[3] Nas palavras da ministra, isso significava uma restauração de valores conservadores sobre gênero e sexualidade, que teriam sido abandonados pelas administrações anteriores que "politizaram" indevidamente estes assuntos. Mais uma vez, a "ideologia de gênero" e a promoção dos "valores conservadores" foram utilizados como estratégia discursiva em torno da qual constituiu-se a Política Nacional de Direitos Humanos do governo Bolsonaro. Os projetos de lei articulados à ofensiva antigênero multiplicaram-se no Congresso Nacional.

Apesar da derrota de Bolsonaro nas eleições de 2022, os discursos relacionados às questões de gênero e sexualidade continuam em disputa, a exemplo do ainda crescente ativismo legislativo antigênero (Santos Silva, 2022). As ofensivas antitrans seguem também fomentando projetos de lei em diferentes estados do país. O Brasil torna-se assim um caso exemplar em que demandas de gênero e de sexualidade têm sido construídas e articuladas discursivamente por grupos conservadores no antagonismo a direitos conquistados e a políticas públicas de reconhecimento da existência das relações de dominação históricas contra mulheres e populações LGBTQIA+. Tal articulação esteve presente tanto nos governos progressistas quanto conservadores, diferenciando-se pelo grau de abertura e satisfação das demandas de grupos conser-

3 Ver, por exemplo: https://g1.globo.com/politica/noticia/2019/01/03/em-video-damares-alves-diz-que-nova-era-comecou-no-brasil-meninos-vestem-azul-e-meninas-vestem-rosa.ghtml. Acesso em: 12 de nov. de 2024.

vadores e de movimentos sociais progressistas e pela presença de integrantes desses grupos nas instâncias governamentais.

Considerações finais: qual o futuro para a democracia brasileira?

A dinâmica política debatida nesse capítulo não se reduz às fronteiras nacionais, sobretudo, no que se refere às articulações políticas que atuaram em favor do golpe de Estado contra Dilma na segunda década do século XXI. A defesa do neoliberalismo, o combate ao comunismo, à ideologia de gênero e às ocupações no campo por demarcação de terras estão presentes no cotidiano de outros países sul-americanos. Além disso, o uso do impeachment no século XXI como instrumento político para a satisfação de demandas como essas não se iniciou no Brasil, sendo possível relatar, por exemplo, o caso do Paraguai em 2012. Também há que considerarmos aproximações políticas entre governos de extrema-direita de diferentes regiões como foram os casos, por exemplo, do governo Bolsonaro, no Brasil, e de Donald Trump nos Estados Unidos.

O foco, entretanto, nos eixos político-partidário, conflitos agrários e relações de gênero e sexualidade no contexto brasileiro possibilita explicitar outra característica relevante para a compreensão das ondas progressista e conservadora: a impossibilidade de tratá-las de maneira dicotômica, na medida em que demandas que alcançaram proeminência no contexto dos governos conservadores faziam-se presentes no contexto das ondas progressistas, inclusive, algumas integravam a articulação política desses governos, limitando a conquista de direitos historicamente defendidos por grupos subalternizados. Esse borramento da fronteira política nos governos progressistas remete-se à adoção do consenso no centro como uma prática política para o alcance de vitórias eleitorais e para a governabilidade. Essa prática possibilitou a construção de uma hegemonia dos governos petistas, mas também resultou na crise dessa hegemonia em razão do aumento das tensões e antagonismos gerados ao longo dos anos, fomentados pelo fortalecimento da legitimação de atores políticos conservadores na esfera pública.

Em convergência com o consenso no centro, abordamos ao longo do capítulo práticas construídas pelos governos do PT que limitaram a expansão da democracia como o compromisso público com grupos neoliberais e religiosos (Carta ao Povo Brasileiro, Mensagem de Dilma), a não implementação de demandas progressistas legitimadas em espaços de participação da sociedade civil e em Planos Nacionais construídos junto com movimentos sociais; a adoção de ações de enfrentamento ao preconceito e à discriminação, mas com baixa institucionalidade; a indicação de ministros favoráveis ao modelo neoliberal.

No caso dos governos conservadores, sobretudo no governo Bolsonaro, distintamente, demandas que buscavam expandir os princípios democráticos para relações de dominação históricas como é o caso das reivindicadas por movimentos sociais do campo como o MST, por movimentos feministas e LGBTQIA+ foram construídas como antagônicas ao projeto político que se pretendia hegemonizar, de modo que esses grupos passaram a ser vistos como inimigos a serem combatidos. Para tanto, estimulou-se a violência a esses grupos e foram criados mecanismos institucionais que fragilizavam a legitimação daquelas demandas como a extinção de Ministérios, a homogeneização de um único modelo de desenvolvimento, a ressignificação de políticas públicas de gênero e sexualidade, apontados ao longo do capítulo.

Esse projeto político conservador, que foi se legitimando inclusive no período dos governos petistas, se estabeleceu por meio da construção de uma fronteira política significada em termos morais - "cidadãos do bem" x "cidadãos do mal" – regulando as ações do Estado nas diferentes esferas (executivo, legislativo e judiciário) e disputando a nomeação da ordem social também junto a sociedade civil. Na medida em que a luta política passa a ser transformada numa disputa entre o bem e o mal, a legitimação de práticas para pôr fim ao mal torna-se pensável e possível, sendo construídas, inclusive, como democráticas. O significante democracia, nessa medida, articulado a outros como paz, defesa da vida, liberdade e justiça tem sido disputado por essas forças conservadoras: defende-se legislações favoráveis ao armamento da população brasileira, sobretudo no campo, em nome da "paz"; a luta intransigente contra, inclusive, o aborto legal, em nome da "vida"; discursos de ódio contra LGBTQIA+ em nome da "liberdade"; a descredibilização dos poderes da República, em nome da "justiça".

Diante disso, quando apontamos a impossibilidade de conceber as ondas progressista e conservadora como dicotômicas não estamos defendendo que sejam semelhantes em suas práticas e em seus efeitos. Tivemos expansão da democracia no momento que nomeamos como onda progressista, sobretudo, no contexto dos governos Lula. Entretanto, os governos petistas articularam-se com demandas privilegiadas pelos governos conservadores, sendo suas identidades ressignificadas, produzindo práticas que buscavam satisfazê-las, ainda que de maneira mais limitada do que o que ocorreu nos governos Temer e Bolsonaro. Não à toa, fronteiras políticas à esquerda foram sendo construídas ao longo dos governos petistas e com o aumento da legitimidade das forças conservadoras o consenso no centro foi sendo enfraquecido.

As perguntas que colocamos no quadro histórico atual são: quais são as possibilidades futuras? Que estratégias são possíveis para o enfrentamento da extrema-direita neoliberal que se organizou no país nos últimos anos? O terceiro governo Lula, construído sob as bases de uma articulação política ampla, repetindo o receituário político-partidário da ocupação da vice-presidência por um político que agradasse demandas neoliberais e conservadoras, nome histórico do PSDB, será a alternativa possível para a defesa da democracia brasileira?

Na medida em que a realidade é compreendida como discursiva, sendo construída de maneira contingente e precária, não se faz possível predizer cenários futuros e nem um modelo único de luta política, e não pretendemos nesse capítulo responder as perguntas acima. Entretanto, a partir do que discutimos, no contexto atual é fundamental disputarmos hegemonicamente o significante democracia por meio da construção de um projeto político que enfatize o princípio democrático da igualdade em contraposição ao da extrema direita que se fundamenta em práticas excludentes. Tratando-se de uma luta hegemônica é preciso ampliarmos a identificação das pessoas com aquele projeto e, para tanto, não seria conveniente demonizarmos os eleitores da extrema-direita e da direita e sim buscarmos rearticular as demandas deles em torno de objetivos mais igualitários, como Mouffe (2019) propõe a partir da construção de um populismo de esquerda. Tarefa complexa que depende de levarmos em conta os afetos a partir dos quais as identidades têm sido construídas, considerarmos as redes transnacionais articuladas pela onda conservadora e a experiência histórica recente para que ao invés de repetirmos as mesmas práticas do consenso no centro, possamos delimitar mais explicitamente que demandas têm lugar nesse horizonte discursivo que pretende expandir os princípios democráticos para as diferentes relações sociais.

Agradecimentos

Agradecemos o fomento à pesquisa possibilitado pelo CNPq e pela FAPEAL.

Referências

ALENTEJANO, P. R. R. As políticas do Governo Bolsonaro para o campo: a contra-reforma em marcha acelerada. *Revista da ANPEGE,* [S. l.], v. 16, n. 29, 2020, p 353-392. DOI: <https://doi.org/10.5418/ra2020.v16i29.12434>. Disponível em: <https://ojs.ufgd.edu.br/index.php/anpege/article/view/12434>. Acesso em: 22 dez. 2023.

ANDERSON, P. O Brasil de Lula. *Novos Estudos CEBRAP,* n. 91, 2011, p 23-52. DOI: <https://doi.org/10.1590/S0101-33002011000300002>. Disponível em: <https://www.scielo.br/j/nec/a/mVMCd9J76GBrwtWpCV8zCvM/#>. Acesso em: 26 dez. 2023.

BARAJAS, K. B. Pánico moral y de género en México y Brasil: rituales jurídicos y sociales de la política evangélica para deshabilitar los principios de un estado laico. *Religião & Sociedade* [online], v. 38, n. 2, p. 85-118, 2018. DOI: <https://doi.org/10.1590/0100-85872018v38n2cap03>. Disponível em: <https://www.scielo.br/j/rs/a/Vygqskx5RCN84QsdRXPVmhg/abstract/?lang=es#>. Acesso em: 14 abr. 2024.

BIROLI, F.; MACHADO, M.; VAGGIONE, J. *Gênero, neoconservadorismo e democracia.* São Paulo: Boitempo, 2020.

BUTLER, J. *Quem tem medo de gênero?* São Paulo: Boitempo, 2024.

CARNIEL, F.; RUGGI, L.; RUGGI, J.O. Gênero e humor nas redes sociais: a campanha contra Dilma Rousseff no Brasil. *Opinião Pública* [online], v. 24, n. 3, 2018, p. 523-546. DOI: <https://doi.org/10.1590/1807-01912018243523>. Disponível em: <https://www.scielo.br/j/op/a/v3xSwz4scVmSrwXcRjRSphh/abstract/?lang=pt#>. Acesso em: 31 mar. 2024.

COMISSÃO PASTORAL DA TERRA (CPT). *Conflitos no campo Brasil 2022.* Goiânia: CPT Nacional, 2023. Disponível: <https://www.cptnacional.org.br/downlods/summary/

41-conflitos-no-campo-brasil-publicacao/14302-livro-2022-v21-web>. Acesso em: 17 mar. 2024.

CORRÊA, S.; KALIL, I. Brasil. *In:* CORRÊA, S. (Org.). *Políticas antigênero na América Latina*: estudos de caso - versões condensadas. Rio de Janeiro, RJ: Associação Brasileira Interdisciplinar de AIDS (ABIA), 2021. p. 70-87. Disponível em: < https://sxpolitics.org/GPAL/uploads/resumos-pt/E-book-Resumos-PT-02082021.pdf>. Acesso em: 24 mar. 2024.

CORRÊA, S.; PARKER, R. Prefácio. *In:* CORRÊA, S. (Org.), *Políticas antigênero na América Latina*: estudos de caso - versões condensadas. Rio de Janeiro, RJ: Associação Brasileira Interdisciplinar de AIDS (ABIA), 2021, p 10-20. Disponível em: < https://sxpolitics.org/GPAL/uploads/resumos-pt/E-book-Resumos-PT-02082021.pdf>. Acesso em: 24 mar. 2024.

COUTO, C. G.; ABRUCIO, F. *O segundo governo FHC*: coalizões, agendas e instituições. *Tempo Social,* v. 15, n. 2, pp. 269-301, 2003. DOI: <https://doi.org/10.1590/S0103-20702003000200011>. Disponível em: <https://www.scielo.br/j/ts/a/9hP98MyZ4rqyP8qf6PFjhrP/abstract/?lang=pt#ModalArticles>. Acesso em: 06 jan. 2024.

ELIAS, D. Mitos e nós do agronegócio no Brasil. *Geousp,* v. 25, n. 2, e-182640, ago. 2021. DOI: <https://doi.org/10.11606/issn.2179-0892.geousp.2021.182640>. Disponível em: https://www.revistas.usp.br/geousp/article/view/182640. Acesso em: 22 mar. 2024.

FORTES, A.; FRENCH, J. A “Era Lula”, as eleições presidenciais de 2010 e os desafios do pós-neoliberalismo. *Tempo Social,* v. 24, n. 1, p. 201-228, jun. 2012.DOI: https://doi.org/10.1590/S0103-20702012000100011. Disponível em: https://www.scielo.br/j/ts/a/MCpn4TVRLsJtFH84JT3jxCS/abstract/?lang=pt. Acesso em: 23 jan. 2024.

GOLDSTEIN, A. *La tormenta perfecta*: crisis e impeachment en el segundo mandato de Dilma Rousseff. Bogotá**,** *anal. polit.,* v. 29, n. 88, 2016, p. 90-104. DOI: <https://doi.org/10.15446/anpol.v29n88.63639>. Disponível em:

http://www.scielo.org.co/scielo.php?script=sci_arttext&pid=S0121-47052016000300005. Acesso em: 30 nov. 2023.

GRISA, C. O agronegócio e agricultura familiar no planejamento setorial nos governos FHC, Lula e Dilma: continuidades e descontinuidades. *Estudos Sociedade e Agricultura,* v. 29, n. 3, out. 2021, p 545-573. DOI: https://doi.org/10.36920/esa-v29n3-3. Disponível em: https://revistaesa.com/ojs/index.php/esa/article/view/esa29-3_03_agronegocio. Acesso em: 24 ago. 2023.

IBÁÑEZ, T. O giro linguístico. *In*: INIGUEZ, L. (Org.). *Manual de análise do discurso em ciências sociais*. Petrópolis, RJ: Vozes, 2005, 19-49.

INSTITUTO BRASILEIRO DE GEOGRAFIA E ESTATÍSTICA. *Censo Agropecuário 2017 - resultados definitivos.* Rio de Janeiro, v. 8, 2019, p. 1-105. Disponível em: <https://biblioteca.ibge.gov.br/visualizacao/periodicos/3096/agro_2017_resultados_definitivos.pdf>. Acesso em: 24 mar. 2024.

ISIDRO, M. E.; FORLANI, N. Derecha y agronegocio en Argentina y Brasil. Cambios y continuidades. *Universitas,* n. 31, 2019, p. 59-77. DOI: <https://doi.org/10.17163/uni.n31.2019.03>. Disponível em: < https://universitas.ups.edu.ec/index.php/universitas/article/view/31.2019.03>. Acesso em: 17 abr. 2023.

LACLAU, E. *A razão populista.* São Paulo: Três estrelas, 2013.

LACLAU, E; MOUFFE, C. *Hegemonia e estratégia socialista* – por uma política radical e plural. São Paulo: Editora Intermeios, 2015.

LEITE, V. "Em defesa das crianças e da família": Refletindo sobre discursos acionados por atores religiosos "conservadores" em controvérsias públicas envolvendo gênero e sexualidade. *Sexualidad, Salud y Sociedad* [online] Rio de Janeiro: n. 32, 2019, p. 119-142. DOI: https://doi.org/10.1590/1984-6487.sess.2019.32.07.a.. Disponível em: https://www.scielo.br/j/sess/a/Cc68BmV888KZbTkwjwr495M/abstract/?lang=pt#ModalArticles. Acesso em: 20 set. 2023.

LEITE, M. L. S, & LEITE, J. F. (In)segurança alimentar e agricultura familiar: políticas públicas como estratégia de superação da fome. *Revista Katálysis*. Florianópolis: v.25, n. 3, p. 1-11, 2022. DOI: https://doi.org/10.1590/1982-0259.2022.e86341. Disponível em: https://www.scielo.br/j/rk/a/698n8Mxc9nM7ghB4TSd5bPm/abstract/?lang=pt. Acesso em: 15 out. 2023.

LEITE, M. L. S. & LEITE, J. F. Politic polices, family farming and food (in)security in times of pandemic. *In* A. L. NASCIMENTO & E. F. LUCERO (Orgs). *Brazil and ASEAN*: partners for peace and development. Brasília: Fundação Alexandre de Gusmão, 2024, p. 215-258.

LENARDÃO, E. A relação entre "modernização" neoliberal e práticas políticas "atrasadas" no Brasil dos anos 1990. *Revista de Sociologia e Política*. v. 16, n. 31, 2008, p. 197-214. DOI: < https://doi.org/10.1590/S0104-44782008000200014>. Disponível em: < https://www.scielo.br/j/rsocp/a/F4ZSgN94CSm8mSPn5X8jkXK/?lang=pt#ModalArticles>. Acesso em: 30 out. 2023.

MARACCI, J. G.; PRADO, M. A. M. Ofensivas Antigênero e a Depuração dos Direitos Humanos como Política de Estado no Brasil. *Estudos e Pesquisas em Psicologia*, v. 22, n. 4, 2022, p. 1372–1392. DOI: <https://doi.org/10.12957/epp.2022.71643>. Disponível: < https://www.e-publicacoes.uerj.br/revispsi/article/view/71643>. Acesso em: 30 jan. 2024.

MOUFFE, C. *Por um populismo de esquerda*. São Paulo: Autônomia Literária, 2019.

MOVIMENTO DOS TRABALHADORES RURAIS SEM TERRA. *Marcha Nacional pela Reforma Agrária*. 2005. Disponível em: <https://mst.org.br/2005/05/20/marcha-nacional-pela-reforma-agraria-2/?utm_source=pocket_list>. Acesso em: 12 fev. 2024.

NUNES, F; MELO, C. R. Impeachment, Political Crisis and Democracy in Brazil. *Revista de Ciência Política*, v. 37, n. 2, 2017, p. 281-304. DOI: <https://dx.doi.org/10.4067/s0718-090x2017000200281>. Disponível em: https://www.scielo.cl/scielo.php?pid=S0718-<090X2017000200281&script=sci_abstract&tlng=en>. Acesso em: 27 nov. 2023.

PARTIDO DA SOCIAL DEMOCRACIA BRASILEIRA. *Programa de governo 2002*. 2002. Disponível em < http://static.psdb.org.br/wp-content/uploads/biblioteca/2541016.pdf>. Acesso em 13 dez. 2023.

PARTIDO DO MOVIMENTO DEMOCRÁTICO BRASILEIRO. *Uma ponte para o futuro*. Brasília: Fundação Ulysses Guimarães, 2015. Disponível em: <https://edisciplinas.usp.br/pluginfile.php/3359700/mod_resource/content/0/Brasil%20-%20Uma%20ponte%20para%20o%20futuro%20Funda%C3%A7%C3%A3o%20Ulysses%20Guimar%C3%A3es.pdf>. Acesso em: 13 dez. 2023.

PARTIDO DOS TRABALHADORES. *Carta ao Povo Brasileiro*. Fundação Perseu Abramo, 2002a. Disponível em: < https://fpabramo.org.br/csbh/wp-content/uploads/sites/3/2017/04/03-cartaaopovobrasileiro.pdf>. Acesso em: 13 dez. 2023.

PARTIDO DOS TRABALHADORES. *Programa de governo 2002*. Fundação Perseu Abramo, 2002b. Disponível em: <https://fpabramo.org.br/csbh/wp-content/uploads/sites/3/2017/04/14-programagoverno.pdf>. Acesso: 13 dez. 2023.

PARTIDO DOS TRABALHADORES. *Programa de governo 2007/2010*. 2006. Disponível em: < https://fpabramo.org.br/csbh/wp-content/uploads/sites/3/2017/04/Programa_de_governo_2007-2010.pdf>. Acesso em: 14 dez. 2023.

PARTIDO SOCIAL LIBERAL. *O caminho da prosperidade – Proposta de Plano de Governo*. 2018. Disponível em: <https://divulgacandcontas.tse.jus.br/candidaturas/

oficial/2018/BR/BR/2022802018/280000614517//proposta_1534284632231.pdf>. Acesso em: 14 dez. 2023.

PINTO, C. R. J. A trajetória discursiva das manifestações de rua no Brasil (2013-2015). *Lua Nova: Revista de Cultura e Política,* n. 100, 2017, pp. 119-153. DOI: < https://doi.org/10.1590/0102-119153/100>. Disponível em: < https://www.scielo.br/j/ln/a/yy7GFGFWK8tkCfLHM8TrFNM/abstract/?lang=pt>. Acesso em: 10 nov. 2023.

PRADO, M. A. M, MARACCI, J. G., &, MONTEIRO, I. R. L. Governamentalidades e depurações hierárquicas dos direitos humanos no Brasil: A educação pública e a população LGBT+. *Arquivos Analíticos de Políticas Educativas.* v. 29, n. 148, 2021,p. 1-25. DOI: <https://doi.org/10.14507/epaa.29.6119>. Disponível: < https://epaa.asu.edu/index.php/epaa/article/view/6119>. Acesso em: 30 nov. 2023.

ROCHA, C. "Imposto é Roubo!" A Formação de um Contrapúblico Ultraliberal e os Protestos Pró-Impeachment de Dilma Rousseff. *Dados [online],* 2019, v. 62, n. 3. DOI: https://doi.org/10.1590/001152582019189. Disponível em: https://www.scielo.br/j/dados/a/xtmSkTyVvY4SRn3tpkNZhZR/#ModalArticles. Acesso em: 29 ago. 2023.

SANTOS SILVA, E. L. Neoconservadorismo e Ofensivas antigênero no Brasil: A mobilização da "Ideologia de Gênero" e a produção de LGBTfobias no Governo Bolsonaro. *Revista Brasileira de Estudos da Homocultura, [S. l.],* v. 4, n. 14, 2022, p. 331–363. DOI: < 10.31560/2595-3206.2021.14.12172>. Disponível em: < https://periodicoscientificos.ufmt.br/ojs/index.php/rebeh/article/view/12172>. Acesso em: 22 ago. 2023.

SCHNEIDER, S. A presença e as potencialidades da agricultura familiar na América Latina e no Caribe. *Redes (St. Cruz Sul, Online).* 2016, v. 21, n. 3, p. 11 – 33. DOI: < https://doi.org/10.17058/redes.v21i3.8390>. Disponível em: < https://online.unisc.br/seer/index.php/redes/article/view/8390>. Acesso em: 04 dez. 2023.

SILVA, P. G. S. Como os partidos de esquerda se posicionam em relação ao governo Lula?. *Em Tese*, v. 13, n. 1, p. 19-47, jan./jun. 2016. DOI: <https://doi.org/10.5007/1806-5023.2016v13n1p19>. Disponível em: https://periodicos.ufsc.br/index.php/emtese/article/view/1806-5023.2016v13n1p19. Acesso em: 20 out. 2023.

SINGER, A. Cutucando onças com varas curtas: O ensaio desenvolvimentista no primeiro mandato de Dilma Rousseff (2011-2014). *Novos estudos CEBRAP*, n. 102, p. 39-67, 2015. DOI: https://doi.org/10.25091/S0101-3300201500020004. Disponível em: https://www.scielo.br/j/nec/a/sWvZ7c6KRLYHT5jrh6FZSfG#ModalArticles. Acesso em: 23 nov. 2023.

Desalinhamento, realinhamento ou desvio? O PT, Bolsonaro e a geografia eleitoral em São Paulo e Rio de Janeiro

Larissa Guimarães
Matthew Aaron Richmond
Elizabeth McKenna

> It would be an overstatement to write the parties' political obituary, but a pattern of partisan decline—or at least a transformation in the role played by parties—is increasingly apparent in almost all advanced industrial democracies. At the individual level, there is increased public disenchantment with specific parties and often toward the system of party government itself. Feelings of partisan identification have weakened in many nations[1] (Dalton & Wattenberg, 2002, p. 4).

1 Seria exagerado escrever o obituário dos partidos políticos, mas um padrão de declínio partidário, ou pelo menos uma transformação no papel desempenhado pelos partidos, tem se tornado cada vez mais evidente na maioria das democracias industriais avançadas. No nível individual, observa-se um crescente descontentamento público com partidos específicos e, muitas vezes, até com o próprio sistema de governo partidário. Os sentimentos de identificação partidária têm enfraquecido em muitas nações. (tradução dos autores)

Introdução

No século XXI, a arena política brasileira tem sido marcada pela ascensão do Partido dos Trabalhadores (PT) em 2002 e eventual queda em 2016, o fortalecimento da extrema-direita com a eleição de Jair Bolsonaro em 2018, e o retorno de Lula na eleição de 2022 em um momento com muitos discursos antidemocráticos. Embora esses pontos de inflexão, com a exceção do impeachment da Dilma Rousseff, fossem resultados de decisões majoritárias tomadas pelo eleitorado brasileiro, continua uma questão em aberto o que eles representaram em termos das atitudes da população em relação a diferentes partidos e agendas políticas e à democracia como um todo. *Desalinhamento, realinhamento* e *desvio* são conceitos relevantes para explorar essa questão. A tese do *desalinhamento* eleitoral surgiu primeiro nos Estados Unidos (EUA) a partir de 1980, quando houve um notável declínio nas taxas de filiação e o crescimento de eleitores que se identificavam como independentes (Dalton, 2002), processos associados especialmente com um aparente enfraquecimento da relação entre identificação partidária e classe social. Outros argumentam que esses processos são melhor entendidos como *realinhamentos* em torno de novos temas e problemas que não estavam anteriormente na agenda partidária, ou apenas *desvios* eleitorais, nos casos onde os eleitores votam em outro partido, mas mantêm a suas identidades partidárias (Manza *et al.*, 1995; Antunes, 2008).

Neste capítulo, analisamos os resultados de eleições presidenciais nas duas maiores metrópoles brasileiras, São Paulo e Rio de Janeiro, entre 2002 e 2022, com o intuito de interpretar atuais arranjos eleitoral-geográficos, e possíveis *desalinhamentos, realinhamentos* e/ou *desvios*, entre atores políticos e classes sociais. Embora o forte *alinhamento* no Brasil entre preferências partidária e macrorregião seja bem conhecido, dinâmicas intraurbanas são pouco discutidas. Conforme argumentado em texto anterior (Richmond & McKenna, 2023), essas metrópoles merecem atenção pelo fato de responderem, juntas, por mais de 15% da população nacional, e por exibirem uma volatilidade, ao longo do período estudado, maior do que as macrorregiões brasileiras. Nesse sentido, a geografia eleitoral intraurbana nas grandes metrópoles do país merece análise tanto pelo peso desses territórios em eleições majoritárias nacionais quanto pelas dinâmicas eleitorais instáveis em contextos de grande heterogeneidade e complexidade socioespacial.

O capítulo começa com um breve resumo de debates em torno dos conceitos de *desalinhamento*, *realinhamento* e *desvio*, tanto na literatura internacional quanto no contexto brasileiro. As próximas duas seções apresentam, respectivamente, um resumo dos desafios analíticos envolvidos na geografia eleitoral intraurbana e uma apresentação da nossa metodologia. A seção seguinte apresenta nossos resultados. Eles apontam para importantes tendências. Conforme apontado por Singer (2009), a partir de 2006, houve um *realinhamento* nas bases do PT, o que incluiu as periferias de baixa renda de São Paulo e Rio de Janeiro, enquanto as zonas mais abastadas de ambas as cidades prefeririam o partido da oposição, o Partido da Social Democracia Brasileira (PSDB). Porém, a partir de 2014 esse *alinhamento* começou a se desalinhar, levando a padrões que chamamos de caleidoscópicos com correlações muito mais complexas entre classe social, território e voto na disputa entre Lula e Bolsonaro em 2022. A última seção apresenta nossas observações finais.

Desalinhamento, desvio e realinhamento eleitoral

Dalton e Wattenberg (2002) apontam que uma função importante dos partidos políticos é de criar uma "âncora política" que ajuda a organizar os sistemas democráticos. Isso significa que, ao oferecer ideias claras e consistentes, os partidos ajudam a manter um comportamento eleitoral mais previsível, facilitando a decisão do voto, e reduzindo o apelo de líderes demagogos ou movimentos extremistas. As correntes de comportamento político tendem a analisar a relação dos eleitores com os partidos a partir de uma ótica psicológica, dada pela socialização política ou pela experiência de classe (Veiga, 2007). Nesse sentido, os precursores da Escola de Michigan, atribuem a identidade partidária a lente a qual o eleitor enxergaria os eventos políticos, assim esse eleitor teria chances maiores de se simpatizar com os líderes do partido e defender propostas do partido mesmo em assunto que não possua uma opinião formada. Por outro lado, seguidores da corrente racional afirmam que a identidade seria um facilitador para a tomada de decisão, onde o eleitor se simpatizaria por uma legenda que estivesse também alinhada com seus interesses. Pelo pensamento racional, uma vez eleito, o partido seria avaliado pelo seu desempenho e o julgamento sobre o partido poderia até reforçar ou mesmo alterar o posicionamento do eleitor.

Na época pós-Guerra, a classe social era uma variável preditora forte para o voto individual, embora alguns eleitores apresentassem comportamentos que desafiavam essa tendência. Nesse sentido, era possível observar uma relação, também chamada de *alinhamento*, onde as classes trabalhadoras, com nível de educação mais baixo, tipicamente votavam em partidos social-democráticos, enquanto as classes médias e altas votavam em partidos conservadores. A partir da década de 1970, primeiro nos Estados Unidos e depois em países da Europa ocidental e de outras regiões mais ricas, esse *alinhamento* entre classe social, educação, e identificação partidária começou a se desfazer. Dalton (2002) ao analisar dados de várias pesquisas de opinião, incluindo Eurobarômetro, sobre a identidade partidária nas "democracias avançadas industrializadas"[2] postula que esse movimento de erupção seria um pro-

2 O autor investiga 20 democracias consideradas estáveis pela *Organization of Economic Cooperation and Development (OECD)* desde 1950.

cesso progressivo de *"desalinhamento"* entre os eleitores e os partidos. O autor atribui esse resultado ao crescimento de um eleitorado com maior escolaridade, maior disponibilidade de informações politicas pela mídia e uma nova geração marcada por valores "pós-materialistas", por exemplo, relacionados às questões ambientais, de gênero e sexualidade, entre outros.

Por outro lado, em um levantamento amplo da literatura na década de 1990, Manza *et al.* (1995) identificaram flutuações significativas no voto de diferentes classes sociais em diversos países ocidentais ao longo das décadas anteriores, mas sem uma tendência clara e sustentada de *desalinhamento*. Entendemos tais flutuações como *"desvios"* em que muitos eleitores de uma classe social temporariamente votam em outro partido, seja por apenas uma eleição ou mais, mas sem transferir sua preferência de forma definitiva. Além disso, também há casos, relativamente raros de *realinhamento*, quando haveria uma adaptação das identidades existentes às novas circunstâncias, normalmente associada com uma reorganização partidária em torno de novos temas e problemas que antes não organizavam as clivagens políticas, que resultava em uma transferência duradoura (Antunes, 2008). Nesse sentido, esses fenômenos são a causa e a consequência da reconfiguração do cenário político, não ocorrendo de forma isolada e sendo fortemente influenciadas pelo conflito ideológico e político comum as democracias.

Um exemplo paradigmático desse fenômeno de *realinhamento* seria a adoção da *"southern strategy"* (estratégia sulista) pelo Partido Republicano nos Estados Unidos a partir da década de 1960. O Partido buscou captar os votos de eleitores brancos de classe baixa e média-baixa, principalmente aqueles localizados nos estados do sul do país, que ficaram insatisfeitos com a Lei dos Direitos Civis e as reformas ao sistema de bem-estar implementados pelo Partido Democrático, e também com a contracultura da década de 1960. Essa estratégia levou eventualmente a uma reorganização profunda e duradoura do mapa eleitoral, pelo qual o Partido Republicano captou uma população de brancos de classe média e baixa da região Sul ao longo das décadas seguintes, que antes eram fiéis ao Partido Democrático (Phillips, 2015). Porém, em escala nacional, o Partido Democrático continuava a ganhar desproporcionalmente entre eleitores de classe social mais baixa devido à manutenção de apoio entre os trabalhadores brancos das regiões industriais do norte do país e com a grande captura de votos entre trabalhadores negros do Norte e do Sul. Esse exemplo mostra a importância de considerar não apenas classe social, mas também outros fatores sociodemográficos, como raça e região, na análise de possíveis *desvios* e *realinhamentos* eleitorais.

Piketty (2021) contribuiu recentemente para esse debate ao evidenciar a importância da educação como determinante das clivagens eleitorais atuais. Ao observar casos nos EUA, França e o Reino Unido, Piketty aponta que a clivagem social nas décadas de 1950 e 1960 nos três países era organizada em torno de classe social, que integrava fatores de renda e escolaridade. Porém, ao longo das décadas seguintes, com a expansão dos sistemas de ensino superior, a educação foi se tornando mais central em comparação à renda e também temas identitários. Ele mostra que hoje em dia, os eleitores mais escolarizados votam desproporcionalmente nos partidos tradicionais da centro-esquerda, enquanto os menos escolarizados votam mais à direita. Porém, isso não significa que houve um simples *realinhamento* entre esquerda e direita. O que Piketty descreve é a captura de ambos os partidos por fracções da elite da centro-esquerda por uma elite intelectual, o que ele chama da "esquerda Brahmin", e a direita pela elite empresarial, a "direita mercantil". Esse arranjo significa que não há nenhum partido significativo que realmente representaria os interesses das classes mais baixas nesses países.

Alinhamento precário: o caso brasileiro

No caso brasileiro, há outras questões associados com os conceitos de *desalinhamento* e *realinhamento* que também precisam ser levadas em conta. Primeiro, ambos pressupõem um estado inicial de *alinhamento*. Porém, vários fatores, de cunho histórico, geográfico, social, político e institucional, têm inibido um *alinhamento* forte entre classes sociais e partidos políticos no Brasil. Mesmo durante períodos nominalmente democráticos durante o século XX, o direito ao voto se mantinha restrito pelo requisito de ser analfabeto, o que impediu a institucionalização da participação de grande parcela da população mais pobre. Até mesmo depois da redemocratização e a implementação do voto universal para cidadãos com mais de 18 anos na constituição de 1988, vários fatores favoreceram a criação de estruturas descentralizadas de poder dominadas por elites locais em vez de uma clivagem de classe social à escala nacional (Carvalho, 2002). No plano social, esses fatores incluíam os legados da colonização e da escravidão, a estrutura produtiva, a alta desigualdade social, e a grande extensão territorial e população do país. No plano institucional, as regras eleitorais proporcionais, o sistema de lista aberta e a proliferação e fragmentação de partidos políticos dificultaram a consolidação de uma clivagem partidária de conteúdo ideológico claro enraizada nas clivagens sociais em escala nacional. Além de acentuar a centralidade de indivíduos em vez dos partidos, esse contexto institucional favoreceu a criação de partidos organizados em torno da captura e distribuição de recursos por redes em vez do desenvolvimento de agendas ideológicas e programáticas.

Apesar desses impedimentos, uma espécie de *alinhamento* bipartidário ideológico pareceu a se consolidar entre 1994 e 2014, entre o PSDB, representando a centro-direita, e o PT, da centro-esquerda. Candidatos de um ou outro desses dois partidos ganharam todas as eleições presidenciais durante esse período, e entre 2002 e 2014 eles disputaram todos os segundos turnos. A partir de 2006, os eleitorados dos dois partidos, em termos de classe social, região e outros indicadores demográficos, também pareciam se consolidar claramente. Singer (2009) considera a eleição de 2006, reeleição do Presidente Lula, como um ponto de inflexão na organização do sistema partidário em relação à sociedade brasileira, ou seja, a consolidação de um *realinhamento* político duradouro.

A base petista foi inicialmente composta por trabalhadores industriais ligados ao movimento sindical e por segmentos progressistas da classe média tradicional (Veiga, 2007). Ambos os grupos relativamente pequenos e concentrados em São Paulo e outras cidades grandes. Porém, no poder, o governo de Lula partiu para a construção de uma nova base política mais ampla marcado por programas sociais de combate à pobreza, como o Bolsa Família, bem como políticas de valorização de salário mínimo e aumento do poder de consumo por parte das classes populares (Singer, 2009). Esse movimento teria ocorrido, principalmente, com o afastamento das classes médias do Sudeste e Sul do país e em direção a um 'sub proletariado', em especial, da região Nordeste. A dominância do PT na disputa pelos votos dos pobres, num contexto econômico internacional favorável, pareceu enraizar sua presença na sociedade de um grau inédito por um partido político programático no Brasil.

Porém, estudos mostram que apenas o PT conseguiu um nível relevante de identificação partidária na sociedade brasileira. Segundo dados do instituto de pesquisa Datafolha, entre 2000 e 2014, o PT manteve um nível de identificação que flutuava em torno de 20% do eleitorado, atingindo um pico de 30% em 2012 (Samuels & Zucco, 2018). Em comparação, o PSDB nunca ultrapassou 10% do eleitorado, mesmo no auge do seu sucesso eleitoral no final da década de 1990. Isso porque o alcance do Partido ficou restrito a um segmento pequeno do eleitorado, ou seja, aqueles com renda mais alta e mais escolarizados, principalmente no Estado de São Paulo, aonde o Partido dominou o governo estadual desde a redemocratização. Segundo Samuels e Zucco (2018), a incapacidade do PSDB de gerar um partidarismo forte na população levou ao surgimento do antipartidarismo em oposição ao PT o, ou seja, o antipetismo. Eles mostram que no meio da década de 2010, no contexto de crises econômica e política, mais de 20% do eleitorado se identificava como antipetista, porcentagem já, naquele momento, um pouco maior do que a população que se identificava como petista. Enquanto isso, a identificação partidária com os partidos tradicionais da centro-direita, o PSDB, e o partido governista por excelência, o PMDB, contavam com pouco mais do que 10% juntos (Samuels & Zucco, 2018). Talvez esse dado ajude a explicar por que a candidatura de Jair Bolsonaro, e não os partidos tradicionais, que se aproveitou da crise em 2018.

Com o retorno do PT e de Lula à presidência em 2022, depois ter vencido Bolsonaro por uma margem muito estreita, é difícil afirmar se a vitória de Bolsonaro em 2018 representaria apenas um *desvio* eleitoral ou um *realinhamento* mais duradouro do arranjo de bipartidarismo fraco de 1994 a 2014. Por um lado, Bolsonaro não conseguiu montar uma máquina partidária capaz de competir com a do PT, sendo obrigado a construir sua candidatura dentro de partidos pequenos com baixa coesão ideológica e pouco alcance próprio no eleitorado. Por outro lado, ele conseguiu, com o Partido Social Liberal (PSL) em 2018 e o Partido Liberal (PL) em 2022, eleger grandes bancadas na câmara de deputados e a vitória de aliados a cargos de governador e prefeito. Esse resultado indica a força eleitoral ampla e potente de Bolsonaro, mas a fidelidade desses outros atores ao projeto dele é questionável agora que ele está fora do poder, impedido de concorrer a eleição de 2026, sob investigação e enfrentando a possibilidade de condenação. Se na ausência da liderança de Bolsonaro as forças do (ultra)conservadorismo se fragmentarem em partidos pequenos fisiológicos, é possível que sua influência no longo prazo não resulte em uma nova reconfiguração da política brasileira, e sim apenas evidencie um *desalinhamento* à direita do espectro político em relação a esse *alinhamento* precário pós 1994.

Entretanto, novas evidências apontam que o Bolsonarismo está construindo um alicerce social firme o suficiente para evitar tal cenário. Tanto em 2018 quanto em 2022, Bolsonaro conquistou boa parte do eleitorado que antes votava no PSDB, ou seja, desproporcionalmente de renda mais alta, mais escolarizado, branco, e das regiões Sudeste e Sul, mas ele também conseguiu expandir para incluir um eleitorado de perfil mais popular (Richmond & McKenna, 2023). Um elemento importante dessa ampliação foi o de trazer novas pautas não abordadas de forma consistente pelo PSDB, tais como religião, crime, e ataques contra instituições democráticas, ao centro do debate público, mobilizando novos grupos sociais e identitários no processo. Além da amplitude do apoio que ele ganhou em 2018 e 2022, Bolsonaro parece ter consolidado um núcleo duro de "bolsonaristas" de em torno de 15 a 20% do eleitorado que se identifica fortemente com ele e seu projeto político (Rennó, 2022). Esse número é muito maior do que o PSDB conseguiu no seu auge, e comparável com o tamanho da base dura do PT. Finalmente, como o PT, ele também provoca antipartidarismo, visível em movimento como o "Ele Não" e na forte rejeição que ele atraiu de uma parcela do eleitorado durante seu governo e na eleição de 2022 (Areal, 2022). Esse antipartidarismo apoiaria a hipótese de que estaria ocorrendo um *realinhamento* mais duradouro entre as bases do PT e o Bolsonarismo, com ou sem uma máquina partidária eficiente, ou até mesmo não tendo o próprio Bolsonaro como candidato.

Geografia eleitoral intraurbana, classe social e (re)alinhamento

Qualquer estudo de geografia eleitoral em qualquer escala de análise deve enfrentar alguns desafios. Primeiramente, há o risco de cair na lógica da falácia ecológica, pela qual as características agregadas na escala da unidade geográfica estudada são atribuídas a todos os indivíduos inseridos dentro dessa unidade. Embora o risco de erros se diminui quanto menor e mais homogêneos sejam as unidades de agregação, a heterogeneidade inerente e irredutível do mundo social faz com que seja impossível evitar esse risco totalmente. Um segundo problema, relacionado ao primeiro, é a dificuldade de isolar e atribuir mecanismos causais ao comportamento de uma unidade e de identificar se esses mecanismos são localizados dentro ou fora dela.

Esse problema é associado com a diferença entre abordagens "composicionais" e "contextuais" (Agnew, 1996; Johnston & Pattie, 2004). As abordagens "composicionais" atribuem os comportamentos de uma unidade espacial à concentração de indivíduos com certas características sociodemográficas, tais como classe social, raça, gênero e educação, que são distribuídos de forma desigual no espaço todo dentro dela. Nesse sentido, o mecanismo explicativo seria simultaneamente macrossocial e individual, no sentido de que presume que indivíduos com as mesmas características vão se comportar da mesma maneira independente do seu contexto espacial. Os estudos quantitativos, e especialmente aqueles baseados em pesquisas de opinião coletadas em escala nacional, costumam a se fundamentar em pressupostos composicionais, independente do arcabouço teórico adotado pelo autor. Por exemplo, as análises do Singer (2009) sobre o *realinhamento* de 2006 prestam pouca atenção a questões geográficas, pelo menos além das categorias macro regional, pressupondo que o "Subproletariado", ou qualquer outra fracção de classe analisada, iria se comportar de modo semelhante independente do seu contexto geográfico.

Diferente às composicionais, as abordagens contextuais procuram identificar o papel das particularidades de cada lugar no processo da construção de preferências eleitorais, por exemplo, em relação a fatores políticos locais, contexto geográfico, condições urbanas, mercado de trabalho local, identidades regionais, ou a presença e atuação de diferentes organizações sociais (Agnew, 1996). Este foco no contexto local implica no uso de métodos qualitativos, ou pelo menos análise quantitativa numa escala menor com variáveis capazes de capturar diversos fatores presentes nessa escala, o que dificulta a transferência de análises entre contextos e seu escalonamento para tirar conclusões mais gerais. Além disso, um foco exagerado nas singularidades contextuais pode subestimar o papel dos fatores presentes em escalas maiores.

Claramente, as abordagens composicionais e contextuais não são mutuamente excludentes e é necessário reconhecer a relevância tanto de fatores macrossociais e individuais quanto de fatores locais nos processos eleitorais. Este capítulo parte de análises apresentadas em texto anterior (Richmond & McKenna, 2023) que buscou identificar tendências eleitorais nas periferias urbanas de São Paulo e Rio de Janeiro entre 2002 e 2018. Nesse texto, foram identificados fatores relacionados às desigualdades socioespaciais que atingiam as periferias de forma geral, mas também outros presentes à escala local que variam entre diferentes periferias, tais como condições urbanas, a presença de organizações da sociedade civil, e a atuação de grupos armados. Neste capítulo, ampliamos nosso foco para além das periferias para analisar outros territórios urbanos nas metrópoles de São Paulo e Rio de Janeiro e estendemos a análise para incluir o resultado de 2022, a partir de uma análise descritiva e exploratória.

Metodologia

Os dados coletados diretamente do repositório online do Tribunal Superior Eleitoral (TSE) do Brasil dispõem sobre os segundos turnos presidenciais entre 2002 e 2022. Para esse capítulo, seguimos com a metodologia de Richmond e McKenna (2023) das "zonas eleitorais constantes" (ZEC), que consiste em subdividir e combinar as zonas sem mudar significativamente seus contornos. Essa abordagem permite unificar os dados para uma análise em uma escala maior e consistente ao longo do tempo. As fronteiras das zonas eleitorais em ambas as cidades foram ajustadas ao longo do período analisado, o que complicou a criação de comparações longitudinais sem esse processo. No final, foram observadas um total de 96 ZECs em cada metrópole, que puderam então ser comparadas ao longo do tempo.

A fim de incorporar as desigualdades socioeconômicas nas ZECs, consideramos os valores do Índice de Desenvolvimento Humano Municipal (IDHM) distribuídos por quatro faixas: superior (≥0.8), intermediária superior (0.76–0.79), intermediária inferior (0.71–0.75) e baixa (≤0.7). O IDHM é um índice socioeconômico que integra indicadores de renda, expectativa de vida e anos de educação do Censo Demográfico Brasileiro, com pontuações de 0 a 1. Devido ao recorte por ZEC, para ter o valor do IDHM de cada ZEC, tivemos que considerar a média dos valores de todas as Unidades de Desenvolvimento Humano (UDHs), pequenas agregações de setores censitários, que a compunha. Dessa maneira, conseguiríamos ter o valor médio do IDHM em cada ZEC. Nosso período analisado, de 2002 a 2022, tem a vantagem de ter os dados do IDHM, obtidos no censo de 2010, como um ponto médio da série analisada. Essa escolha metodológica permite ressaltar os padrões centro-periferia para ambas as metrópoles, ou seja, é visível a distinção entre a faixa superior nos centros urbanos e as periferias com as faixas intermediárias e baixa (Richmond & McKenna, 2023).

Transformações da geografia eleitoral de São Paulo e Rio de Janeiro, 2002-2022: Uma análise socioespacial

Nessa seção, destacamos de forma mais detalhada as nuances nas oscilações do voto entre as duas metrópoles a partir do IDHM e da distribuição espacial das zonas eleitorais. Conforme observado na figura 1, as faixas de IDHM seguiram uma relação de centro e periferia, onde a faixa superior localiza-se majoritariamente no centro, enquanto as faixas intermediárias e baixa nas periferias. Importante mencionar que há uma exceção dos centros dos municípios metropolitanos que geralmente também se encontram nas faixas intermediárias. Além disso, as áreas centrais com menores valores de IDHM deve-se a grande presença de favelas urbanas.

Portanto, ao analisar as metrópoles, observa-se que São Paulo seguiu quase que inteiramente esse padrão, exceto por: parte de Mogi das Cruzes, que, apesar de periférica, se encontra majoritariamente na faixa superior de IDHM, e Francisco Morato e parte de Guarulhos, que, mesmo no centro, estão nas faixas inferiores. O Rio de Janeiro também seguiu esse modelo, mas possui um padrão mais complexo com fronteiras menos definidas. De forma geral, São Paulo tem uma maior concentração entre as faixas intermediárias e alta, oscilando valores de 0,69 a 0,94, enquanto o Rio de Janeiro tem valores entre 0,64 a 0,87, com a maioria das ZECs mais distantes da área metropolitana na faixa baixa de IDHM.

Figura 1: Índice de Desenvolvimento Humano (IDHM) mapeado para as regiões metropolitanas de São Paulo e Rio de Janeiro por zonas eleitorais constantes.

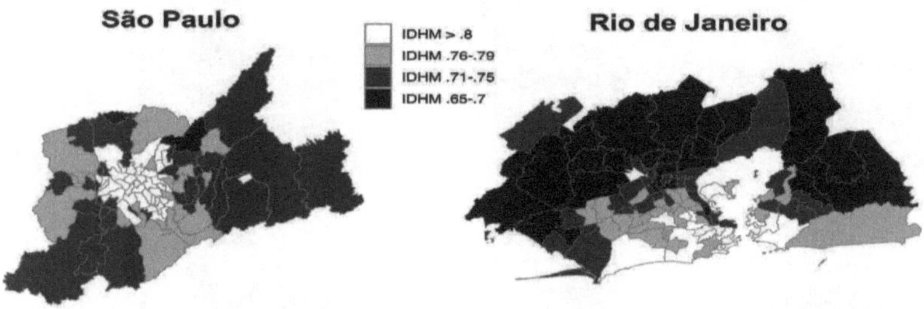

Fonte: Atlas do Desenvolvimento do Brasil.

Partindo da perspectiva do PT como um importante ator para entender a conjuntura política do país, analisamos as suas variações de votos e suas oposições nas metrópoles: PSDB de 2002 a 2014, e, Bolsonaro de 2018 a 2022. Nas Figuras 2 e 3, utilizamos uma escala monocromática para evidenciar as oscilações nas porcentagens de voto para o PT nas ZECs das regiões metropolitanas de São Paulo e Rio de Janeiro. As áreas de tonalidade mais escura indicam as maiores porcentagens, refletindo um apoio mais significativo ao partido, enquanto as regiões mais claras sinalizam o menor suporte, correspondendo a menores porcentagens. Os resultados apresentam complexidade, com semelhanças e diferenças importantes entre as duas metrópoles e indicações de possíveis *desvios*, *realinhamentos* e *desalinhamento* em diferentes territórios dentro de cada ZEC.

Figura 2: Porcentagem de votos ao PT nas ZECs e à oposição em eleições presidenciais (2º turno), 2002-2022, Região Metropolitana de São Paulo por zona eleitoral constante.

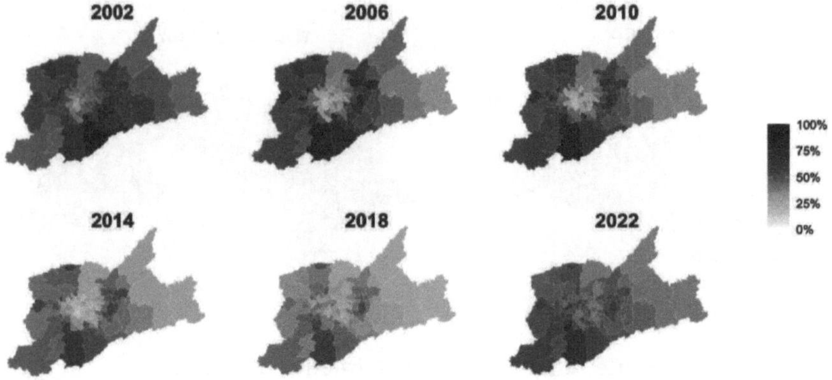

Fonte: Tribunal Superior Eleitoral (TSE).

Figura 3: Proporção do voto ao PT e à oposição em eleições presidenciais (2º turno), 2002-2022, Região Metropolitana de Rio de Janeiro por zona eleitoral constante.

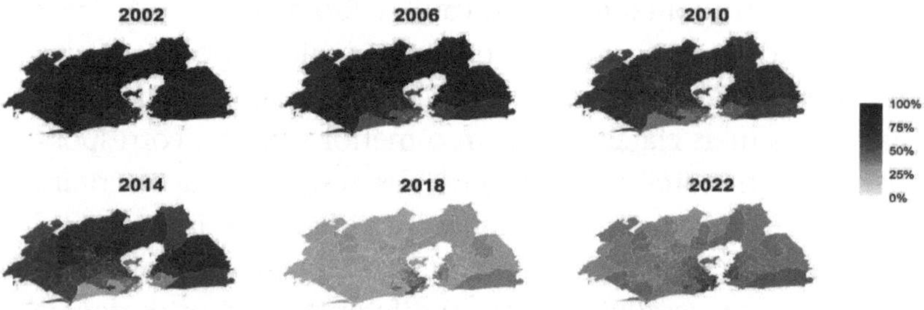

Fonte: Tribunal Superior Eleitoral (TSE).

A fim de tornar ainda mais evidente os processos de *realinhamento* na relação centro-periferia, a figura 4 apresenta a análise do comportamento eleitoral das ZECs em relação ao

IDHM entre 2002 e 2022. Nesse período, nas ZECs de IDHM superior (≥0.8) e intermediária superior (0.76-0.79), o apoio ao PT caiu mais rapidamente, em especial na mais superior. De forma mais diversa, nas faixas de IDHM baixa (≤0.7) e intermediária inferior (0.71–0.75), o apoio ao PT permaneceu alto ou diminuiu lentamente, sugerindo uma resiliência, ou estabilidade no apoio ao partido mesmo dada as diferenças eleitorais das diversas zonas periféricas.

Figura 4: Média do voto do PT por faixa de IDHM, 2002 - 2022, Região Metropolitana de São Paulo e Rio de Janeiro por zona eleitoral constante.

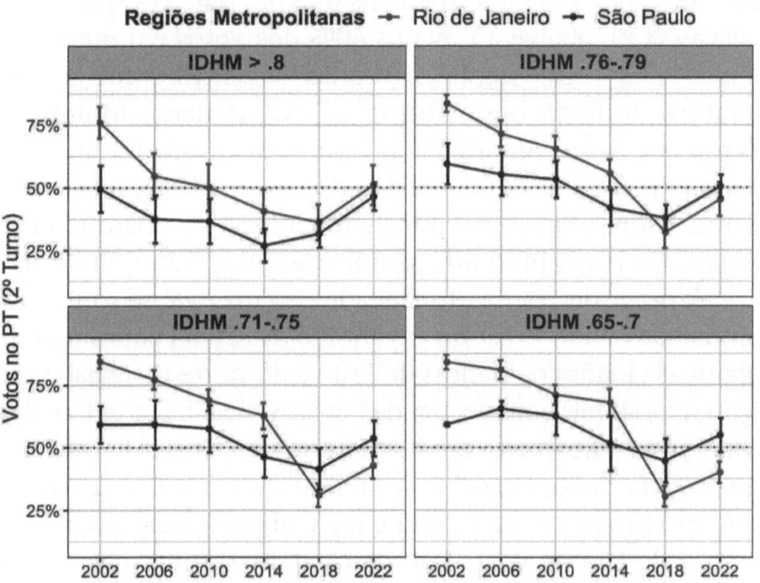

Fonte: Tribunal Superior Eleitoral (TSE) e Atlas do Desenvolvimento do Brasil.

Alinhamento: 2002-2010

Nos mapas, figura 2 e 3, nota-se a divisão nos votos entre as eleições de 2002 e 2006/2010, corroborando com a tese de Singer (2009) sobre o *realinhamento* socioespacial, quando o PT foi capaz de capturar um eleitorado que votava majoritariamente no PSDB. Com a formação do Lulismo entre 2006 e 2010, as periferias das duas capitais e a maioria dos municípios metropolitanos votaram majoritariamente no PT, enquanto os centros expandidos continuaram a preferir o PSDB. Porém, há diferenças visíveis entre as duas cidades. Na região metropolitana de São Paulo, já havia indícios desse *realinhamento* já em 2002, embora de forma mais diluída, uma vez que nessa eleição o PT obteve ao menos 40% dos votos em quase todas as ZECs, com exceção de 6 zonas no centro, como Jardim Paulista, Indianópolis, Pinheiros, Vila Mariana, Morumbi, Perdizes e Santo Amaro. Ainda em 2002, as ZECs que mais apoiaram o PT são as da Região do ABC paulista, tais como Santa André, Diadema e principalmente São Bernardo, onde Lula tinha construído sua trajetória no movimento sindical.

A partir de 2006, a tonalidade de cinza vai se tornando ainda mais clara no centro expandido da capital paulista e em algumas cidades periféricas do leste e do norte da região metropolitana, tais como Mogi das Cruzes, Arujá, Santa Isabel e Mairiporã, também votam majoritariamente no PSDB ao longo desse período, e ainda com mais força em 2006 e 2010 do que 2002, dessa forma exibindo um comportamento parecido com o do centro expandido da capital e distinto das outras cidades metropolitanas. Em 2006 e 2010, o apoio ao PT na Região do ABC paulista vai se diluindo, mesmo que o Partido ainda mantenha maiorias significativas, enquanto se fortalece nas periferias extremas da capital, tais como Capão Redondo na Zona Sul e em algumas cidades metropolitanas, como Francisco Morato, Itapevi e Itaquaquecetuba. Essa tendência também sustenta a hipótese do Singer (2009) que a base eleitoral do PT teria se transferido nesse período de trabalhadores do setor industrial para um "sub proletariado" localizado não apenas na região nordeste, mas também em bairros e regiões marginalizadas das grandes metrópoles do sudeste do país.

Durante o mesmo período, a região metropolitana do Rio de Janeiro apresenta um padrão aparentemente mais simples do que São Paulo. Em 2002, todas as ZECs da metrópole mostraram forte preferência pelo PT, registrando amplas maiorias. No entanto, nas regiões do centro e na faixa superior de IDHM, como a Zona Sul e a Barra da Tijuca, essas maiorias foram um pouco menores. A partir de 2006, e de forma mais consistente em 2010, a maioria dessas ZECs do centro, incluindo as de Niterói, mudaram o voto para os candidatos do PSDB. Por outro lado, nas demais ZECs, o apoio ao PT continuou, embora tenha diminuído gradualmente. Nota-se que em algumas áreas do centro que mantiveram um apoio mais firme ao PT, como os bairros Olaria, Bonsucesso, Maré e Cidade de Deus na capital, também são locais com grandes complexos de favelas. Similarmente, cidades na Baixada Fluminense como Duque de Caxias, Queimados, Magé e São Gonçalo também mostraram um apoio robusto ao PT. Já em algumas zonas periféricas, como na Zona Oeste da capital e em Nova Iguaçu, o apoio ao PT diminuiu significativamente, indicando o surgimento de diferenças eleitorais embrionárias entre as diversas zonas periféricas nesse período.

Rearranjos caleidoscópicos: 2014-2022

Enquanto o período entre 2002 e 2010 é caracterizado pela consolidação do processo de *realinhamento* partidário do PT, o mesmo é mais difícil identificar entre 2014 e 2022. Assim, o que podemos identificar foram rearranjos caleidoscópicos, ou seja, padrões que se alteram, exibindo mudanças de diferentes intensidades e velocidades nos diversos territórios. Essas mudanças ou *desalinhamentos* podem, em alguns casos, representar apenas *desvios* temporários ou indicar *realinhamentos* duradouros. Em outros casos, podem até mesmo apontar para um novo *alinhamento*, apresentando uma nova, original e profunda recomposição, entre preferência eleitoral, classe social e um território que não demostravam apoio intenso para o PT ou para o PSDB anteriormente.

Essa dinâmica complexa ilustra como os aspectos sociodemográficos influenciam nas flutuações dos comportamentos eleitorais dos territórios. Na eleição de 2014 em São Paulo, verifica-se o abandono do PT por boa parte de seu eleitorado. No mesmo período, o fortalecimento do PSDB e futuramente a transferência para Bolsonaro pode estar mais associada por um forte crescimento de posições antipetistas, conforme apontado por Samuels e Zucco (2018). Fato esse observado pela tonalidade cinza se tornando ainda mais clara no centro expandido e nas cidades do extremo norte e leste da região metropolitana, enquanto também expande para englobar parte significativa das zonas que preferiam o PT tanto na capital quanto fora. De forma geral, essa tendência permanece em 2018, com Bolsonaro se beneficiando dessa contração do apoio ao PT. Paralelamente, ainda há algumas poucas zonas da periferia da capital, como Capão Redondo, e o município de Francisco Morato que, por margens muito estreitas, dão preferência ao PT. Nesse sentido, podemos afirmar que, no nível macro, a perda de zonas petistas pode indicar um *desalinhamento* de parte do seu eleitorado, principalmente periférico, com o fortalecimento e expansão da direita e da extrema-direita.

O mapa de 2018 também oferece indícios das novas complexidades dentre os tons de cinza claro correspondentes às regiões de apoio ao Bolsonaro, que vão se tornar mais visíveis em 2022. O centro de São Paulo, um território socialmente heterogêneo, porém marcado pelos valores mais altos de IDHM, havia votado consistentemente na direita desde 2002, mas, em 2018, parece haver um menor entusiasmado com a candidatura de Bolsonaro, surpreendentemente registrando valores menores do que muitas zonas periféricas de IDHM intermediário e baixo. Porém, essa tendência já é visível também em bairros do centro expandido e na faixa de IDHM superior, tais como Pinheiros e Butantã, onde mais de 50% dos eleitores votam no PT pela primeira vez na série histórica. Essa tendência de algumas zonas no centro de São Paulo pode indicar um possível processo de *desvio* para o PT devido à candidatura de Bolsonaro. Em outras palavras, indica o surgimento de um forte sentimento antibolsonarista entre algumas fracções das classes mais favorecidas que supera sua antiga aversão pelo PT. Outra possibilidade é que representa um novo *alinhamento* mais profundo que se assemelha à oposição descrita pelo Piketty (2021) entre a "esquerda Brahmin" ou "intelectual", e, a "direita empresarial".

Embora alguns desses eleitores em zonas mais centrais rejeitaram seu projeto político de Bolsonaro mais rapidamente, a maioria das ZECs de IDHM superior transferiram seu voto do PSDB diretamente para Bolsonaro em 2018, inclusive com margens maiores do que haviam dado para o PSDB em eleições anteriores. Esse é o caso de partes de Guarulhos e dos bairros de Itaim Bibi na Zona Sul, Santana e Tatuapé, que parecem ter se consolidado como redutos de apoio ao Bolsonaro. Os contornos dessas novas configurações eleitorais se tornaram mais visíveis em 2022, porém, ainda com os resíduos da clivagem anterior. Nesse sentido, parte da periferia que votou no PT entre 2002 e 2010, mas que tinha abandonado o partido em 2014 ou 2018, volta a apoiá-lo em 2022, como Itaquera, Campo Limpo, e os municípios de São Bernardo do Campo e Taboão da Serra. Entretanto, todas essas zonas apoiaram o PT em 2022 com menos força do que tinham apoiado durante o período de 2006 e 2010. Além disso, houve ZECs que tinham integrado a coalizão do PT entre 2006 e 2010 que não retornaram em maioria em 2022, como o caso do município de Santo André.

No Rio de Janeiro, também podemos observar uma polarização entre diferentes zonas de IDHM superior na sua postura frente à candidatura de Bolsonaro. Em 2014, diferente de São Paulo, onde as periferias já haviam começado a se afastar do PT, o Rio de Janeiro continua no padrão de alinhamento centro-periferia. Entretanto, em 2018, esse padrão muda drasticamente, quando apenas uma ZEC da metrópole, Bairro de Laranjeiras, permanece com o PT por uma margem muito pequena. Porém, ainda é possível observar diferenças notáveis dentro das áreas sinalizadas em cinza claro, onde bairros com perfil semelhante, como Saúde e Jardim Botânico, também dão margens menores ao Bolsonaro do que a média da metrópole, embora a interpretação de alguns seja complicada pela presença de complexos de favelas, como a Rocinha, a maior favela da cidade, dentro da ZEC do Jardim Botânico.

As zonas com a maior votação no Bolsonaro em 2018 foram os bairros da periferia da capital, como Campo Grande na Zona Oeste, e cidades metropolitanas como Itaguaí e algumas zonas de Duque de Caxias, que tinham preferido o PT durante o primeiro *realinhamento*. Entretanto, entre as maiores na 5ª posição está o bairro da Barra da Tijuca, o que é pouco surpreendente, dado que, com a exceção de 2002, sempre votou em sua maioria contra o PT. As outras zonas que preferem Bolsonaro em 2018 com força relativamente menor são alguns daqueles que eram mais entusiasmados pelo PT durante o período de 2006 a 2010, ou seja, as ZECs da Zona Norte com grande concentração de favelas: Maré, Bonsucesso e Olaria. Nesse sentido, há um forte contraste com as periferias da Zona Oeste e as cidades da Baixada Fluminense, quase todas as quais dão maiorias significativas ao Bolsonaro.

Essas tendências divergentes se tornam mais visíveis em 2022. O que mais impressiona no mapa eleitoral desse ano é a aparente inversão do padrão anterior, com as áreas mais escuras agora concentradas na Zona Sul e, em menor grau, no centro e na Zona Norte da capital e no centro de Niterói, enquanto as periferias e Baixada Fluminense todas continuam em tons de cinza mais claro, embora mais fortes do que em 2018. De fato, não ocorre o regresso cauteloso das periferias ao PT, conforme observado em São Paulo, o que tende a produzir um mapa aparentemente mais simples. Em vez do caleidoscópio, aparece como a continuação do padrão centro-periférica desalinhada, onde o centro agora favorece o partido de esquerda enquanto a periferia vota na direita. Porém, essa conclusão para o Rio de Janeiro ignora alguns elementos importantes. O primeiro deles é a concentração de pobreza em áreas relativamente centrais de IDHM superior, com grandes complexos de favelas, tais como Olaria, Bonsucesso, Maré e Cidade de Deus. Embora localizados no "centro expandido" da cidade, o reaparecimento de tons de cinza mais escuros nessas áreas pode representar um retorno de uma parte da população mais pobre ao PT, semelhante àquele observado em São Paulo. Por outro lado, alguns territórios das faixas superiores de IDHM e mais afastados do centro da capital, tais como Barra da Tijuca, a Ilha do Governador e Itaguaí, continuam firmemente no campo bolsonarista.

Assim, embora menos visível no mapa por conta da geografia social particular do Rio de Janeiro, também parece surgir um arranjo socio espacialmente caleidoscópico em 2022 com semelhanças aquele de São Paulo. Sob esse novo arranjo, alguns territórios de baixa renda, principalmente em áreas mais centrais, voltam a votar com cautela no PT, enquanto outros, principalmente nas periferias, mantiveram sua preferência pelo Bolsonaro. Da mesma maneira, territórios de IDHM superior da Zona Sul, como Laranjeiras, se tornam os bairros mais "petistas" em 2022, enquanto outros mais distantes do centro, como Barra da Tijuca, continuam como redutos do bolsonarismo. Essa dinâmica nas duas cidades, de uma nova clivagem que perpassa as divisões de classe e análoga àquela descrita pelo Piketty (2021), entre a "esquerda Brahmin" e a "direita empresária", também pode ser inferido nas faixas de

IDHM apresentadas na Figura 4. Apesar dessas diferenças entre zonas com perfis socioeconômicos parecidos visíveis nos mapas, entre 2018 e 2022 as faixas oscilam em direção ao PT com mais ou menos força. Ou seja, agora as diferenças dentro das faixas estão mais importantes do que aquelas entre elas, como era o caso no primeiro período analisado.

Conclusão

A análise da conjuntura política brasileira a partir da ótica do comportamento eleitoral aponta para grandes oscilações entre as faixas de IDHM, onde tendência de *desalinhamento, realinhamento* e *desvio* podem ser observadas. Através desse estudo, identificamos de forma consistente o que Singer (2009) chamou de *realinhamento* das camadas populares a partir de 2006. Esse panorama permanece alinhando até 2014, mesmo já apontando para um enfraquecimento do PT nos diversos territórios, em especial, os periféricos. Partindo dessa perspectiva, pudemos contribuir para a discussão ao apresentar a inversão histórica desse padrão, em especial, com a eleição de Jair Bolsonaro em 2018 e o retorno de Lula em 2022. É notável que ainda é cedo para apontar o tamanho do impacto de tais mudanças e sua permanência a longo prazo. Entretanto, já é possível observar o arranjo socio espacialmente caleidoscópico com resíduos dos *alinhamentos* anteriores e semelhanças entre as duas metrópoles.

A relação entre os partidos e os eleitores ainda carece de mais estudos que investiguem esse precário alinhamento feito após a redemocratização. Os resultados aqui apresentados evidenciam a força do antipetismo, capaz de transferir os votos diretamente do PSDB para Bolsonaro. Entretanto, a ausência do PSDB nos segundo turnos de 2018 e 2022, nos permite apontar apenas um *desvio* nesses territórios do PSDB. Sob esse novo arranjo, fica evidente que para além das diferenças entre os níveis de IDHM há subdivisões importantes dentro das faixas. Uma vez que pudemos observar grupos historicamente apoiadores do PSDB nos grandes centros urbanos de IDHM superior, já em 2018, apresentando forte rejeição ao Bolsonaro, inclusive, registrando amplas maiorias em 2022 e optando pelo PT pela primeira vez na série histórica. No mesmo sentido, nas periferias é visível o *desalinhamento* com a inversão histórica das faixas de IDHM inferior, dando grandes margens para Bolsonaro em 2018 e 2022. Por outro lado, com o retorno de Lula em 2022, algumas dessas, especialmente em São Paulo, parece estar retornado a base do PT, mas com menor força. Talvez ainda seja cedo demais para saber se esse padrão caleidoscópico representa a presença de *desvios* em torno do *alinhamento* anterior, um *realinhamento* duradouro da relação entre classe, território e voto, ou um arranjo novo, nas linhas traçadas pelo Piketty (2021) pelo qual segmentos diferentes da elite dominam ambos os lados do espectro político.

Referências

AGNEW, J. Mapping politics: how context counts in electoral geography. *Political Geography*, v. 15, n. 2, p. 129–146, 1996.

ANTUNES, R. Identificação partidária e comportamento eleitoral: fatores estruturais, atitudes e mudanças no sentido de voto. 2008. Tese (Doutorado em Sociologia) – Faculdade de Economia, Universidade de Coimbra, Coimbra, 2008.

AREAL, J. *'Them' without 'us'*: negative identities and affective polarization in Brazil. *Political Research Exchange*, v. 4, n. 1, p. 1-25, 2022.

CARVALHO, J. M. de. *Cidadania no Brasil. O longo Caminho*. 3. ed. Rio de Janeiro: Civilização Brasileira, 2002.

DALTON, R.; WATTENBERG, M. *Parties without partisans*: political change in advanced industrial democracies. Oxford: Oxford University Press, 2002.

DALTON, R. The decline of party identifications. In: DALTON, R.; WALLTENBERG, M. (eds.). Parties without partisans: political change in advanced industrial democracies. Oxford: Oxford University Press, 2002.

JOHNSTON, R.; PATTIE, C. *Electoral geography in electoral studies*: Putting voters in their place. In: BARNETT, C.; LOW, M. (eds.). *Spaces of Democracy: Geographical Perspectives on Participation and Representation*. London: Sage, 2004.

MANZA, J.; HOUT, M.; BROOKS, C. Class Voting in Capitalist Democracies Since World War II: Dealignment, Realignment, or Trendless Fluctuation? *Annual Review of Sociology*, v. 21, p. 137-162, 1995.

PHILLIPS, K. *The Emerging Republican Majority*. 2. Princeton: Princeton University Press, 2015.

PIKETTY, T. Brahmin Left versus Merchant Right. In: GETHIN, A.; MARTÍNEZ-TOLEDANO, C.; PIKETTY, T. (eds.). *Political Cleavages and Social Inequalities: A Study of Fifty Democracies*. Cambridge, MA: Harvard University Press, 2021.

RENNÓ, L. Bolsonarismo e as eleições de 2022. *Estudos Avançados*, v. 36, n. 106, p. 147–163, set. 2022.

RICHMOND, M. A.; McKENNA, E. Placing the peripheries within Brazil's rightward turn: Socio-spatial transformation and electoral realignment, 2002–2018. *Environment and Planning C: Politics and Space*, v. 0, n. 0, 2023. Disponível em: https://doi.org/10.1177/23996544231177142.

SAMUELS, D. J.; ZUCCO, C. *Partisans, Antipartisans, and Nonpartisans: Voting Behavior in Brazil*. Cambridge: Cambridge University Press, 2018.

SINGER, A. *Raízes sociais e ideológicas do lulismo*. *Novos estudos CEBRAP*, n. 85, p. 83–102, 2009.

VEIGA, L. F. Os partidos brasileiros na perspectiva dos eleitores: mudanças e continuidades na identificação partidária e na avaliação das principais legendas após 2002. *Opinião Pública*, v. 13, n. 2, p. 340–365, nov. 2007.

Votamos com o fígado ou com a cabeça?[1]

Cristina Pereira de Araujo

> O fígado é poderoso, e muitos o preferem ao cérebro. A política, em particular, navega nesses mares. A mensagem [...] não é de passar a mão na cabeça da esquerda ou da direita, e sim de sugerir que tentemos entender melhor como se geram agrupamentos políticos, a identificação com determinadas bandeiras, os eventuais fanatismos e as formas primárias de divisão da sociedade entre "bons" e "maus". O maniqueísmo é perigoso (Dowbor, 2020, p. 151).

Nunca antes na história deste país...

Era mais um domingo ensolarado na cidade do Recife — especificamente o dia 17 de abril de 2016. A data ficou marcada na memória de muitos brasileiros que, estarrecidos, acompanhavam desde 2014, a crescente das manifestações de rua em todo o país, culminando, nesse dia, na votação pela admissibilidade do impeachment da presidenta Dilma Rousseff, transmitida ao vivo pela televisão. Na capital pernambucana, telões foram colocados no Marco Zero, zona central da cidade, para onde se encaminharam as pessoas que se posicionavam contra o impeachment.

---

1 Esta é uma versão parcialmente modificada do texto de minha autoria, escrito originalmente em espanhol, denominado "Soñamos a la izquierda, pero votamos a la derecha: uma mirada global sobre *fake news* em las eleciones presidenciales en Brasil", no prelo, a ser publicado pela Editora Iberoamericana, México.

Não posso afirmar com certeza onde estavam concentrados os que apoiavam o impeachment naquele momento. No entanto, acredito que, como em outras ocasiões, eles se reuniram na orla de Boa Viagem — local que já havia sido palco de diversas manifestações favoráveis à saída da Presidenta (Pereira de Araujo *et al.*, 2022).

O fato é que algumas milhares de pessoas estavam concentradas no Marco Zero naquele dia, de olho no placar, comandado pelo então presidente da Câmara dos Deputados, Eduardo Cunha. Era muito desconfortável ver nas telas aqueles homens envoltos na bandeira do Brasil, segurando cartazes com a capa da Constituição Federal de 1988 ou os dizeres "impeachment já" e "tchau querida".

Mas nada superou a cena de ver o deputado federal Jair Bolsonaro proferir seu voto, dedicando-o ao coronel Brilhante Ustra, que havia torturado Dilma Rousseff durante a ditadura militar. Nada aconteceu ao deputado, nenhuma represália. Ao contrário, obteve aplausos e apoio de seus aliados. Anos depois, Bolsonaro se tornaria presidente do Brasil.

De instigante, é observar que os anos Lula-Dilma não deixavam dúvidas, a se avaliar os indicadores, que estávamos no rumo certo e que muito em breve, nos tornaríamos um país mais justo, tendo superado a extrema pobreza e com maior igualdade de oportunidades, por meio do acesso à educação de qualidade. Aliás, os lemas dos governos Lula e Dilma, expressavam claramente tais intenções, a ver: "Brasil, um país de todos"; "Brasil: país rico é país sem pobreza"; "Brasil: pátria educadora". Não por acaso, justamente quando se almejava o salto qualitativo, com a "pátria educadora", o golpe foi armado.

Os números do período 2003 – 2015 indicavam que o Brasil havia alcançado um importante patamar de desenvolvimento e crescimento interno. O bordão do presidente Lula — "Nunca antes na história desse país" — traduzia bem o clima de euforia vivido naquele período e a forma como o Brasil era visto internacionalmente. Nesse intervalo, o país chegou a ser a sexta maior economia do mundo que olhava com interesse esse país do Sul global que se destacava na cena geopolítica. Na reunião do G20 em Londres, no ano de 2009, o então presidente dos Estados Unidos da América, Barack Obama, referia-se a Lula como *"This is the guy"*.

De acordo com os relatórios publicados por Teresa Campello (2017) e Aloizio Mercadante juntamente com Marcelo Zero (2018), a sociedade brasileira testemunhou avanços significativos: o salário mínimo teve um crescimento real de 77%, e foram gerados cerca de 23 milhões de empregos formais, considerando o período de abril de 2003 a janeiro de 2015. Em 2014, o país atingiu uma taxa histórica de desemprego de apenas 4,8%, configurando uma situação próxima do pleno emprego.

No campo social, o Brasil saiu do mapa da fome e da miséria. O programa Bolsa Família chegou à marca de 13,9 milhões de famílias atendidas em 2015. A extrema pobreza, que era de 14% em 1992, caiu para 3% em 2015. Já a pobreza geral foi reduzida de 30% para 8,3% no mesmo período.

Os investimentos em educação também cresceram de forma expressiva: o orçamento da área aumentou 206%, o que possibilitou a ampliação da rede de Institutos Federais (inclusive com programas voltados à educação de jovens e adultos) e Universidades Federais. O número de jovens negros no ensino superior teve um crescimento de 268%.

A saúde seguiu caminho semelhante, com o orçamento saltando de R$ 30 bilhões em 2003 para R$ 105 bilhões em 2015 — um aumento de aproximadamente 250%. Nesse período, a mortalidade infantil recuou 45% e o atendimento médico na atenção básica cresceu 64% (Campello, 2018; Mercadante & Zero, 2018).

Mas mesmo assim, apesar dos resultados econômicos positivos alcançados, parcela expressiva da sociedade apoiou o impeachment de Dilma, com base na alegação de prática das chamadas "pedaladas fiscais" — uma manobra contábil adotada também por administrações anteriores, sem que isso tenha gerado punições semelhantes.

Ato contínuo, em abril de 2018, a Operação Lava Jato prendeu o ex-presidente Luiz Inácio Lula da Silva. Sem provas concretas, Lula permaneceu encarcerado por 580 dias nas dependências da Polícia Federal em Curitiba. A prisão foi celebrada com fogos de artifício, especialmente nas regiões Sul e Sudeste — gesto semelhante ao que se viu durante a deposição da presidenta Dilma Rousseff em 2016, e também por ocasião da abertura do processo de impeachment em 2014.

Para autores como Boitto Jr. (2018) e Souza (2020, 2016), o golpe de 2016 tinha por objetivo a restauração do poder classe e o combate à corrupção, assim como ocorreu no período Vargas, foi novamente a bandeira levantada, tornando-se o principal argumento para a construção de um consenso social que culminou na queda do governo Dilma e, posteriormente, na eleição de um governo de extrema-direita em 2018 — movimento que refletia um claro realinhamento à geopolítica liderada pelos Estados Unidos.

As eleições presidenciais de 2018 foram marcadas pela intensa circulação de notícias falsas nas redes sociais (Valente, 2018). Nesse cenário, Jair Bolsonaro foi eleito presidente com 55,13% dos votos válidos, derrotando Fernando Haddad, que obteve 44,87% (TSE, 2018). Regionalmente, Haddad venceu apenas no Nordeste e, de forma mais isolada, nos estados do Tocantins e Pará.

De caráter ultraliberal, seu plano de governo propunha a ampliação das privatizações, a independência do Banco Central e a reversão de políticas adotadas pelos governos petistas, sob o slogan "Brasil acima de tudo, Deus acima de todos". Durante seu mandato, sob orientação do ministro da Economia Paulo Guedes, o país testemunhou um acentuado enxugamento da máquina pública, como prega a cartilha ultraliberal. Os setores de educação, saúde e habitação popular sofreram por demasiado.

Como consequência, o desemprego aumentou, a precarização do trabalho se intensificou e o Brasil voltou ao mapa da fome. No ano de 2021, a pobreza atingiu 62,5 milhões de pessoas — o equivalente a 29,4% da população brasileira, que vivia com até R$ 486,00 mensais per capita (ante os 8,3% de 2015); a extrema pobreza, por sua vez, afetava 8,4% da população (em comparação aos 3% de 2015), representando brasileiros que viviam com até R$ 168,00 mensais per capita (IBGE, 2022). E tudo isso em meio a pandemia de Covid-19, cuja condução irresponsável por parte do governo Bolsonaro conduziu milhares de pessoas à morte.

As eleições presidenciais de 2022 foram disputadas entre o então presidente Jair Bolsonaro e o ex-presidente Lula.[2] O plano "Pelo bem do Brasil", de Bolsonaro, propunha dar continuidade à agenda de desestatização, incentivo ao empreendedorismo, privatização do saneamento básico, acesso irrestrito às armas de fogo, fortalecimento do telessaúde e "desideologização" do ensino.

---

2 No dia 08 de março de 2021 foi publicada a decisão do Supremo Tribunal Federal referindo a nulidade de todos os processos no âmbito da Operação Lava Jato contra o então ex-presidente Luiz Inácio Lula da Silva. Disse, em nota, o advogado Cristiano Zanin: "Nosso trabalho jurídico resultou no encerramento, nas mais diversas instâncias, de 26 procedimentos que foram abertos indevidamente contra o ex-presidente Lula durante a perseguição promovida contra ele pela "operação lava jato" e seus desdobramentos. Também conseguimos a primeira decisão proferida pelo Comitê de Direitos Humanos da ONU em favor de um cidadão brasileiro, reconhecendo que Lula sofreu violação aos seus direitos fundamentais previstos no Pacto Internacional dos Direitos Civis e Políticos da ONU [...] Foi um trabalho que necessitou de muita resiliência, muito fôlego e o uso de uma visão multidisciplinar do Direito, pois tivemos que passar quase 6 anos defendendo a inocência de Lula e os inúmeros vícios presentes nos processos e procedimentos abertos contra ele nas mais diversas frentes. Felizmente, conseguimos vencer o caso e permitir que Lula pudesse resgatar todos os seus direitos, inclusive os direitos políticos, permitindo que ele seja o candidato à Presidência da República mais bem posicionado nas eleições deste ano" (Schreiber, 2022).

Em contraponto, o plano "Vamos Juntos pelo Brasil", de Lula, defendia a valorização do salário mínimo, a revogação do teto de gastos, a ampliação do Bolsa Família, o fortalecimento do SUS e da educação pública, a universalização do saneamento básico, um amplo programa de acesso à moradia e a implementação de políticas para redução de homicídios, com foco no combate ao crime organizado e às milícias.

Concluído o processo eleitoral, Luiz Inácio Lula da Silva e seu vice, Geraldo Alckmin, foram proclamados eleitos pelo Tribunal Superior Eleitoral com 50,9% dos votos válidos, contra 49,1% obtidos por Jair Bolsonaro (TSE, 2022). O resultado apertado revelou um país profundamente dividido e evidenciou a resiliência do chamado "bolsonarismo" — movimento político-social com forte presença nas redes sociais, perfil conservador e fiel ao ex-presidente (Rocha, Solano, Medeiros, 2021).

Diante desse breve panorama da história política recente do Brasil, cabe refletir: o que leva uma população empobrecida, dependente de políticas públicas assistenciais, a votar em projetos ultraliberais que, desde sua concepção, sinalizam a retirada dessas políticas e a implementação de um Estado mínimo?

Para responder a essa questão, propomos inicialmente trazer uma leitura da inserção do Brasil na geopolítica internacional para, a seguir, discutir o papel da esfera pública na construção do consentimento social e por fim, apresentar os resultados de uma pesquisa de opinião que indica que somos *idealmente progressistas, mas votamos com o fígado e não com a cabeça.*

Considerações sobre a inserção do Brasil na ordem geopolítica mundial

O cenário geopolítico global pós-Segunda Guerra Mundial consolidou uma nova ordem de Divisão Internacional do

Trabalho (DIT), marcada pela ascensão dos Estados Unidos como superpotência do mundo ocidental e líder hegemônico ao lado do Grupo dos Sete (G7). De forma geral, essa tríade geopolítica exerce domínio sobre diferentes regiões: os EUA sobre a América Latina; a Europa sobre a África; e o Japão sobre o sudeste asiático (Rebelo Júnior, 2002; Souza, 2020).

No caso do Brasil, sua inserção na geopolítica global como fornecedora de produtos primários e receptora de capitais especulativos estrangeiros é um processo histórico de longa duração. Essa dinâmica já era observada por Prado Júnior (2006), que destaca como, desde a transição da ordem imperial para a republicana, o país mantinha uma estrutura econômica baseada na penetração de empresas estrangeiras e na inversão de capitais externos.

Mesmo com o avanço do capitalismo industrial, o Brasil preservou um padrão produtivo que remonta ao período colonial: a contínua expatriação de riquezas e excedentes. Nessa lógica, o país consolidou seu papel na nova ordem internacional como grande exportador de matérias-primas e gêneros tropicais, operando sob a mediação das finanças internacionais.

A Revolução de 1930 e a consequente ascensão de Getúlio Vargas ao poder marcaram o início do que Bresser-Pereira (2014) denominou como a revolução capitalista brasileira. Com a instauração do Estado Novo, consolidou-se a ascensão da burguesia industrial e pública ao poder, configurando um novo tipo de sociedade. Esse novo arranjo deu origem a um projeto nacional de desenvolvimento voltado para dentro, pautado na construção de uma sociedade urbana e industrial (Souza, 2017). Em termos concretos, isso significou a substituição da hegemonia política da elite agrária pela industrial.

Durante os governos de Vargas (1930–1945 e 1951–1954), o projeto de país se materializou por meio de investimentos no setor I da economia, ou seja, na produção de bens de capital. Entre as realizações mais emblemáticas, destacam-se a criação da Companhia Siderúrgica Nacional (CSN), do Banco Nacional de Desenvolvimento Econômico e Social (BNDES), da Petrobrás[3] e da Eletrobrás.

Na sequência, durante o governo de Juscelino Kubitschek (JK), o Plano de Metas, executado sob o lema "cinquenta anos em cinco", abriu espaço para a entrada massiva de capitais estrangeiros. Com forte ênfase no processo de substituição de importações, essa estratégia impulsionou a industrialização, porém com forte dependência do capital externo. A entrada de multinacionais nos setores automobilístico, naval e de bens de capital foi mediada por trustes americanos (Furtado, 2003; Prado Júnior, 2006), aprofundando a dependência estrutural da economia.

A chamada coalizão nacional desenvolvimentista, que articulava empresários industriais — em grande parte imigrantes que, segundo Souza (2018), mantinham maior identificação com suas origens do que com a nação que os acolheu —, trabalhadores urbanos e setores não exportadores da velha oligarquia agrária (Bresser-Pereira, 2014), começou a apresentar sinais de esgotamento ao longo dos anos 1960. Essa perda de coesão interna enfraqueceu o pacto político e social que sustentava o projeto nacional desenvolvimentista, abrindo caminho para o golpe civil-militar de 1964.

Com a instauração do regime autoritário, o modelo de desenvolvimento passou por um redirecionamento. Embora tenha promovido crescimento econômico e modernização, privilegiou a elite e a classe média, aprofundando desigualdades. Tratou-se de uma modernização conservadora, que avançou

---

3 Convém destacar que no interregno entre as duas gestões de Vargas, no governo de Eurico Gaspar Dutra, tentou-se aprovar o estatuto do Petróleo, em fevereiro de 1948, que entregava a Petrobrás aos trustes americanos. No entanto, a reação contrária da opinião pública, resultou na promulgação da Lei n. 2004/1953 que criava, por meio de uma entidade paraestatal, a Petrobrás (Prado Jr, 2006). Passados um pouco mais de sessenta anos, a opinião pública, dessa vez, se manteve inerte, e no Governo Temer pôs-se fim à exclusividade da Petrobrás na exploração da camada pré-sal.

à custa da supressão de direitos trabalhistas, do cerceamento das organizações populares e do rebaixamento do papel político da classe trabalhadora no novo arranjo institucional.

O estopim foi a agenda reformista do presidente João Goulart — herdeiro político de Vargas e sucessor de JK — que propôs reformas de base como a reforma agrária, reforma tributária, regulação da remessa de lucros das multinacionais e a reforma bancária. Tais propostas desafiaram interesses estruturais e continuam, até hoje, encontrando forte resistência.

Em disputa estava o papel geopolítico do Brasil. O projeto nacional delineado por Vargas, JK e Goulart confrontava os interesses impostos à América Latina pela Tríade, que reservava ao país a função de fornecedor de matérias-primas e detentor de uma industrialização subordinada, tutelada por multinacionais. Assim, o golpe de 1964, com apoio explícito do governo dos Estados Unidos, marcou a restauração do poder de classe da elite conservadora, enquanto recolocava o Brasil em conformidade com os ditames geopolíticos do pós-guerra. Trata-se, portanto, de mais uma expressão da estratégia de reafirmação da hegemonia norte-americana sobre a América Latina (Chomsky, 1997; Rebelo Jr., 2002; Souza, 2020).

No plano internacional, o fim do padrão ouro (Bretton Woods) e o uso de petrodólares para financiamento externo transformaram a política global. Muitos países latino-americanos, inclusive o Brasil, se industrializaram com esses recursos (Rebelo Jr, 2002; Souza, 2020). Contudo, o aumento das taxas de juros nos anos 1980 — eixo da política neoliberal de Reagan, Thatcher e Kohn — trouxe como efeito colateral (e desejado) o endividamento em massa do Sul Global. Tratava-se da "política de endividar o endividado" (Araujo, 2011; Rebelo Jr, 2002).

A adesão brasileira ao Consenso de Washington em 1989 marcou o abandono do modelo desenvolvimentista. A abertura econômica nas gestões Collor e Fernando Henrique Cardoso (FHC) implicou privatizações, câmbio apreciado e desindustrialização. A venda da Vale, a abertura de capital da Petrobrás e o Plano Brady – que garantia a remessa de lucros e dividendos das filiais, para as matrizes no exterior, são exemplos marcantes. Entre 1991 e 1999, o país acumulou déficit de US$ 132 bilhões (Gonçalves & Pomar, 2000).

É importante destacar que o modelo de desenvolvimento econômico adotado no Brasil a partir de 1930, com a ascensão de Vargas, permaneceu vigente até os anos 1980, quando o país aderiu ao Consenso de Washington e passou a implementar, de forma plena, a agenda neoliberal, sobretudo durante os governos de Fernando Collor de Mello e Fernando Henrique Cardoso. Foram aproximadamente cinquenta anos de crescimento contínuo, que permitiram ao Brasil sair da condição de uma das economias mais atrasadas do mundo, em 1930, para se posicionar como a oitava maior economia global ao final da década de 1970 (Souza, 2018a). Tal avanço, contudo, ocorreu de maneira desigual e regionalmente concentrada, privilegiando os investimentos nas regiões Sul e Sudeste.

Durante o governo de FHC, esse novo ciclo neoliberal foi intensificado. A taxa Selic atingiu o patamar histórico de 53,38% ao ano, evidenciando a subordinação da política econômica aos interesses do capital financeiro. Para Souza (2018), o Estado brasileiro, desde o golpe de 1964, mas de forma mais acelerada nos governos Collor e FHC, passou a operar como instrumento da elite de proprietários e da alta classe média, que se beneficiava de um câmbio artificialmente valorizado e de uma crescente oferta de produtos importados baratos, em meio a um processo de desindustrialização.

O Plano Real, concebido sob orientação do mercado financeiro internacional, teve como principal efeito a estabilização da moeda e o controle da inflação. No entanto, como observa Souza (2018, p. 123), esse processo também representou "o único momento na história brasileira em que um representante da elite logrou efetivo apoio popular", ao custo de reforçar a lógica neoliberal e aprofundar a dependência externa.

Como vimos, entre 2003 e 2015, sob as gestões de Lula e Dilma, o Brasil experimentou um novo ciclo de crescimento, com políticas de redistribuição de renda, valorização do salário mínimo, expansão do acesso à educação e redução da pobreza. O país chegou à sexta maior economia do mundo. A descoberta do pré-sal reforçava esse projeto alternativo, com previsão de destinação de parte dos recursos à saúde e educação. No entanto, esse avanço contrapunha-se diretamente ao papel esperado para o Brasil na DIT: fornecedor de matéria-prima, economia subordinada ao capital internacional.

A crise de 2008, originada nos EUA com o colapso do mercado *subprime*, expôs as fragilidades do sistema financeiro global. No Brasil, seus efeitos foram relativamente amenos — uma "marolinha", nas palavras de Lula — devido às reservas cambiais e à adoção de políticas anticíclicas. Como resultado, já no segundo trimestre de 2009, a economia brasileira voltou a apresentar sinais de recuperação, com um crescimento de 2,3%, desempenho superior à média dos países da Organização para a Cooperação e Desenvolvimento Econômico (OCDE) até meados de 2011 (Carvalho, 2018).

Nesse contexto de reorganização do capital — tanto como meio de acumulação quanto como forma de regulação das economias —, a China emerge como um ator geopolítico central, desafiando diretamente a hegemonia dos Estados Unidos. O estreitamento das relações entre Brasil e China, manifestado no fortalecimento dos laços comerciais, na participação conjunta nos BRICS[4] e na criação, em 2014, do Banco

---

4 Sua origem remonta ao ano de 2006, durante a Assembleia Geral da ONU, em que se reuniram Brasil, Rússia, Índia e China. Dois anos mais tarde, durante a terceira cúpula, a África do Sul passou a fazer parte do bloco, que passou a se chamar BRICS. *"Os BRICS não são um grupo econômico formal – é uma parceria entre as maiores economias emergentes do mundo"*, assim o descreve a página oficial do Governo Federal. A partir de janeiro de 2025, a composição dos BRICS possui dez membros plenos, juntando-se Irã, Arábia

dos BRICS como alternativa ao Banco Mundial e ao FMI, sinaliza uma tentativa de reconfiguração da DIT e uma ameaça concreta à ordem estabelecida pelo G7 no pós-Segunda Guerra Mundial.

Como reação a esse deslocamento de forças, os Estados Unidos parecem ter adotado a estratégia das chamadas "guerras híbridas" como substituto das guerras convencionais. Trata-se de uma forma de intervenção indireta e difusa, voltada à desestabilização política e institucional de países considerados estratégicos, por meio do uso de tecnologias digitais, desinformação em larga escala e manipulação da esfera pública, promovendo a construção de consensos artificiais e o enfraquecimento de projetos soberanos (Korybko, 2018; Souza, 2020; Harvey, 2014; Chomsky, 1997).

As "jornadas de junho" de 2013, inicialmente articuladas pelo Movimento Passe Livre, foram rapidamente apropriadas por setores da elite conservadora, que transformaram a pauta original — a revogação do aumento da tarifa do transporte público — em um movimento de combate à corrupção. Essa inflexão abriu caminho para a espetacularização da Operação Lava Jato, cujos desdobramentos contribuíram para a erosão da legitimidade dos governos petistas (Souza, 2017, 2020).

Com a reeleição da presidenta Dilma Rousseff em 2014, os ataques contra seu governo se intensificaram. A esfera pública — composta por veículos de comunicação tradicionais (rádio, TV, jornais), redes sociais, lideranças religiosas e outras instâncias de mediação social — passou a desempenhar o papel de porta-voz dos interesses das elites econômicas e políticas. Para Singer (2018, p.49), Dilma "cutucou muitas onças com vara curta", ao se dispor, em um contexto de pleno

---

Saudita, Egito, Etiópia e Emirados Árabes Unidos. Disponível em https://www.gov.br/planalto/pt-br/agenda-internacional/missoes-internacionais/cupulas-do-brics/brics-2024/cupula-de-lideres-do-brics#:~:text=Desde%20janeiro%20deste%20ano%2C%20o,e%20o%20Emirados%20Árabes%20Unidos. Acesso em 26 jun. 2025.

emprego e alta popularidade, a intervir no centro da lógica capitalista: o lucro.

Tal processo deve ser compreendido como parte de uma ofensiva mais ampla de restauração do poder de classe, ou, mais especificamente, da fração dessa classe mais alinhada aos interesses internacionais. Nesse cenário, o discurso anticorrupção funcionou como dispositivo ideológico central para a construção do consentimento popular. O resultado foi a ascensão de um projeto político de extrema direita, com a eleição de Jair Bolsonaro em 2018, que representou um realinhamento geopolítico do Brasil aos Estados Unidos, após um breve período de maior autonomia inserido no marco da multipolaridade e das alianças Sul-Sul, como os BRICS.

O impeachment da presidenta Dilma Rousseff, ainda que revestido de legalidade formal, contou com o respaldo de uma ampla campanha de deslegitimação simbólica, articulada, sobretudo, pelos meios de comunicação tradicionais e pelas redes sociais. Nesse sentido, cabe indagar: qual foi o papel da esfera pública na corrosão da imagem da Presidenta, a ponto de tornar seu afastamento não apenas possível, mas amplamente aceitável por parte da opinião pública?

A esfera pública e a fabricação de consensos

A noção de esfera pública, tal como é amplamente compreendida hoje, foi sistematizada por Jürgen Habermas em sua obra *Mudança Estrutural da Esfera Pública*, publicada originalmente em 1962. Para Habermas (2014), a esfera pública é constituída por sujeitos privados que, munidos de opiniões próprias, se articulam coletivamente para formar uma contraposição crítica às decisões discricionárias do poder público. Trata-se, portanto, de um espaço de deliberação onde a legitimidade das decisões políticas deve ser conquistada por meio de argumentos racionais e convincentes. Nesse sentido, a esfera pública se define por sua capacidade de julgamento e influência sobre a formação da opinião pública. Ao lado do Estado e do mercado, ela ocupa um papel central na dinâmica de funcionamento das sociedades modernas.

Segundo Losekann (2009), Habermas reconhece a existência de múltiplas esferas públicas, classificando-as em três tipos principais: a esfera pública episódica, que se manifesta em espaços informais como bares, cafés, praças e ruas; a esfera pública de presença organizada, caracterizada por encontros estruturados, como reuniões de partidos políticos, associações de pais ou instituições religiosas; e a esfera pública abstrata, formada pela mídia, composta por leitores, espectadores, ouvintes e internautas que, embora não estejam fisicamente reunidos, compartilham uma mesma narrativa discursiva veiculada por determinados meios de comunicação.

Com a transição do século XIX para o século XX, Habermas identifica uma mudança significativa: a passagem de uma "esfera pública de pessoas privadas para uma esfera pública mediada pelo mercado" (Souza, 2017, p. 124). Essa transformação, em tese, comprometeria o acesso à pluralidade de ideias, uma vez que os interesses em jogo passariam a refletir os objetivos dos detentores do capital. Nesse contexto, a imprensa assumiria o papel de porta-voz desses interesses, deixando de ser uma imprensa de opinião para tornar-se uma imprensa como negócio, mediada pelos interesses capitalistas.

Para Murdock (2018), Habermas entendia que a participação democrática — expressa por meio do voto, da voz, da representação e da deliberação — constituía a forma mais legítima de resolução de controvérsias. No entanto, o filósofo observa que o declínio da esfera pública como espaço mediador da deliberação popular coincide com a ascensão de uma publicidade encenada, voltada para fins manipulativos. Esse fenômeno, segundo ele, caracteriza uma "refeudalização da esfera pública".

É nesse ponto de inflexão que Souza (2017) chama a atenção para a instrumentalização da esfera pública como meio de construção do consentimento — ou, mais precisamente, da dominação por meio do convencimento exercido pelas elites sobre as demais classes sociais. Segundo o autor, o sufrágio universal e a democracia representam, historicamente, uma ameaça constante às plutocracias, que buscam manter seus privilégios por meio do controle simbólico. Nesse sentido, o filósofo Noam Chomsky (1997, p. 259) acrescenta que, se os governados tivessem plena consciência de sua força, inevitavelmente se insurgiriam contra os governantes e os destituiriam do poder. Isso, no entanto, não ocorre porque, conforme ele afirma, "o governo está baseado no controle da opinião".

Para Fraser (1990), a esfera pública necessariamente não precisa estar apartada do Estado. Esse é o caso muito especialmente das agências de propaganda do governo estadunidense. Nos Estados Unidos, o escritor e jornalista Walter Lippmann, conselheiro de presidentes e da elite funcional americana do início do século XX, foi figura chave para a construção do consentimento social, uma vez que defendia

> a ideia de que uma verdadeira democracia baseada na soberania popular era impossível. Por conta disso, era necessário que uma casta de pessoas 'educadas e responsáveis' assumissem o controle da sociedade (Souza, 2020, p. 68).

Com base nessas ideias, Lippmann escreveu, em 1922, um dos livros mais influentes no campo da psicologia social e na arte de fabricar consentimento: *The Public Opinion* (A opinião pública).

Lippmann foi responsável pela criação da agência de propaganda estatal, a *Creel Committee*, que convenceu o povo americano à participação na Primeira Guerra Mundial por meio da criação de campanha, onde manipulava o medo da população por meio de relatos mentirosos. Nessa agência, trabalhava um jovem, Edward Bernays, sobrinho de Sigmund Freud, que seguiu à risca os passos de Lippmann. Em 1923, publicou *Crystallizing Public Opinion* (A cristalização da opinião pública).

> Bernays, nesse sentido, é não apenas o pioneiro de uma nova espécie de capitalismo baseada na produção do consentimento por meio da manipulação consciente, mas também de um novo tipo humano da "elite funcional" do capital. [...] Ele antecipa um *habitus*, ou seja, uma forma de ser, sentir e ver o mundo de maneira peculiar e compartilhada, que se tornaria o modo de ser específico da nova elite funcional do capitalismo em todo o mundo. [...] Bernays via o "povo" do mesmo jeito que via Dumb Jack [algo como João Bobo, em tradução livre]: uma gentinha sem noção de coisa alguma sobre o mundo, destinada a consumir o monte de "estereótipos", aparência e dissimulação que gente como Bernays lhes vendia – o "consentimento fabricado" (Souza, 2020, p. 76, 77).

Alguns exemplos da manipulação via propaganda realizada por Bernays, citado por Souza (2020), foi a criação do café da manhã com ovos e bacon nos Estados Unidos. Ele foi contratado por uma empresa americana para anunciar o bacon e para tal, idealizou o produto travestido de um conhecimento científico: Bernays conseguiu que mais de 4 mil médicos confirmassem as vantagens de se iniciar o dia com esse tipo de refeição. O mesmo fez, com a campanha de cigarros, associando o fumo feminino à luta das mulheres pelo sufrágio universal, convidando mulheres importantes a usá-los.

Para além das propagandas envolvendo novos modos de consumo, o *modus operandi* desenvolvido por Bernays envolvia uma guerra psicológica através de campanhas publicitárias e formadores de opinião. Esse método foi utilizado pela CIA e pelo governo americano para patrocinar golpes de Estado na América Latina e em todo o mundo onde os Estados Unidos viessem a ter interesses econômicos. Como foi o caso da campanha que derrubou o governo democrático da Guatemala em 1954 para atender os interesses de uma empresa americana, a *United Fruits*, que possuía 75% das terras guatemaltecas (Souza, 2020).

Bernays criou uma agência que espalhava notícias falsas sobre uma ameaça comunista que estaria sendo encabeçada pelo presidente guatemalteco Jacobo Arbenz. A guerra psicológica, inflamando a população local, foi o suficiente para que os Estados Unidos, através da CIA, apoiassem um golpe de Estado contra o governo democraticamente eleito. Castillo Armas assumiu o governo e uma guerra civil se instalou no país por 40 anos (Souza, 2020; Chomsky, 1997).

Outro caso paradigmático da atuação do Estado norte-americano na América Latina ocorreu em 1960, durante a visita do então presidente Eisenhower ao Brasil. O governo de Juscelino Kubitschek teria reagido com reservas à presença de Eisenhower, que via nas Forças Armadas brasileiras uma "ilha de sanidade". Já durante o governo Kennedy, seu embaixador no Brasil, Lincoln Gordon, manifestou abertamente apoio ao golpe militar de 1964, qualificando-o como uma "rebelião democrática". Segundo ele, o novo regime instaurado criaria um ambiente político e econômico muito mais favorável aos investimentos privados dos Estados Unidos.

Documentos secretos divulgados posteriormente revelam as diretrizes do liberalismo de Kennedy, nas quais se delineavam claramente os objetivos estratégicos norte-americanos na região. Segundo esses documentos, "os militares latino-americanos entendem suas tarefas e estão equipados para persegui-las graças aos programas de ajuda militar e treinamento de Kennedy". Entre essas tarefas, incluía-se a derrubada de governos civis sempre que, a juízo das Forças Armadas, tais governos fossem considerados prejudiciais ao bem-estar da nação. O texto ainda explicita que tais ações visavam assegurar um "resultado apropriado" na disputa pelo poder entre os diferentes grupos sociais, de modo a proteger os investimentos privados dos Estados Unidos e o comércio exterior — aquilo que os documentos identificam como "a raiz econômica que está no âmago do interesse político dos Estados Unidos na América Latina" (Chomsky, 1997, p. 264).

Com efeito, no Brasil, as Marchas da Família com Deus pela Liberdade — promovidas por setores da sociedade civil ligados à Tradição, Família e Propriedade (TFP) — ocuparam as ruas em 1964, oferecendo à imprensa uma narrativa legitimadora do golpe militar, sob o pretexto de conter uma suposta ameaça comunista. Tratava-se de uma ampla coalizão entre setores civis e militares, com o apoio expressivo da Igreja Católica, que se opunham frontalmente ao governo de João Goulart, sobretudo em relação à proposta de reforma agrária. O presidente defendia a alteração do art. 141, §16, da Constituição, a fim de permitir a desapropriação de terras improdutivas para fins de redistribuição fundiária. Essa proposta enfrentou forte resistência das elites agrárias e religiosas. Plinio Corrêa de Oliveira, intelectual orgânico da TFP, teve papel central na construção ideológica dessa oposição. Em sua obra *Reforma Agrária: Questão de Consciência*, que ganhou ampla repercussão nos principais jornais da época, sustentava que o confisco de terras pelo Estado violaria dois mandamentos divinos: "Não roubarás" e "Não cobiçarás as coisas alheias" (Silva, 2010). A mobilização simbólica em torno de valores religiosos e morais serviu, assim, como instrumento para consolidar o consentimento social ao golpe e deslegitimar as políticas reformistas do governo Goulart.

Todos esses casos ilustram a estreita relação entre a esfera pública e o conceito de *público forte*, tal como proposto por Nancy Fraser (1990), uma vez que a formação da opinião pública aparece diretamente condicionada pelas diretrizes emanadas do Estado. No entanto, é o conceito de *contrapúblico* — também desenvolvido por Fraser — que, a nosso ver, oferece as melhores ferramentas para compreender a construção do consentimento nas redes sociais.

Para a autora (Fraser, 1990, p. 67), a esfera pública não é homogênea, mas composta também por grupos socialmente subordinados — como mulheres, trabalhadores, negros, gays e lésbicas — que constituem espaços de expressão alternativa, nos quais podem elaborar contradiscursos baseados em suas experiências, identidades e interesses específicos. Esses espaços subalternos ou *contrapúblicos* permitem a contestação da narrativa dominante, mas Fraser adverte que eles não são, por definição, progressistas ou virtuosos, podendo igualmente abrigar pautas excludentes, autoritárias ou antidemocráticas. As redes sociais, nesse sentido, representam uma expansão do espaço público, configurando um espaço virtual de deliberação que pode, em tese, democratizar o acesso ao debate público e dar voz a diversos grupos historicamente marginalizados — os chamados *contrapúblicos*.

No contexto brasileiro, Rocha (2021) aplica esse conceito para demonstrar como uma nova direita começou a se estruturar nas redes sociais já em 2004, a partir da criação do Orkut. É nesse espaço que os ultraliberais brasileiros encontraram fôlego para discutir e difundir as ideias de Olavo de Carvalho contra o que consideravam uma "hegemonia cultural esquerdista", já que seus seguidores alegam que no ambiente universitário não havia espaço para tal discussão, afeita a uma ideologia marxista.

Ademais, em seu estudo sobre a relação entre democracia, sistemas algorítmicos, política e tecnologia, Silveira (2019, p. 12) alerta que as estruturas algorítmicas "se tornaram fundamentais nos processos de formação da opinião pública e na disputa pelas preferências políticas do eleitorado". Essa constatação evidencia a ambiguidade das redes sociais enquanto extensão da esfera pública: embora se apresentem como espaços abertos à pluralidade de vozes e sujeitos, elas são profundamente condicionadas por lógicas de programação. Os algoritmos não apenas filtram e organizam o conteúdo disponível, mas determinam quais informações serão exibidas a quais usuários, com base em seus perfis de navegação e no interesse de quem adquiriu os pacotes de dados. Dessa forma, a promessa de um espaço democrático e inclusivo é tensionada por mecanismos de segmentação e personalização que podem, ao contrário, reforçar bolhas informacionais, enviesar a formação da opinião pública e dificultar o debate racional e plural.

Esse processo de disseminação de notícias falsas permaneceu intenso durante as eleições de 2022, o que motivou a criação de iniciativas específicas de checagem de fatos. Um dos principais exemplos foi o Projeto Comprova, resultado de uma coalizão entre diversos veículos de comunicação com o objetivo de verificar conteúdos suspeitos de grande alcance nas redes sociais. A iniciativa concentrou-se especialmente em temas sensíveis como as eleições, as políticas públicas federais e a campanha de vacinação, buscando conter os efeitos da desinformação na opinião pública e preservar a integridade do processo democrático.

No ano de 2022, para fins da pesquisa empreendida pela Rede Voto Território e Classe, foram clipados 290 notícias falsas referentes ao processo eleitoral e a posse do presidente Lula; destas, apenas 24 notícias podem ser consideradas como *fakes* de esquerda, pois remetiam à gestão de Jair Bolsonaro. O alcance de tais notícias é surpreendente, como por exemplo, os vídeos: ofensas a Lula, com 2 milhões de visualizações no Youtube[5]; Bolsonaro à frente nas pesquisas, com 2,1 milhões de visualizações no TikTok[6]; casos de corrupção durante o governo PT na obra da transposição do Rio São Francisco, com 5,5 milhões de visualizações no TikTok.[7] Todas essas notícias, evidentemente criam um ecossistema de desinformação, compartilhados por serviços de mensageria como WhatsApp

5 Disponível em https://noticias.uol.com.br/comprova/ultimas-noticias/2022/09/08/frase-com-ofensa-a-lula-foi-inserida-falsamente-em-video-de-evento-politico.htm. Acesso em 10 set. 2022.

6 Disponível em https://noticias.uol.com.br/comprova/ultimas-noticias/2022/09/20/video-foi-manipulado-para-mostrar-bolsonaro-a-frente-em-pesquisa-do-ipec.htm. Acesso em 22 set. 2022.

7 Disponível em https://noticias.uol.com.br/comprova/ultimas-noticias/2022/07/19/video-engana-ao-sugerir-que-coutinho-humilhou-lula-e-elogiou-bolsonaro.htm. Acesso em 21 jul. 2022.

e Telegram, sendo difícil quantificar o seu real alcance. O que é razoável supor, que na hora do voto, talvez a emoção, expressa pela raiva, faça mais sentido.

Votamos com o fígado ou com a cabeça?

Com o objetivo de compreender a dissonância entre ideologia e comportamento eleitoral, realizamos uma sondagem de opinião[8] por amostragem de conveniência[9], envolvendo 4.502 eleitores distribuídos em onze capitais brasileiras: São Paulo, Rio de Janeiro, Belo Horizonte, Salvador, Fortaleza, Curitiba, Manaus, Recife, Porto Alegre, Belém e Goiânia.[10]

A investigação buscou identificar a preferência dos participantes por propostas extraídas dos planos de governo dos candidatos Luiz Inácio Lula da Silva e Jair Bolsonaro, apresentadas de forma anônima — ou seja, sem que os entrevistados soubessem a qual candidato as propostas pertenciam. A hipótese que orientou o estudo é que o nível de exposição à esfera pública, especialmente mediada pelas redes sociais, estaria contaminando o debate político e, por consequência, influenciando o voto. Por essa razão, além da avaliação das propostas, também procuramos identificar as principais fontes de informação dos entrevistados, bem como sua suscetibilidade à desinformação e às notícias falsas.

O questionário foi estruturado em três partes. Na primeira, foram coletados dados sociodemográficos dos entrevistados, como faixa etária, renda, nível de escolaridade, religião e gênero. A segunda parte buscou mapear os meios de comunicação utilizados pelos participantes para se informarem, por

---

8 Os resultados completos da sondagem de opinião são apresentados na obra organizada por Araujo, Simoni Jr. e Solano (2024).

9 O que significa dizer que não é possível extrapolar os seus resultados para o universo da população brasileira.

10 Essas capitais perfazem onze dos doze maiores colégios eleitorais brasileiros. Apenas o Distrito Federal não foi contemplado.

meio de uma pergunta de múltipla escolha. Nessa etapa, também foram apresentadas quatorze notícias — oito verdadeiras e seis falsas[11] — e os entrevistados foram solicitados a indicar quais delas consideravam verídicas, com o objetivo de aferir seu grau de exposição e suscetibilidade à desinformação. Por fim, a terceira parte do questionário apresentou sete propostas programáticas, transcritas literalmente dos planos de governo dos candidatos Jair Bolsonaro e Luiz Inácio Lula da Silva, sem indicação de autoria. Os entrevistados deveriam escolher, em cada temática, a proposta com a qual mais se identificavam. As áreas abordadas foram: economia, trabalho e emprego, saúde, assistência social, educação, moradia e saneamento básico[12], e segurança pública.

Os resultados apontaram que 69% dos nossos respondentes se informam predominantemente pela internet (YouTube, Google, portais de notícias), seguido de TV aberta (43% das respostas assinaladas), Instagram (31%) e Whats App (28%). Rádio, Jornal impresso ou digital e TV por assinatura respondem por cerca de 23% das preferências, cada. Em relação à crença em notícias falsas, cerca de 14% dos entrevistados demonstraram suscetibilidade às *fake news*. Ao escrutinar os dados relacionando-os com as pautas programáticas, Simoni Jr e Sendretti (2024) avaliam que quanto mais o eleitor acredita em notícias falsas, maior é a sua adesão às pautas contidas no

11 As seis notícias falsas apresentadas, coletadas do Projeto Comprova, no período entre 21 de janeiro a 29 de agosto de 2022, quando se iniciou a pesquisa, foram: I. Barroso (TSE) afirma que a contagem de votos é feita por uma empresa terceirizada; II. Série sobre a fome do Jornal Nacional mostra que durante a 'era PT' o Brasil permanecia no mapa da fome das Nações Unidas; III. se eleito, Lula atacará igrejas evangélicas; IV. vaza documento do PT que prevê confisco de bens de cidadãos brasileiros; v. plano contra Bolsonaro omite pesquisa interna em que Lula tem 17% diante de 62% de Bolsonaro; VI. Em 2018, o candidato Bolsonaro simulou um atentado a faca para alavancar a sua campanha.

12 As duas temáticas foram agrupadas porque o plano do candidato Bolsonaro não apresentava nenhuma pauta programática relacionada ao tema moradia.

plano bolsonarista. O contrário também é válido: os eleitores que preferiram as propostas contidas no plano do candidato Lula eram menos suscetíveis às *fake news*.

Do universo de 4.502 respondentes da nossa pesquisa, 72% preferem o conjunto de propostas contidas no plano de Lula; 19% sinalizaram preferência ao plano de Bolsonaro e 9% não sabiam ou não quiseram responder. Foram nas temáticas relacionadas a trabalho e emprego (23%), economia (24%) e moradia/saneamento básico (23%) que o plano bolsonarista apresentou melhor desempenho.

No entanto, o resultado mais interessante, obtemos ao cruzar a aderência temática com o resultado das eleições, considerando os votos válidos resultantes das eleições de 2022. A tabela 1 sinaliza que programaticamente Lula teria saído vitorioso nos onze colégios eleitorais. No entanto, os resultados das urnas conferiram voto ao candidato em apenas seis, dos onze colégios: Belém, Fortaleza, Porto Alegre, Recife, Salvador e São Paulo.

Tabela 1: Relação entre votos válidos e concordância programática com Lula.

Capital	Preferência pelo plano de governo de Lula	Votos válidos
Belo Horizonte	67,12	45,75
Belém	**73,4**	**50,28**
Curitiba	78,75	35,22
Fortaleza	**83,3**	**58,18**
Goiânia	63,39	36,05
Manaus	64,67	38,72
Porto Alegre	**80,81**	**53,5**
Recife	**73,71**	**56,32**
Rio de Janeiro	59,24	47,34
Salvador	**82,18**	**70,73**
São Paulo	**65,08**	**53,54**

Fonte: Araujo, Simoni Jr. e Solano, 2024; TSE (2022).

Em contrapartida, a tabela 2 aponta que programaticamente, Bolsonaro perderia em todas as capitais pesquisadas, chegando a um *score* máximo de 28% em Rio de Janeiro, Goiânia e Belo Horizonte. E nesse caso, as urnas revelaram que das onze capitais, cinco sinalizaram preferência pelo candidato: Belo Horizonte, Curitiba, Goiânia, Manaus e Rio de Janeiro.

Tabela 2: Relação entre votos válidos e concordância programática com Bolsonaro.

Capital	Preferência (%) pelo plano de governo de Bolsonaro	Votos válidos %
Belo Horizonte	**26,72**	**54,25**
Belém	18,34	49,72
Curitiba	**16,27**	**64,78**
Fortaleza	9,88	41,82
Goiânia	**28,53**	**63,95**
Manaus	**19,38**	**61,28**
Porto Alegre	16,25	46,5
Recife	14,37	43,68
Rio de Janeiro	**28,86**	**52,66**
Salvador	9,38	29,27
São Paulo	25,12	46,46

Fonte: Araujo, Simoni Jr. e Solano, 2024; TSE (2022).

Somos idealmente progressistas mas... votamos com o fígado

Embora com limitações inerentes ao método de amostragem utilizado, a pesquisa de opinião possibilita algumas reflexões relevantes. Os resultados indicam uma notável aderência dos entrevistados às pautas programáticas de caráter progressista. A escolha metodológica de apresentar as propostas de forma anônima — sem revelar sua vinculação a qualquer dos candidatos — mostrou-se especialmente eficaz, uma vez que eliminou, em grande medida, possíveis contaminações ideológicas prévias por parte dos eleitores. Essa estratégia permitiu uma análise mais isenta das preferências programáticas, revelando uma dissociação entre o conteúdo das propostas e a identificação político-partidária manifestada no voto.

Apesar de todos os avanços conquistados, o Brasil ainda é um país cuja estrutura de classes possui uma forma piramidal. Os dados do censo demográfico 2010[13] – e veja que estamos falando de dados que registram a atuação dos governos de Lula e Dilma, ou seja, os bons indicadores apresentados na introdução – revelam que apenas 0,4% da população possui renda mensal acima de 20 salários mínimos; esta é a nossa elite econômica e que perfaz o topo da pirâmide. Compondo esse topo, também está a alta classe média, preceptora de 10 a 20 salários mínimos, e que correspondem a 1,2% da população. A massa da classe média, que recebe entre 5 e 10 salários mínimos, corresponde a 3,6% da população. A base da pirâmide é composta pela classe trabalhadora, 11,3% da população que ganha entre 2 e 5 salários mínimos, somados a outros 83,4% da população que percebem até 2 salários mínimos (IBGE, 2010).

É razoável supor, portanto, que ao menos 80% da população carece de um Estado presente e que preze pelos direitos constitucionais de educação, saúde e moradia digna para esta numerosa fração de classe. Portanto, optar por um governo que persiga tais preceitos constitucionais é de se esperar de uma população majoritariamente pobre e carente de serviços públicos gratuitos. Somos idealmente progressistas.

13 Os dados estratificados de renda do Censo 2022 ainda não foram disponibilizados no momento da escrita desse texto.

Contudo, a persistência de uma estrutura social oligárquica no Brasil — sustentada por um pacto entre a elite conservadora e parcelas da classe média, pela dependência geopolítica e pelo histórico assentimento a golpes de Estado — tem desempenhado um papel central na manutenção das desigualdades. Nesse contexto, a esfera pública cumpre uma função decisiva na construção do convencimento popular.

Sempre que um governo propõe políticas que buscam reduzir as desigualdades estruturais e ampliar os direitos sociais, levanta-se, de forma recorrente, a bandeira da corrupção, situada cirurgicamente na política e centrada nos partidos de esquerda, para convencer a população de que tais partidos e/ou políticos não são adequados para governar o país. Trata-se de uma operação discursiva que busca neutralizar qualquer projeto político voltado à inclusão social, por meio da desqualificação moral de seus representantes.

Foi assim com Getúlio Vargas, com Lula e com Dilma. Capas de revista, manchetes de jornal, horas seguidas nos noticiários televisivos e comentários incessantes nos programas de rádio compuseram um verdadeiro cerco midiático. Um batalhão de autoproclamados paladinos da justiça e do combate à corrupção construiu uma narrativa moralista e maniqueísta, baseada na dicotomia entre o bem e o mal, entre o pobre honesto e o pobre delinquente.

Com o advento das redes sociais, esse processo parece ter se tornado ainda mais eficiente: a mensagem chega diretamente ao destinatário, e os algoritmos definem, de forma invisível, aquilo que cada usuário deve ver, pensar e consumir. Nesse cenário, o voto deixa de ser uma escolha racional e se transforma, muitas vezes, em uma reação emocional — vota-se com o fígado, e não com a razão.

A regulação das redes sociais e a promoção de um letramento político amplo e acessível são pautas urgentes. Apenas com uma população consciente de seus direitos constitucionais será possível enfrentar o poder das estruturas que moldam a esfera pública em favor do capital. Pela lógica de acumulação do capitalismo, a tendência dominante é a imposição de uma agenda política alinhada à direita, de cunho liberal. O que está em disputa hoje, porém, é ainda mais grave: a consolidação de um modo de acumulação ultraliberal, marcado por níveis mais profundos de desigualdade social — já amplamente observados durante o período neoliberal.

A construção do consentimento em torno dessa agenda de extrema direita está em pleno curso, sustentada por algoritmos opacos e por redes organizadas de desinformação. Sem regulação, a esfera pública digital atua como instrumento de reprodução das desigualdades, fazendo com que, paradoxalmente, a própria classe trabalhadora acabe por apoiar projetos políticos que a prejudicam e que, em vez de ampliar direitos, os revogam. O binômio esfera pública (manipulação das massas) e ausência de letramento político tem sido a receita certa para a manutenção de projetos conservadores. É o que a história tem nos mostrado.

Enfim, uma luz no fim do túnel

Na data de hoje, 26 de junho de 2025, enquanto finalizo esse texto, há de se registrar uma primeira vitória no sentido de regulação das redes sociais: o STF decidiu que as redes devem ser responsabilizadas por conteúdos ilegais, revogando o artigo 19 do Marco Civil da Internet. Dessa forma, as plataformas serão responsabilizadas diretamente pelas postagens ilegais feitas por seus usuários e deverão retirar, dentre outros, conteúdos relacionados a atos antidemocráticos, mensagens com discurso de ódio e ofensas pessoais, após notificação extrajudicial (Richter, 2025). Trata-se de uma importante vitória, a despeito da morosidade do Congresso Nacional em legislar sobre a matéria, que tramita há cinco anos na Casa. Quem sabe, com menos desinformação circulando, o letramento político se torne possível. É a história que vai nos contar.

Agradecimentos

Agradeço ao CNPq e a Fundação Tide Setubal pelo fomento à pesquisa.

Referências

ARAUJO, C. P.; SIMONI Jr., S.; SOLANO, E (org). *Bolsonarismo e lulismo nas principais capitais brasileira*. Uma análise de percepções sobre os programas políticos de 2022, acesso a mídias sociais e *fake news*. Porto Alegre: UFRGS e Jacarta Produções, 2024. Disponível em: https://www.ufrgs.br/cegov/publicacao/v/178?n=Bolsonarismo_e_Lulismo_nas_principais_capitais_brasileiras.

ARAUJO, C. P. Terra à vista! O litoral brasileiro na mira dos empreendimentos turísticos imobiliários. Tese (Doutorado em Arquitetura e Urbanismo). Faculdade de Arquitetura e Urbanismo, Universidade de São Paulo. São Paulo, 2011.

BOITO Jr, A. *Reforma e crise política no Brasil*: os conflitos de classe nos governos do PT. Campinas: editora da Unicamp, 2018.

BRESSER-PEREIRA, L. C. *A construção política do Brasil*: sociedade, economia e Estado desde a Independência. São Paulo: Editora 34, 2014.

CARVALHO, L. *Valsa brasileira*. Do boom ao caos econômico. São Paulo: Todavia, 2018.

CAMPELLO, T. *As faces da desigualdade no Brasil*: um olhar sobre os que ficam para trás. Brasil, 2017. Disponível em www.flacso.org.br. Acesso em: 13 mai. 2018.

CHOMSKY, N. *Consentimento sem consentimento*: a teoria e a prática da democracia. *Revista Estudos Avançados*, 11(29), 1997, p. 259 – 276.

DOWBOR, L. *O capitalismo se desloca*: novas arquiteturas sociais. São Paulo: edições Sesc: São Paulo, 2020.

FRASER, N. Rethinking the public sphere: a contribution to the critique of actually existing democracy. *Social Text,* 1990, 25/26: 56-80. Disponível em www.jstor.org/stable/466240. Acessado em: 23 ago. 2021.

FURTADO, C. *Raízes do subdesenvolvimento.* Rio de Janeiro: Civilização Brasileira, 2003.

GONÇALVES, R; POMAR, V. *O Brasil endividado*: como nossa dívida externa aumentou mais de 100 bilhões de dólares nos anos 90. São Paulo: Editora Fundação Perseu Abramo, 2000.

HABERMAS, J. *Mudança estrutural da esfera pública.* São Paulo: Editora Unesp, 2014.

HARVEY, D. *O Neoliberalismo*: história e implicações. São Paulo: edições Loyola, 2014.

IBGE, Instituto Brasileiro de Geografia e Estatística (2010). Resultado do Universo do Censo Demográfico 2010. Recuperado de https://ftp.ibge.gov.br/Censos/Censo_Demografico_2010/Resultados_do_Universo/tabelas_pdf/tab8.pdf.

KORYBKO, A. *Guerras híbridas*: das revoluções coloridas aos golpes. São Paulo: Expressão Popular, 2018.

LOSEKANN, C. A esfera pública habermasiana, seus principais críticos e as possibilidades do uso deste conceito no contexto brasileiro. *Pensamento Plural.* Pelotas [04]: 37 -57, janeiro/junho, 2009.

MERCADANTE, A; ZERO, M. (org). *Um legado para o futuro*: governos do PT. São Paulo, Fundação Perseu Abramo, 2018.

MURDOCK, G. Refeudalizacão revisitada: a destruição da democracia deliberativa. MATRIZes. São Paulo, v. 12, nº 2, maio/agos, 2018, p. 13-31.

PEREIRA DE ARAUJO, C; DE OLIVEIRA E SILVA, T. D.; NASCIMENTO RODRIGUES, B. "Vem pra rua" ou "fica em casa"? *Bitácora Urbano Territorial,* 32 (III): 55-68. https://doi.org/10.15446/bitacora.v32n3.102150.

PRADO JÚNIOR, C. *História Econômica do Brasil*. 1945. 47ª reimpressão. São Paulo: Brasiliense, 2006.

REBELO JUNIOR, M. O Desenvolvimento Sustentável: a crise do capital e o processo de recolonização. Tese (Doutorado em Geografia Humana). Faculdade de Filosofia, Letras e Ciências Humanas, Universidade de São Paulo. São Paulo, 2002.

RICHTER, A. STF decide que redes devem ser responsabilizadas por conteúdos ilegais. *Agência Brasil*. 26 junho de 2025. Disponível em: https://agenciabrasil.ebc.com.br/justica/noticia/2025-06/stf-decide-que-redes-devem-ser-responsabilizadas-por-conteudos-ilegais. Acesso em: 26 jun. 2025.

ROCHA, C. *Menos Marx, Mais Mises*: o liberalismo e a nova direita no Brasil. São Paulo: Todavia, 2021.

ROCHA, C. SOLANO, E. MEDEIROS, J. *The Bolsonaro Paradox*: the public sphere and right-wing counterpublicity in contemporary Brazil. Londres: Springer, 2021.

SCHREIBER, M. É possível dizer que Lula foi inocentado na Lava Jato? BBC News Brasil. 22 agosto 2022. Disponível em: https://www.bbc.com/portuguese/brasil-62612955. Acesso em: 26 jun. 2025.

SILVA , F. F. N. D. Cruzados do século XX. O movimento tradição, família e propriedade (TFP): origens, doutrinas e práticas (1960 – 1970). Dissertação (Mestrado em História). Programa de Pós-graduação em História, Universidade Federal de Pernambuco. Recife, 2010.

SILVEIRA, S. A. *Democracia e os códigos invisíveis*: como os algoritmos estão modulando comportamentos e a escolhas políticas. São Paulo, edições Sesc, 2019.

SIMONI Jr, S; SENDRETTI, L. Lulismo, bolsonarismo e opiniões sobre políticas econômicas e sociais nas capitais. In: ARAUJO, C. P.; SIMONI Jr., S; SOLANO, E (org). *Bolsonarismo e lulismo nas principais capitais brasileira*. Uma análise de percepções sobre os programas políticos de 2022, acesso a mídias sociais e *fake news*. Porto Alegre, UFRGS e Jacarta Produções, 2024. Disponível em: https://www.ufrgs.br/cegov/publicacao/v/178?n=Bolsonarismo_e_Lulismo_nas_principais_capitais_brasileiras.

SINGER, A. *O lulismo em crise*: um quebra-cabeça do período Dilma (2011 - 2016). São Paulo: Companhia das Letras, 2018.

SOUZA, J. *A guerra contra o Brasil*. São Paulo: Estação Brasil, 2020.

SOUZA, J. *A classe média no espelho*. Sua história, seus sonhos e ilusões, sua realidade. Rio de Janeiro: Estação Brasil, 2018.

SOUZA, J. *Subcidadania brasileira*: para entender o país além do jeitinho brasileiro. Rio de Janeiro: Leya, 2018a.

SOUZA, J. *A elite do atraso*. Da escravidão à Lava Jato. São Paulo: Leya, 2017.

SOUZA, J. *A radiografia do golpe*: entenda como e por que você foi enganado. Rio de Janeiro: Leya, 2016.

Valente, J. *Fake news* sobre candidatos inundam redes sociais em período eleitoral. *Agência Brasil*, 06 de outubro de 2018. Recuperado de https://agenciabrasil.ebc.com.br/geral/noticia/2018-10/um-dia-da-eleicao-fake-news-sobre-candidatos-inundam-redes-sociais.

TSE, Tribunal Superior Eleitoral. Portal de dados abertos, votação nominal ano 2018. Recuperado de https://sig.tse.jus.br/ords/dwapr/r/seai/sig-eleicao-resultados/resultado-da-eleição?p0_ano=2018&session=307256565590580.

TSE, Tribunal Superior Eleitoral. Portal de dados abertos, votação nominal ano 2022. Recuperado de https://sig.tse.jus.br/ords/dwapr/r/seai/sig-eleicao-resultados/resultado-da-eleição?p0_ano=2022&session=307256565590580.

O Desmonte das Políticas Habitacionais por um Governo Reacionário

Clarianne Braga Borges
Raquel Garcia Gonçalves

> Os recentes processos socioespaciais têm trazido em seu bojo importantes questões e reflexões que, não obstante não serem novas, se apresentam com outras formas e roupagens. Os atuais processos de produção espacial e as atuais práticas de planejamento e gestão urbanos, ancorados em conceitos neoliberais, vêm provocando reordenamentos dos territórios, ao tratar as cidades como empresas, os espaços urbanos como mercadorias e os cidadãos como meros consumidores. A qualidade da vida urbana, nesse sentido, estaria diretamente relacionada à capacidade de se pagar por ela (Gonçalves; Paiva, 2023).

Introdução

Este estudo trata do papel a ser exercido pelo Estado na atenção aos direitos de moradia. A partir da verificação da drástica redução dos investimentos federais na esfera da habitação social nos anos 2019 a 2022, apresenta-se uma crítica à influência determinante, nesse período, da agenda ultraliberal nas escolhas políticas e orçamentárias. Nesse contexto, "reacionário" refere-se à tendência de agir no sentido de resistir ou retroceder às mudanças sociais e políticas, frequentemente em defesa de valores tradicionais e conservadores. Sobre essas bases, considerando que o Programa Casa Verde e Amarela tenha, na realidade, significado a ruptura de políticas de habitação pelo governo federal, o objetivo do trabalho consiste em demonstrar que a corrente de extrema direita tem maior probabilidade de exercer influência em processo concentrado de tomada de decisão relacionada às políticas de habitação. A proposta é analítica porquanto não se pretende apresentar soluções ou possíveis respostas ao problema porventura identificado, ainda que recomendações gerais possam ser formuladas, especialmente, na conclusão. Utiliza-se como hipótese a ideia de que a ausência de governança plural, que viesse a incluir a perspectiva das classes vulneráveis nos processos de escolhas políticas na área de habitação social, constituiria um fator de volatilidade em circunstância de alternância de governo.

Para o teste de hipótese, serão utilizadas bibliografias que relacionam os campos da Arquitetura, da Economia Política e do Direito Urbanístico, notícias veiculadas por periódicos, bem como será empreendida uma análise dedutiva tanto dos dados de déficit habitacional fornecidos pela Fundação João Pinheiro (FJP) quanto dos dados de orçamento destinados à política de moradia, constantes no SIGA Brasil, desenvolvido pelo Senado Federal, em recorte temporal de 2009 a 2022. Esse recorte temporal permite confrontar os números orçamentários do Minha Casa Minha Vida, em governos distintos, com os reduzidos aportes do Casa Verde e Amarela. Ao final, o estudo pretende responder à questão: a concentração da tomada de decisão consiste em fator que contribui para a ruptura de política de habitação em face da alternância de governo? Nessa perspectiva, o trabalho procura contribuir para o debate sobre a tensão formada entre o papel estatal – na garantia de bem-estar social e no acesso ao território da cidade – e (*versus*) a atuação do ultraliberalismo para que esse papel não seja desenvolvido.

A crise da habitação social a partir de uma agenda ultraliberal

A agenda da ultradireita frequentemente entra em rota de colisão com as políticas de habitação social, uma vez que trabalha o convencimento da sociedade de que o Estado é seu inimigo. Argumenta que a ausência do Estado viria a viabilizar o livre atendimento pelo mercado imobiliário das demandas individuais. Essa liberalidade, contudo, não leva em conta as complexas dinâmicas socioeconômicas e os fatores históricos de desigualdade habitacional. Despejos, gentrificação e a crescente inacessibilidade às áreas urbanas para as classes trabalhadoras são problemas raramente abordados de forma adequada pelo pensamento liberal.

Uma visão limitada sobre a efetividade das políticas de habitação pode resultar na falta de investimentos em moradia para grupos em situação de vulnerabilidade socioeconômica, exacerbando ainda mais as desigualdades entre os tomadores de decisão e aqueles que apenas podem ser persuadidos pelas decisões tomadas sobre sua própria moradia.

No contexto do neoliberalismo, o direito à moradia e à participação da sociedade civil é ainda mais prejudicado pela centralização do poder decisório nas mãos daqueles que detêm o poder econômico. Essa lógica neoliberal, que inicialmente propõe a redução do papel do Estado em favor da iniciativa privada, evolui para uma forma ainda mais aguda no ultraliberalismo, onde a atuação estatal não apenas é limitada, mas deliberadamente enfraquecida em áreas sociais essenciais, como a habitação. Nesse estágio, a ideologia ultraliberal prioriza de forma extrema os interesses do mercado e do capital, tratando a moradia como mercadoria e marginalizando, de maneira sistemática, as vozes das populações vulneráveis. Essa agudização intensifica a segregação social, ao excluir quase completamente os atores sociais do processo decisório e consolidar a hegemonia de elites econômicas, que passam a ditar as diretrizes políticas sem qualquer mediação democrática.

Ultraliberalismo e a centralização do poder: a dinâmica do controle econômico nas decisões políticas

As políticas ultraliberais, ao priorizarem a redução do papel do Estado e a promoção da privatização dos serviços públicos, como a habitação, favorecem as elites econômicas e marginalizam os grupos vulneráveis. As decisões políticas são moldadas para atender aos interesses dos que já detêm privilégios e recursos, ignorando as necessidades e vozes das populações marginalizadas e perpetuando, desse modo, um ciclo de exclusão e desigualdade, verificado, em específico, para a análise deste estudo, no âmbito das políticas de habitação.

Nessa lógica, os atores centrais da política dominam o processo decisório e restringem o acesso à cidade, simplificando o espaço e reduzindo sua diversidade ao estabelecer diálogos voltados ao convencimento. O consenso não é política, mas sim a redução da pluralidade, pois abafa o conflito e impede a expressão de ideias dissonantes de modo dialógico (Mouffe, 2015). O silenciamento está presente em ambientes de centralização das decisões e domínio de minorias, onde classes inteiras são impedidas de expressar suas opiniões e participar das decisões políticas.

Dessa forma, a centralização do poder decisório nas mãos de elites econômicas tem se revelado um fator que merece a atenção dos apoiadores da democracia. Quando as políticas são moldadas por um pequeno grupo com interesses econômicos específicos, a participação e a representação das camadas mais amplas da população tendem a diminuir, o que mitiga a confiança nas instituições democráticas.

Movimentos sociais e sindicatos encontram dificuldades para influenciar as políticas públicas quando enfrentam o poder consolidado das corporações e dos privilegiados, criando um ambiente onde as necessidades e direitos dos cidadãos são frequentemente ignorados. A pluralidade imanente à democracia reivindica a ação em sentido contrário, mediante a observância das inúmeras possibilidades e visões de mundo. Nesse aspecto, a cidadania seria reconhecida como um *status* que se conquista e se molda continuamente por meio do conflito e da reflexão crítica sobre a realidade (Gonçalves; Paiva, 2023).

Viabilizar um ambiente de justiça social e qualidade de vida consiste em questão essencial para que os grupos de contextos específicos tenham a possibilidade de definir suas próprias agendas e estabelecer prioridades (Souza, 2010). Afinal, não se pode perder de vista que os próprios espaços urbanos se relacionam com a distribuição de poder, consolidando-se não só em ações intencionais, mas também em práticas coletivas fluidas e improvisadas (Simone, 2004).

Dessa feita, considerando o aspecto da fluidez e da formação de novas centralidades, o espaço informal precisaria ser legalizado (Castela, 2011) e reconhecido no conflito das diversidades. Em consequência, é necessário analisar se o Estado adota um planejamento urbano homogêneo, mantendo o centro como espaço de poder e criador de normas centrais que determinam o uso e os espaços da cidade (Velasco; Gonçalves, 2022), ou se atua como um ente fomentador constante de novas possibilidades.

A característica ultraliberal é de centralização do poder decisório e exclusão da sociedade multifacetada da política. Uma questão que foi evidente na política de habitação social implementada durante o governo Bolsonaro, entre 2019 e 2022, a partir da adoção de uma agenda ultraliberal.

Desconsideração socioeconômica e retirada estatal: uma crítica à abordagem ultraliberal nas políticas habitacionais

A crítica à abordagem ultraliberal por desconsiderar as complexidades socioeconômicas e promover a retirada do Estado das políticas habitacionais, pode ser enriquecida pela análise de Lijphart (1999). O autor demonstra que arranjos institucionais que promovem a fragmentação do poder e a inclusão de múltiplos atores políticos tendem a produzir políticas públicas mais eficazes e inclusivas. Portanto, a construção de políticas de habitação social deve considerar a importância de processos decisórios que contemplem a diversidade de interesses sociais, contrariando a ideia de que a ausência do Estado e a consequente concentração de poder, fundada em domínio econômico, resultam em resultados mais adequados à sociedade.

Lijphart (1999), em suas análises, delineia diferenças cruciais entre dois tipos de democracias: a majoritária e a consensual, enfatizando como seus arranjos institucionais impactam a qualidade e os resultados das políticas públicas. As democracias majoritárias são caracterizadas pela concentração de poder no Executivo e pelo princípio de "governo da maioria", o que leva a uma tomada de decisão mais rápida e eficiente, pois o número de atores políticos influentes é reduzido, concentrando-se, em regra, na cúpula governamental. No entanto, o autor argumenta que essa rapidez e eficiência não necessariamente se traduzem em resultados mais adequados às políticas governamentais (Lijphart, 1999), especialmente, para o caso de sociedades muito diversas, como ocorre com o Brasil. Embora a capacidade de implementar decisões rapidamente possa ser vista como uma vantagem, a falta de diversidade de opiniões e o risco de marginalizar minorias são preocupações significativas. Políticas implementadas sem ampla consulta podem carecer de legitimidade e enfrentar resistência significativa de partes da sociedade que se sentem excluídas do processo decisório.

Em contraste, as democracias consensuais, focadas na proporcionalidade, são definidas pela fragmentação do poder de decisão. Nesses sistemas, a governança é baseada em amplos consensos e na inclusão de múltiplos grupos sociais e políticos. Lijphart (1999) destaca que, embora o processo decisório nas democracias consensuais possa ser mais lento devido à necessidade de negociação e compromisso, o resultado tende a ser mais estável e inclusivo. Políticas respaldadas por amplos consensos têm maior probabilidade de serem implementadas com sucesso e de permanecerem sustentáveis a longo prazo. A inclusão de diversas perspectivas ajuda a garantir que as políticas atendam a uma gama mais ampla de interesses sociais, ampliando, desse modo, sua legitimidade e aceitação.

Contrariando a visão convencional de que as democracias majoritárias são superiores devido à sua eficiência, Lijphart (1999) demonstra que não há evidências empíricas para apoiar essa afirmação. Ele argumenta que a qualidade de uma democracia deve ser medida pela capacidade de suas instituições de promover políticas públicas eficazes e justas, que atendam aos interesses de toda a sociedade, não apenas aos interesses da maioria dominante, tampouco de um grupo minoritário controlador do poder decisório. Assim, as democracias consensuais, com seu foco em pluralismo e inclusão, frequentemente oferecem efetivos ganhos em termos de governança estável e equitativa. Políticas desenvolvidas por processos inclusivos são mais propensas a serem bem-sucedidas e duradouras, ao contrário das políticas impostas por um governo majoritário que pode desconsiderar os interesses das minorias, especialmente dos setores de maior vulnerabilidade social.

No mesmo sentido, Mouffe (2012) afirma que, ao relegarem o pluralismo e o conflito para o domínio do não público, os consensos racionais se mostram problemáticos, pois isolam a política de suas consequências. Isso acaba por eliminar o específico da política e não reconhecer a natureza ontológica do político, diminuindo a capacidade de contestação (Mouffe, 2003). Em vez de cumprir suas promessas, o ideal da democracia, como realização de um consenso racional, se torna um instrumento de exclusão. O domínio da política não é um terreno neutro que pode ser isolado do pluralismo de valores, nem é um campo onde soluções racionais e universais podem ser formuladas (Mouffe, 2006). O conflito e o dissenso são condições ontológicas do político, portanto, fundamentos das relações humanas e da sociedade.

Contudo, essas características democráticas são colidentes com os princípios que regem a agenda da ultradireita, uma vez que as políticas da ultradireita priorizam aqueles considerados cidadãos legítimos, geralmente definidos por critérios raciais, étnicos, nacionais ou religiosos, e excluem as minorias (*outsiders*) que são vistas como ameaças ao bem-estar e à segurança de uma pátria idealizada (Jupskås; Leidig, 2020; Mudde 2019; Pini, 2021). Rejeitam, dessa forma, o pluralismo democrático e a igualdade, defendendo hierarquias sociais explícitas (Mudde, 2019).

Nesse contexto, observa-se que a agenda ultraliberal também promove o silenciamento da participação popular nos órgãos colegiados e determina os cortes orçamentários para políticas habitacionais. A extinção dos espaços institucionais de participação popular, bem como a descontinuação dos fóruns de diálogo entre o governo e movimentos sociais surge como uma estratégia para consolidar o poder dominante. Ao eliminar os conselhos de participação da sociedade civil, o governo reduz significativamente a capacidade da população de influenciar as políticas públicas, especialmente, aquelas voltadas para a habitação.

A política habitacional do governo Bolsonaro exemplifica uma lógica ultraliberal excludente, que anulou a participação da sociedade nos processos decisórios e sinalizou o desmonte das políticas sociais. Em abril de 2019, para marcar os 100 dias de governo, foi publicado o Decreto nº 9.759 de 11/04/2019 (posteriormente revogado pelo Decreto nº 11.371 de 01/01/2023, já na nova gestão Lula). O Decreto de 2019 reduziu drasticamente o número de conselhos previstos pela Política Nacional de Participação Social (PNPS) e pelo Sistema Nacional de Participação Social (SNPS), passando de 700 para menos de 50. Foram extintos o Conselho das Cidades e o Gestor do Fundo de Habitação para Interesse Social.

É importante destacar que a instituição do Conselho Nacional das Cidades, em 2003, foi um elemento central na formulação e negociação de políticas urbanas. No Conselho, havia representação de setores governamentais dos três níveis de governo, bem como de segmentos da sociedade civil, incluindo o setor empresarial, sindicatos, organizações profissionais, ONGs, entidades acadêmicas e de pesquisa, e movimentos populares, todos eleitos em Conferências Nacionais de amplo escopo. De acordo com o Dossiê do Fórum Nacional de Reforma Urbana (2020), durante seus anos de funcionamento efetivo, o Conselho das Cidades desempenhou um papel fundamental na discussão e aprovação de políticas urbanas baseadas no princípio do direito à cidade, destacando-se entre elas as seguintes: a) O Sistema Nacional de Habitação de Interesse Social - SNHIS e o Fundo Nacional de Habitação de Interesse Social – FNHIS; b) A elaboração da lei nacional de saneamento básico (Lei nº 11.445 de janeiro de 2007); c) A elaboração do Plano Nacional de Habitação e Interesse Social (2010); d) A Política Nacional de Mobilidade Urbana (Lei 12.587 de janeiro de 2012); e) A campanha Plano Diretor Participativo (2005-2006); f) O Grupo de Trabalho (GT) de Prevenção aos Conflitos Fundiários, instituído no âmbito do Conselho das Cidades; g) Os grupos de trabalho, instituídos no âmbito da Secretaria do Patrimônio da União - SPU, tanto no âmbito federal como nos diversos estados da federação, que promoveram a destinação de terras da União para fins de habitação de interesse social.

À época, chamado a manifestar sobre o Decreto que extinguiu os conselhos, o Supremo Tribunal Federal (STF) concedeu uma liminar para a suspensão parcial do decreto 9.759/2019, argumentando que Bolsonaro não poderia extinguir, por meio de decreto, colegiados que foram criados por lei. Contudo, o governo federal, minando a participação da sociedade civil nos conselhos, diminuiu o número integrantes nos espaços que ainda permaneceram vigentes.

Essa medida resultou em um obstáculo à continuidade da política de desenvolvimento urbano, já que esses órgãos eram responsáveis por definir a alocação dos recursos do Fundo destinado à política de moradia. A abordagem do governo Bolsonaro, ao desestabilizar espaços de participação e dissenso, reflete a proximidade com a política ultraliberal, em seu propósito de minimizar a intervenção estatal e promover a livre atuação do mercado.

Por conseguinte, essa transformação, no campo habitacional, evidencia um paradoxo intrínseco à democracia liberal: a impossibilidade de estabelecer consensos permanentes ou de extinguir conflitos interpretativos abrangentes sobre a articulação entre liberdade e igualdade. Os centros de poder articulam ações que, pretensamente, visam a apoiar populações periféricas; no entanto, as decisões tomadas, geralmente, são baseadas em uma racionalidade econômica influenciada pelo liberalismo, que desconsidera as complexidades socioeconômicas.

É preciso apontar que a eliminação dos órgãos participativos da sociedade civil nas políticas de habitação ocorreu em um momento no qual o Brasil registrou (em 2019) um déficit de 5,876 milhões de domicílios, sendo 5,044 milhões situados em áreas urbanas e 832 mil em áreas rurais, segundo relatório da Fundação João Pinheiro (2021). Esse déficit habitacional foi exacerbado pela pandemia de Covid-19, que veio a agravar as condições de vulnerabilidade de muitas famílias.

Assim, a transformação da política habitacional no governo Bolsonaro não só desconsiderou a importância da participação social na formulação de políticas, como também contribuiu para o agravamento das desigualdades habitacionais no Brasil, especialmente em um contexto de crise sanitária como a pandemia de Covid-19. As políticas desenvolvidas sem inclusão e pluralismo não atendem, adequadamente, aos interesses de toda a sociedade, reforçando, assim, as vulnerabilidades daqueles que mais precisam de apoio estatal.

Paralelamente ao silenciamento da participação da sociedade civil, os cortes orçamentários em programas habitacionais são um reflexo da priorização de interesses econômicos sobre o bem-estar social no governo de Bolsonaro. Sem o financiamento adequado, o programa habitacional não consegue cumprir sua função social de fornecer moradia digna às populações vulneráveis. A combinação dessas ações resulta na marginalização ainda maior das minorias e na intensificação das desigualdades sociais, alinhando-se com a ideologia ultraliberal que favorece hierarquias sociais rígidas e exclui aqueles considerados *outsiders*.

Do silenciamento civil ao corte orçamentário no Programa Casa Verde e Amarela

> [...] não será dada continuidade aos espaços institucionais de participação popular e ao diálogo entre governo e movimentos sociais de moradia. A ausência de diálogo se faz ainda com a criminalização destas articulações populares e suas lideranças, que em pouco mais de um ano de governo já levou a prisões e atos de violência contra líderes populares consolidados (Dossiê FNRU, 2020).

A crítica (na epígrafe) presente no Dossiê do Fórum Nacional de Reforma Urbana é especialmente pertinente para o estudo das ações do governo Bolsonaro entre 2019 e 2022. O silenciamento das inúmeras vozes da sociedade, em razão da redução de sua participação em decisões sobre as políticas públicas habitacionais repercutiu como um anúncio da intenção de direcionar a política social de habitação para uma agenda ultraliberal. Em sentido semelhante, a criminalização dos movimentos sociais, entre eles os movimentos sociais por moradia e terra urbana, foi outro sinal desse silenciamento violento, que culminaria em cortes orçamentários e substituições de políticas habitacionais. Durante esse período, o governo desmantelou, gradualmente, a política habitacional brasileira.

> Nesse cenário, os avanços decorrentes da adoção dos princípios da reforma urbana e do direito à cidade, que foram conquistados através das lutas das classes populares e das políticas institucionais progressistas ao longo dos últimos anos, correm um enorme risco de serem desmontados pela adoção de um modelo de gestão autoritário e opaco às demandas da sociedade, mas afinado com o pensamento neoliberal (Dossiê FNRU, 2020).

A gestão Bolsonaro foi responsável por descontinuar o programa Minha Casa Minha Vida (MCMV), lançado no governo Lula e que havia se mostrado promissor, apesar de ter demonstrado, ainda em seus primeiros anos, a necessidade de aprimoramentos. O governo Bolsonaro optou por não aperfeiçoar o MCMV, preferindo substituí-lo pelo programa Casa Verde e Amarela. Nesse processo, ainda sob a designação de Minha Casa Minha Vida, entre os anos 2019 e 2020, realizou um corte de 45% (o que representava, naquele momento, R$ 2,1 bilhões) e, no ano seguinte, em abril, outros 98% do que restou foram cortados, chegando ao valor de apenas R$ 27 milhões para todo o país – aproximadamente o custo de um conjunto de 150 unidades residenciais (Guerreiro; Santoro; Rolnik, 2022).

Portanto, as reduções orçamentárias iniciados no Programa Minha Casa Minha Vida evidenciam a estratégia de aniquilamento gradual da política pública habitacional, culminando na criação do Casa Verde e Amarela, por meio da Lei nº 14.118, de 12 de janeiro de 2021.

Os parcos recursos recebidos pelo Programa Casa Verde e Amarela revelaram-se, na verdade, uma ação destinada à descontinuidade da política habitacional pública. Os dados sobre os financiamentos desses programas habitacionais apontam nesse sentido, haja vista o registro de declínio significativo no período parcialmente analisado, com quase nenhum investimento em novos projetos entre os anos 2019 e 2022 (Inesc, 2023). O governo Bolsonaro limitou consideravelmente o acesso à compra de imóveis para pessoas nas faixas de renda mais baixas.

> Uma política habitacional sem subsídios exclui praticamente 80% da população de ter acesso à moradia no país, precisamente onde se concentra o maior déficit habitacional. O que o Minha Casa Minha Vida oferecia, com subsídios para a população de baixa renda, permitindo que 1,2 milhão de pessoas tivesse acesso à casa própria, agora desaparece com Casa Verde e Amarela (Central dos Movimentos Populares, 2020).

A medida refletiu, uma vez mais, os prognósticos de uma agenda de ultradireita, voltada para o Estado mínimo, em privilégio do capital. O Programa Casa Verde e Amarela excluiu a faixa 1, que contemplava justamente as famílias mais pobres, com renda de até R$ 1,8 mil e que era atendida exclusivamente por recursos do Orçamento da União.

O Casa Verde e Amarela foi formulado sem a participação dos movimentos populares urbanos, que têm vasta experiência na luta por moradia popular e na formatação de programas destinados à habitação digna, especialmente, para a faixa populacional de baixa renda, desempregada e em situação de vulnerabilidade social. Em vez disso, o governo federal estabeleceu diálogo com os setores empresariais da habitação e dos bancos.

Medidas como essa revelam que o Casa Verde e Amarela foi pensado para ser um programa de crédito habitacional, um produto de mercado, com taxas de juros diferenciadas, desfigurando completamente o que existia no Minha Casa Minha Vida, um programa social de habitação. Como apresentado, o novo programa não se caracterizava como um projeto nacional voltado para o enfrentamento do déficit habitacional, indo em sentido contrário do qual se propunha o Minha Casa Minha Vida, que desde a sua criação incorporava uma função social. A função social, aplicada à habitação, deve-se ponderar, consiste no reconhecimento, consagrado na Constituição da República (1988), de que ao imóvel cabe um papel no âmbito da sociedade, visando a garantir, prioritariamente, a moradia das populações vulneráveis e reduzindo, assim, as desigualdades sociais e territoriais, em favor da justiça social.

A descontinuidade dos programas habitacionais gera inúmeros impactos negativos, dentre eles:

> I. Desatenção às populações vulneráveis: quando a função social de um programa habitacional é enfraquecida ou extinta, a prioridade de atender as necessidades das populações mais vulneráveis é diminuída. Programas habitacionais que deveriam focar em proporcionar moradia digna a famílias de baixa renda, comunidades marginalizadas e pessoas em situação de rua passam a atender interesses econômicos e especulativos, em vez do bem-estar social;
>
> II. Desigualdade e exclusão: a falta de uma função social clara resulta em maior desigualdade e exclusão urbana, onde apenas aqueles que podem pagar têm acesso a moradias de qualidade. Isso intensifica a segregação espacial e amplia a exclusão social.

De igual modo, a extinção dos conselhos acarreta vários prejuízos à própria democracia, dentre eles:

> I. Perda de voz e representatividade: os conselhos de participação da sociedade civil são espaços onde diferentes segmentos da população, especialmente os marginalizados, podem influenciar a formulação e implementação de políticas públicas. A extinção desses conselhos reduz, significativamente, a capacidade da sociedade civil de participar das decisões governamentais, levando a políticas que não refletem as reais necessidades da população;
>
> II. Democratização e transparência: sem a participação ativa da sociedade civil, a transparência e a prestação de contas do governo diminuem. Isso facilita a implementação de políticas que favorecem interesses privados em detrimento do bem comum.

Dessa forma, tanto a inobservância ao conceito da função social do imóvel quanto a eliminação dos conselhos de participação são questões que sinalizam uma tendência de desmantelamento da participação popular nas políticas públicas. Sem a pressão e o monitoramento da sociedade civil, políticas habitacionais perdem o foco em justiça social e equidade. De igual modo, essas ações refletem uma agenda ultraliberal que prioriza o mercado e o lucro em detrimento das necessidades sociais. Se a função social consiste em obstáculo para o livre mercado, os conselhos de participação são percebidos como entraves à rápida implementação de políticas alinhadas a interesses econômicos.

O resultado dessas extinções é o agravamento da vulnerabilidade de populações acometidas por condições de precariedade. Trata-se de grupos sem o adequado acesso a moradias dignas e seguras e que perderam os canais formais para reivindicar seus direitos e influenciar políticas que afetam diretamente suas vidas. Souza (2002), assevera que, em situações de incerteza, não se pode lutar apenas pela regulamentação e implementação dos instrumentos de planejamento; é necessário contestar as relações de poder e quem realmente decide sobre os fins de planejamento e gestão da cidade. Caso contrário, abre-se o caminho para o um isolamento ainda maior das minorias e dos vulneráveis, focando-se os interesses do mercado, do lucro e a centralização do poder.

Vainer (2011) relata que a cidade de exceção utiliza o poder como instrumento para colocar a cidade diretamente na esfera da política, a serviço do interesse privado de estritos grupos. Não se trata mais de uma forma de governo em que o interesse geral cede lugar a formas negociais, [...] tampouco se trata apenas de governar em benefício de grupos dominantes. Trata-se de uma nova forma, em que as relações entre interesses privados e o Estado se reconfiguram completamente, entronizando novas modalidades de exercício hegemônico.

O programa Casa Verde e Amarela, como apresentado, não se caracteriza como um projeto nacional voltado para o enfrentamento do déficit habitacional nem se caracterizava pelo aspecto social, ao contrário do Minha Casa Minha Vida, que desde a sua criação atendia a faixa 1 de renda.

Pode-se ponderar que o Casa Verde e Amarela representou um programa excludente, que, ao longo de quatro anos, reduziu os fundos destinados a subvenções, conforme estabelecido em lei. O desmonte da política habitacional pode ser, assim, observado na análise da execução financeira que foi reduzido, paulatinamente, durante o governo Bolsonaro, chegando, nos dois últimos anos, a dispor menos de R$ 30 milhões para a política. Entre 2019 e 2022, a execução financeira da função habitação foi assim distribuída: i) em 2019, foram autorizados R$ 37 milhões e executados R$ 78,8 milhões de reais;[1] ii) em 2020, dos R$ 99,2 milhões autorizados, executaram-se R$ 62,1 milhões; iii) em 2021, dos R$ 111,3 milhões, somente, R$ 26,9 milhões foram efetivamente executados, iv)

1 O Governo Bolsonaro somente autorizou 37 milhões; a outra parte do montante havia sido destinada em governos anteriores.

em 2022, dos R$ 44,6 milhões, o governo executou R$ 29,7 milhões para o setor (Inesc, 2023).

Comparando com o "Relatório de Avaliação: Programa Minha Casa Minha Vida", divulgado pelo Ministério da Economia em dezembro de 2020, desconsiderando-se os recursos do FGTS, o programa MCMV recebeu um aporte total de R$ 129,8 bilhões no período de 2009 a 2019, resultando em uma média anual de R$ 11,8 bilhões, ajustada para os valores de 2019 (Brasil, 2021).

O declínio acentuado da destinação de recursos correlaciona-se a outras duas estatísticas essenciais para o estudo do direito à moradia e do bem-estar social. De acordo com informações do Ipea, a população em situação de rua no Brasil cresceu 38% entre 2019 e 2022, totalizando 281.472 pessoas (Brasil, 2023). Paralelamente, um levantamento realizado pela Campanha Despejo Zero mostrou que, entre agosto de 2020 e maio de 2022, houve aumento de 393% no número de famílias despejadas no país – despejos e remoções forçadas, que afetam principalmente a população vulnerável, negra e as mulheres residentes nas cidades brasileiras (FNRU, 2021).

De 2019 a 2022, portanto, o Estado agiu de modo contrário à luta pelo direito à cidade. Essa luta envolve a disputa entre o valor de troca e o valor de uso no espaço urbano, refletindo a oposição entre renda imobiliária e condições de vida. Sob a administração de Bolsonaro, a aplicação do fundo público voltou-se, cada vez mais, para a reprodução do capital, priorizando interesses imobiliários e financeiros sobre as necessidades habitacionais da população.

O processo de extinção de uma política pública (*policy termination*) é um tipo particular de mudança institucional que pode implicar altos custos políticos para os tomadores de decisão, sendo, por consequência, algo incomum para representantes públicos. Para minimizar esses custos, a extinção da política pública costuma ocorrer de forma gradual, por uma sucessão de decisões incrementais (Lindblom, 1959; 1979), que, ao longo do tempo, venham a esvaziar os recursos técnicos e financeiros utilizados para sustentar a diretriz pública (Souza & Sechi, 2015). Por outro lado, se há sucesso em afastar a observância a esses fatores, dando oportunidade a uma ruptura repentina, trata-se, em geral, da ocorrência de uma tomada de decisão autoritária ou, em raros casos, de um ato político bastante hábil e convincente, que consegue eliminar, inesperadamente, a política pública (Souza & Secchi, 2015).

Durante o governo Bolsonaro, testemunhamos ambos os mecanismos em ação: a redução gradual dos recursos orçamentários e a eliminação dos espaços de participação da sociedade civil, resultando na descontinuação de políticas habitacionais vitais e no redirecionamento da agenda para princípios ultraliberais.

Assim, a retomada da luta pelo direito à cidade se torna, após a saída de Bolsonaro do governo, uma questão ainda mais urgente. A crise urbana brasileira continua a persistir, contudo, aprofundada por políticas que privilegiaram, de modo evidente, o capital em detrimento das condições de vida da população.

A volta do Programa Minha Casa Minha Vida e a inflexão da agenda

A luta pelo direito à moradia e à cidade envolve a busca por democratização da cidade e passa pelo enfrentamento cotidiano entre progressistas e liberais com forte penetração no Estado. Para os ultraliberais, a democratização da cidade não consiste em um objetivo necessário, uma vez que o Estado precisaria se portar como uma empresa, de modo a favorecer o acúmulo de capital em seus múltiplos domínios (Gonçalves; Paiva, 2023). Convém aos liberais que o Estado atue em benefício de um centro dominante, de um poder concentrado em poucos tomadores de decisão, normalmente, coincidentes com aqueles que detêm o poder econômico.

Tramontano (1997), em sentido diametral, concebe que o processo de aprimoramento democrático necessita se estabelecer em bases inclusivas, destinadas, efetivamente, à redução do déficit habitacional e ao enfrentamento da precarização da habitação, com ações integradas entre o poder público, o destinatário do programa e o espaço urbano.

Não cabe, diante da realidade urbana brasileira, pensar em planejamento ultraliberal, excludente. O reconhecimento de cada uma das múltiplas partes em políticas habitacionais, portanto, corrobora com a cidade democrática e garantia do direito à moradia.

Com base nesses princípios democráticos, o Programa Minha Casa Minha Vida foi recriado, em conformidade com a Lei nº 14.620, de 23 de julho de 2023, sancionada no governo Lula. Um dos focos dessa retomada consiste em impulsionar e garantir a conclusão das unidades habitacionais, provendo moradias dignas para famílias de baixa renda em todo o território nacional.

Ademais, a estratégia do programa Minha Casa Minha Vida se insere em outro contexto de maior envergadura: o novo Programa de Aceleração do Crescimento (PAC), lançado pelo Governo Federal em 2023. Como parte do eixo Cidades Sustentáveis e Resilientes, o PAC será responsável por R$ 345,4 bilhões em investimentos, sendo R$ 316,7 bilhões destinados até 2026 e R$ 28,7 bilhões após esse período. O plano inclui a retomada e conclusão de 182.960 moradias, além da contratação de 1 milhão de unidades habitacionais na Faixa 1, 800 mil na Faixa 2 e 200 mil na Faixa 3.

O novo MCMV trouxe melhorias significativas nas condições de financiamento. Além de contar com as melhores taxas de juros do mercado, os financiamentos habitacionais passaram a admitir um maior desconto no valor da entrada para a aquisição do imóvel. O subsídio concedido pelo Fundo, que antes era restrito a R$ 47,5 mil na faixa 1, pode agora chegar a R$ 55 mil.

O retorno da faixa 1 ao programa Minha Casa Minha Vida aponta para uma forma renovada de compreensão do direito à moradia, em razão de viabilizar financiamentos acessíveis, ampliação do subsídio e aprimoramento quanto às especificações dos imóveis. O MCMV prevê o financiamento de imóveis novos ou usados, possibilitando a reinserção no mercado dos cerca de 11 mil domicílios vagos apontados pelo último Censo Demográfico do IBGE (Brasil, 2023).

Os resultados no ano de 2023 consistem na entrega de cerca de 10 mil unidades habitacionais, em 37 empreendimentos, e mais de 16 mil unidades que tiveram seu projeto de construção restabelecido, em 48 empreendimentos. Até 2026, a previsão anunciada seria de contratação de 2 milhões de novas moradias (Brasil, 2023).

Houve o retorno ao orçamento participativo e aos Conselhos, em sentido diverso do que vinha sendo implementado no governo Bolsonaro, a partir de uma agenda ultraliberal.

> A sociedade voltou a ter um papel fundamental nas definições estratégicas do país. A participação social, que ficou por anos abandonada, está de volta a uma centralidade que nunca deveria ter perdido (Lula da Silva, Presidente da República, 2023).

O Plano Plurianual (PPA) 2024-2027 foi elaborado por um processo inclusivo e participativo que abrangeu eventos nas Unidades Federativas e possibilitou a ampla participação popular por meio de plataforma virtual, recebendo cerca de 4 milhões de acessos e 1,5 milhão de votos. Ao todo, 1,4 milhão de participantes contribuíram com 8.254 propostas, demonstrando o engajamento e o interesse da população em contribuir com a construção de políticas públicas (Brasil, 2023). As plenárias do PPA foram realizadas nos 26 estados brasileiros e no Distrito Federal, reunindo cerca de 34 mil participantes e 309 movimentos e organizações sociais (Brasil, 2023).

A elaboração do Plano Plurianual 2024-2027 e a reativação do programa Minha Casa Minha Vida indicam a outorga de um espaço para a participação popular e para a inclusão de diversas vozes no processo de planejamento governamental, promovendo uma gestão pública mais transparente e democrática. A significativa participação popular na formulação do PPA, bem como as melhorias e ampliação do programa habitacional evidenciam uma ruptura com as políticas ultraliberais do governo Bolsonaro.

Ao contrário da agenda ultraliberal, a nova política de habitação social tem apresentado em seu arcabouço legal e conceitual, conforme se verificou, as diretrizes de participação ativa e inclusiva de amplas classes sociais. Trata-se de proposta que confere importância aos quesitos da redução das desigualdades e da inclusão.

Considerações Finais

Em face do exposto, de modo parcial e a permitir que reflexões futuras possam discorrer sobre as premissas aqui estabelecidas e apresentar conclusões diversas ou complementares, o estudo conclui que a concentração de tomada de decisão em política de habitação social consiste em um dos fatores a torná-la vulnerável e excludente. Portanto, enquanto a ideologia ultraliberal argumenta que a liberdade e a autonomia individual geram desenvolvimento, a realidade dos números recentes demonstra, uma vez mais, que a descontinuidade de políticas habitacionais e a concentração da tomada de decisões têm sujeitado as políticas à eventualidade da alternância de governos com resultados em ampliação do déficit habitacional e do número de pessoas em condições de vulnerabilidade, incluindo a expansão do número de pessoas em situação de rua. Em breve síntese, não ocorre desenvolvimento sem a busca pela igualdade nem a liberdade sem o respeito às capacidades individuais (Sen, 2010).

Agradecimentos

Agradecemos ao Conselho Nacional de Desenvolvimento Científico e Tecnológico (CNPq) e à Fundação de Amparo à Pesquisa do Estado de Minas Gerais (FAPEMIG) pelo apoio concedido.

Referências

BRASIL. *Relatório de Avaliação do Programa Minha Casa Minha Vida*. Governo Federal, 2021.

BRASIL. Lei nº 14.118, de 12 de janeiro de 2021. Dispõe sobre o Programa Casa Verde e Amarela. *Diário Oficial da União*. Brasília, 2021.

BRASIL. Lei nº 14.620, de 13 de julho de 2023. Dispõe sobre o Programa Minha Casa, Minha Vida. *Diário Oficial da União*. Brasília, 2023.

CENTRAL DOS MOVIMENTOS POPULARES. Disponível em: https://cmpbrasil.org/. Acesso em: 19 mai. 2024.

CASTELA, T. L. L. *A Liberal Space:* A History of the Illegalized Working-Class Extensions of Lisbon. Doctor of Philosophy in Architecture. University of California, Berkeley, 2011.

FÓRUM NACIONAL DE REFORMA URBANA (FNRU). Fique em casa! Mas que casa? O desmonte das políticas habitacionais, os despejos na pandemia, e a unificação da luta pela vida no campo e na cidade da Campanha Despejo Zero. *Dossiê FNRU*, Capítulo Políticas Habitacionais e Despejos, 2021.

FUNDAÇÃO JOÃO PINHEIRO (FJP). *Déficit habitacional e inadequação de moradias no Brasil: principais resultados para o período de 2016 a 2019*. Belo Horizonte, 2021.

GONÇALVES, R. G.; PAIVA, R. V. Danos colaterais nas cidades neoliberais: reflexões a partir do rompimento da barragem do córrego do feijão em Brumadinho/MG/Brasil. *Revista Tamoios*, São Gonçalo, v. 19, n. 2, p. 135-155, 2023.

GUERREIRO, I. A.; SANTORO, P. F.; ROLNIK, R. Projeto habitacional do governo Bolsonaro: sem casa, sem emprego e com dívida! *Labcidade*. USP, São Paulo, 2022.

INSTITUTO DE ESTUDOS SOCIOECONÔMICOS (Inesc). *Depois do desmonte: Balanço do Orçamento Geral da União 2022*. Brasília, 2023.

JUPSKÅS, A. R.; LEIDIG, E. Knowing what's (far) right: A compendium. *Relatório técnico*. Oslo, 2020.

LINDBLOM, C. E. The science of "muddling through". *Public Administration Review*, v. 19, n. 2, p. 79-88, 1959.

LINDBLOM, C. E. Still muddling, not yet through. *Public Administration Review*, v. 39, n. 6, p. 517-526, 1979.

MARICATO, E. As ideias fora do lugar e o lugar fora das ideias. In: ARANTES, O.; MARICATO, E.; VAINER, C. B. *A cidade do pensamento único: desmanchando consensos*. Petrópolis: Vozes, 2000.

MOUFFE, C. Democracia, cidadania e a questão do pluralismo. *Política & Sociedade - Revista de Sociologia Política*, 2003.

MOUFFE, C. Por um modelo agonístico de democracia. *Revista de Sociologia e Política*, 2006.

MOUFFE, C. *La paradoja democrática: el peligro del consenso en la política contemporánea*. Barcelona: Gedisa Editorial, 2012.

MOUFFE, C. *Sobre o Político*. Tradução de Fernando Santos. São Paulo: Martins Fontes, 2015.

MUDDE, C. *The Far Right Today.* Cambridge: Polity Press, 2019.

PINI, A. M. Desinformação e populismo radical de direita: o caso da eleição de Donald Trump em 2016. Tese de doutoramento, Universidade de Brasília, 2021.

SANTOS, M. *A natureza do espaço:* técnica e tempo, razão e emoção. São Paulo: Edusp, 2009.

SEN, A. *Desenvolvimento como Liberdade.* Tradução: Laura Teixeira Motta. São Paulo: Companhia das Letras, 2010.

SIMONE, A. *For the City Yet to Come:* Changing African Life in Four Cities. Duke University Press, 2004.

SOUZA, M. L. *Mudar a cidade:* uma introdução crítica ao planejamento e à gestão urbanos. Rio de Janeiro: Bertrand Brasil, 2010.

SOUZA, Y. H.; SECCHI, L. Extinção de Políticas Públicas: síntese teórica sobre a fase esquecida do policy cycle. *Cadernos de Gestão Pública e Cidadania,* v. 20, n. 66, p. 1-19, 2015.

TRAMONTANO, M. Habitações, metrópoles e modos de vida. *3º Prêmio Jovens Arquitetos, categoria "Ensaio Crítico".* São Paulo: Instituto dos Arquitetos do Brasil/Museu da Casa Brasileira, 1997.

VAINER, C. Cidade de exceção: reflexões a partir do Rio de Janeiro. *Encontro Nacional da ANPUR,* 2011.

VELASCO, M.; GONÇALVES, R. G. Atuação do Estado e segregação: a questão da habitação em São João Nepomuceno/MG. *arq.Urb,* n. 34, p. 54–68, 2022.

PARTE II

A ESFERA PÚBLICA E A CONSTRUÇÃO DO CONSENTIMENTO

Desinformação, mídia e democracia no Brasil

Eliara Santana Ferreira

> The role of the media in contemporary politics forces us to ask what kind of a world and what kind of a society we want to live in, and in particular in what sense of democracy do we want this to be a democratic society [1](Chomsky, 1991, p. 5).

Introdução

A proposta que desenvolvo neste capítulo estrutura-se no sentido de pensar a articulação existente entre desinformação, mídia e democracia em consonância com a atual realidade brasileira. Tal reflexão nos leva, primeiramente, a ampliar a percepção relativa à Comunicação, tomando-a como constitutiva dos fenômenos sociais, políticos e econômicos, portanto, não sendo apenas considerada como um conjunto de ferramentas técnicas ou atividades específicas para certas funções ou usos; leva-nos também a buscar compreender a desinformação como fenômeno complexo e de variadas facetas e manifestações, que não se esgota somente no ato de disseminação de *fake news*; por fim, esta reflexão nos conduz à constatação de que a democracia é amplamente afetada por esses fenômenos.

1 O papel da mídia na política contemporânea nos força a indagar em que tipo de mundo e em qual tipo de sociedade nós queremos viver e, em particular, em que senso de democracia nós queremos ser uma sociedade democrática (Tradução livre).

Assim sendo, quero iniciar esta abordagem retrocedendo um pouco no tempo da vida nacional em termos sociopolíticos. Os últimos 10 anos da vida política e social do Brasil foram fortemente relevantes para compreendermos, especialmente, dois aspectos: 1) O papel da mídia no cenário sociopolítico e econômico do país; 2) a impossibilidade de dissociar a comunicação, pensada desse modo amplo e constitutivo, das questões relativas ao funcionamento da democracia. Num brevíssimo retrospecto, podemos citar: a) a ação da mídia corporativa em parceria com a Operação Lava Jato, que foi determinante para os rumos do processo de impeachment da então presidenta Dilma Rousseff; b) a blindagem da mídia corporativa em relação ao governo Michel Temer, que assumiu após o impeachment e implementou, sem holofotes, uma drástica política de cortes de políticas sociais e precarização do trabalho; c) a adesão de parte da mídia ao candidato de extrema direita, Jair Bolsonaro, no processo eleitoral de 2018, com forte alinhamento contrário ao candidato do Partido dos Trabalhadores, Fernando Haddad.

Todas essas mobilizações e orquestrações midiáticas tiveram grande ressonância nos processos político-eleitorais em curso, contribuindo para alterar os rumos da vida nacional, ao que se somou, a partir de 2018, a expressiva consolidação de um potente ecossistema de desinformação que transformou o Brasil num grande laboratório de realidade paralela.

Portanto, discutir essas interfaces e buscar entender as dinâmicas desses processos é determinante para que consigamos construir possibilidades de enfrentamento e perspectivas de defesa de um acesso plural à informação, bem como da democracia no Brasil. Proponho, nesse sentido, fazer um percurso do sistema de informação no Brasil ao ecossistema de desinformação, procurando compreender a organização e a dinâmica de cada processo, suas interfaces e os impactos à sociedade e à democracia.

Sistema de informação

No Brasil, o sistema de informação é impactado e fortemente definido por uma altíssima concentração dos meios de comunicação sob controle de poucos grupos e a falta de pluralidade no acesso à informação. Antes de situar esse aspecto especificamente, vou resgatar alguns apontamentos teóricos pertinentes para a discussão. Inicialmente, retomo a leitura de Thompson (1995) para pensar a mídia como um sistema cultural complexo que tem duas dimensões: a simbólica e a contextual. Segundo o autor, a dimensão simbólica é marcada por um jogo entre signos e sentidos, em que ocorre construção e reconstrução, armazenamento, produção e circulação de produtos que são repletos de sentidos. Por sua vez, a dimensão contextual envolve os aspectos temporal e espacial, sendo que os produtos desse sistema são fenômenos sociais em determinados contextos. Thompson (1995) ressalta que:

> A reprodutibilidade das formas simbólicas é uma das características que estão na base da exploração comercial dos meios de comunicação. As formas simbólicas podem ser 'mercantilizadas', isto é, transformadas em mercadorias para serem vendidas e compradas no mercado; e os meios principais de "mercantilização" das formas simbólicas estão justamente no aumento e no controle da capacidade de sua reprodução (Thompson, 1995, p. 46).

Em relação ao discurso de informação, sendo um produto da mídia corporativa e estruturado na interface entre linguagem e ideologia, Mari e Santana (2018) ponderam que tal discurso "é atravessado por aspectos culturais, socioeconômicos e identitários, valores e crenças vinculados a um sistema sócio-político-cultural dominante. Assim, é moldado pelas relações de poder que se estabelecem numa sociedade e se legitima pela assunção da imprensa como sendo uma 'vigilante' do poder" (Mari e Santana, 2018, p. 173).

Considerando a produção midiática como prática discursiva, importante ressaltar que ela opera a partir de um processo de seleção e, sobretudo, da reconfiguração de repertórios, num processo de reconstrução de sentido. É pelo discurso midiático que se dá visibilidade aos acontecimentos, sejam eles políticos, econômicos ou sociais, portanto, a mídia assume um tal poder que se torna responsável por reconfigurar as dimensões do público e do privado.

Trazendo brevemente a perspectiva da análise do discurso para uma compreensão do que significa informar, busco a abordagem de Charaudeau (2013), que afirma que a informação deve ser considerada como também estando ligada a sistemas de valores que vão direcionar o uso dos signos em determinadas situações e em certos contextos. E assim, o ato de informar torna-se um fenômeno restrito a alguns "especialistas". Charaudeau (2013) aponta, ainda, que há um ponto de vista ingênuo referente à informação:

> Segundo esse modelo, tudo acontece como se houvesse, entre uma fonte de informação (que poderia ser a própria realidade, ou qualquer organismo dispondo de informações) e um receptor uma instância de transmissão (um mediador individual ou um sistema intermediário) encarregada de fazer circular um certo saber da fonte ao receptor (Charaudeau, 2013, p. 35).

Sendo, portanto, uma questão de linguagem, a informação se insere no quadro de um discurso de informação midiática. É uma prática social, com uma vinculação direta a um contexto sócio-histórico, regida por convicções oriundas das estruturas sociais estabelecidas e que é assumida por um sujeito. No discurso de informação, as estratégias discursivas empregadas direcionam para a produção de determinados sentidos e, por isso, é relevante averiguar como se dá o processo de construção de sentido, que estratégias são utilizadas e com que propósito.

Em relação a esse discurso, torna-se fundamental considerar também que ele é socialmente ancorado pela credibilidade de que desfrutam os meios de comunicação e encontra suporte nas relações de poder que se estabelecem. Portanto, é um discurso que se revela significativo por ser capaz de influenciar os mais diversos meios – político, social, econômico – e por operar na perspectiva do simbólico, construindo e transmitindo sistemas de valores. Precisamos considerar ainda a perspectiva de que "as mídias não transmitem o que ocorre na realidade social, elas impõem o que constroem do espaço público" (Charaudeau, 2013, p. 19), ou seja, o fato reportado, a informação noticiada, é sempre uma "visão" do acontecimento, um construto, não é "a" realidade.

Assimilar a dimensão da mídia como "espelho deformante" do espaço público significa também compreender que o discurso construído nessa instância, portanto, tem uma estrutura que utiliza estratégias várias para a produção de sentido, e que esse discurso, ao cumprir o papel de informar, seleciona aspectos e abordagens, revela muitos, omite outros, torna outros opacos. Assim sendo, não é incoerente afirmar que o discurso de informação, ao construir e produzir sentido, assume papel de protagonismo na construção de consensos e formação de realidades sociais.

Essas abordagens se fazem pertinentes pois ainda impera certa visão técnica, ou tecnicista, que desloca a percepção em relação ao papel da mídia tradicional e contribui para que não haja questionamentos em relação às práticas discursivas dos meios de comunicação – dissemina-se a ideia de que esses meios atuam como se se pautassem somente por uma prática de transmissão de informação de modo objetivo e neutro, onde há somente o compromisso com a objetividade e a neutralidade. Portanto, nesse sentido, é essencial entender a informação como discurso, para além das regras gramaticais de uso da língua e das regras técnicas da comunicação jornalística.

Ao observar as estratégias ou a forma de manuseio do código linguístico pelos veículos da mídia, podemos perceber o que é intencionalmente tornado oculto, o que não é revelado, o que é ofuscado, aquilo que se torna opaco, ou, de outro modo, quando identificarmos essas estruturas discursivas sendo utilizadas, compreendemos o poder simbólico midiático – aqui ainda no âmbito da mídia tradicional – de produzir narrativas, construir consenso, produzir crenças e disseminar valores. Pois, como salienta Fowler (1998), o conteúdo publicado nas notícias divulgadas por jornais, revistas e TVs não são fatos em si, mas trata-se, na verdade, de ideias, crenças, valores, proposições, teorias, ideologia. A notícia, ele destaca, é o objeto de uma transformação, em que a seleção e a transformação são guiadas pela referência de ideias e crenças.

Afunilando um pouco mais as percepções e a discussão, chegamos à reflexão sobre o exercício do poder pela mídia, a partir de sua capacidade de influenciar e fazer prevalecer sua vontade, o que se liga à realidade, no Brasil, de uma grande concentração dos meios de comunicação, que são produtores de sentido , em mãos de poucos grupos. Cenário que passa também pela manipulação da opinião pública, como vimos a partir de Charaudeau (2016), em que a construção de efeitos de sentidos contribui para influenciar as percepções de determinados públicos.

Essa grande concentração dos meios de comunicação no Brasil impõe também uma grave restrição à pluralidade de temas e abordagens, e a prevalência de um viés único que impede a contextualização e a percepção da complexidade de vários assuntos.

Portanto, a notícia veiculada pelos meios de comunicação não é mero retrato da realidade ou informação transparente que se transmite a outros, mas sim o resultado de uma rede de significados e de construção de realidades sociais – ela é uma construção discursiva que opera na perspectiva do simbólico, construindo e transmitindo sistemas de valores, é sempre uma "visão" do acontecimento, pois "as mídias não transmitem o que ocorre na realidade social, elas impõem o que constroem do espaço público", (Charaudeau, 2013, p. 19), e por isso a função de informar não é suficiente como ponto de partida.

> A ideologia do 'mostrar a qualquer preço', do 'tornar visível o invisível', e do 'selecionar o que é o mais surpreendente' (as notícias ruins) faz com que se construa uma imagem fragmentada do espaço público, uma visão adequada aos objetivos das mídias, mas bem afastada de um reflexo fiel. Se são um espelho, as mídias não são mais do que um espelho deformante, ou mais ainda, vários espelhos deformantes (Charaudeau, 2013, p. 20).

A partir dessas considerações teóricas iniciais, trago alguns dados para olharmos mais de perto a estrutura de mídia no Brasil e como ela se articula a partir da realidade de uma grande concentração dos meios de comunicação, o que impacta negativamente o direito à informação plural. Um cenário geral da mídia no Brasil (Santana, 2022), de acordo com dados da pesquisa Media Ownership Monitor (2017), ilustra essa consideração:

- Elevada concentração de audiência dos principais grupos de mídia.
- A TV aberta é o meio de comunicação mais consumido no país.
- Propriedade cruzada dos meios de comunicação.[2]
- Ampliação da fatia de mercado com o cenário de amplos dispositivos de comunicação.
- Forte ascensão de grupos religiosos mais conservadores - que passam a compor o espectro comunicativo.

2 A propriedade cruzada dos meios de comunicação refere-se à propriedade de diferentes tipos de meios – como televisão, impresso, rádio e online – por um mesmo grupo empresarial. No Brasil, essa questão é particularmente relevante em relação ao Grupo Globo.

- Quatro grandes grupos de TV aberta (Globo, Record, SBT e Band) concentram mais de 70% da audiência nacional.[3]
- No grupo dos quatro maiores (em relação à audiência): Globo - 36,9%; SBT - 14,9%; Record - 14,7%; Band - 4,6%. O sinal da Rede Globo de TV chega a 98,37% dos municípios brasileiros, atingindo 99,36% da população do país.

Os dados acima elencados revelam a realidade de uma concentração da propriedade dos meios de comunicação no país nas mãos de poucos grupos, contrariando abertamente o que determina o Parágrafo 5º do Artigo 220 da Constituição brasileira, que explicita: "Os meios de comunicação social não podem, direta ou indiretamente, ser objeto de monopólio ou oligopólio" (Brasil, 1988). A concentração dessa propriedade impacta o direito à comunicação e à informação na medida em que a produção e a disseminação de informação fica circunscrita aos interesses e definições de grupos restritos, impedindo a pluralidade na construção e na circulação de conteúdos informativos.

Tomando a perspectiva de Jenkins (2006), numa abordagem em relação à necessidade do letramento midiático para estabelecer ações e meios de combate à desinformação, ele destaca três problemas principais em relação à comunicação; abordo aqui dois que me parecem mais relevantes pela consonância com a realidade brasileira. O primeiro deles refere-se à lacuna, ou vácuo de participação, uma vez que há um acesso desigual da população à informação e aos canais de participa-

---

3 A Instrução Normativa da Secretaria de Comunicação da Casa Civil da Presidência da República (19 de dezembro de 2014), estabelece, em seu Art. 8º, inciso II, que "investimentos destinados a cada veículo devem considerar as respectivas audiências, embasados, sempre que possível, em dados técnicos de mercado, pesquisas e/ou estudos de mídia". Em 2016, ano do impeachment de Dilma Rousseff e da posse de Michel Temer, levantamento feito pelo site *Poder360* revelam distorções nessa distribuição: a revista Veja (Grupo Abril) recebeu proporcionalmente 50% mais verba publicitária do que a proporção de sua audiência; o jornal O Globo (Grupo Globo), 66% a mais; a revista Época (Grupo Globo), 83% acima da audiência proporcional; e a rede de TV Band (Grupo Bandeirantes), 95% a mais.

ção cívica, sobretudo em relação à internet. Portanto, como salienta o autor, o acesso não é igual para todos. O segundo problema que o autor destaca diz respeito à transparência no processo de produção dos conteúdos midiáticos. Jenkins (2006) destaca que os jovens e adultos em geral, mesmo utilizando os recursos midiáticos, sobretudo digitais, estão limitados na habilidade para examinar o sistema de mídia em sua complexidade.

Em consonância com essas discussões, apresento também a perspectiva da pouca pluralidade do sistema de comunicação no Brasil, o que traz sérios problemas no acesso à informação e na concepção da comunicação como direito humano, perspectiva essa enfatizada pelo Relatório MacBride, divulgado em 1980. De acordo com a Comissão Macbride[4], "a comunicação é um aspecto dos direitos humanos". O Relatório MacBride traz reflexões e abordagens ainda hoje pertinentes para a compreensão da pluralidade no acesso à informação como essencial à democracia. A apresentação do relatório final da Comissão, que deu origem ao livro "Many Voices, One World" (The MacBride Commission, 1980), p. 4, destaca que:

> Hoje em dia se considera que a comunicação é um aspecto dos direitos humanos. Mas esse direito é cada vez mais concebido como o direito de comunicar, passando-se por cima do direito de receber comunicação ou de ser informado. Acredita-se que a comunicação seja um processo bidirecional, cujos participantes – individuais ou coletivos – mantêm um diálogo democrático e equilibrado. Essa idéia de diálogo, contraposta à de monólogo, é a própria base de muitas das idéias atuais que levam ao reconhecimento de novos direitos humanos.[4]

---

4 A Comissão MacBride foi instituída em 1977, atendendo a uma solicitação da UNESCO para discussão sobre a comunicação. Era presidida por Sean MacBride, prêmio Nobel da Paz de 1974.

O Relatório MacBride enfatiza 11 princípios essenciais. Destaco aqui quatro que considero mais relevantes na discussão proposta:

1) Fim dos desequilíbrios e desigualdades que caracterizam a situação vigente;

2) Eliminação dos efeitos negativos de determinados monopólios, públicos ou privados, e a excessiva concentração de poder;

3) Remoção dos obstáculos internos e externos para um livre fluxo e mais ampla e equilibrada disseminação das informações e ideias;

4) Pluralidade de fontes e canais de informação; liberdade de imprensa e de informação.

Ecossistema de desinformação

Para entendermos a dinâmica desse ecossistema, que se consolida no Brasil a partir de 2018, quero abordar primeiramente algumas perspectivas mais amplas sobre a desinformação. A pesquisadora Claire Wardle (2017) dá ênfase a esses estudos na perspectiva de entender uma desordem informacional, que é composta por três conjuntos de elementos, que também se autodividem, sendo:

1) Três tipos: *desinformação* (uma informação que é falsa e deliberadamente criada para causar prejuízos. Ela é motivada por três fatores distintos: obtenção de lucro, para que grupos tenham influência política – interna ou externa – ou para causar problemas específicos a grupos, a pessoas ou a um país); *mesinformação* (informação que é falsa, mas não criada com a intenção de causar danos); e *mal-informação* (informação baseada na realidade, usada para causar prejuízos a pessoas ou grupos).

2) Três fases: criação, produção e distribuição. As mensagens são elaboradas, transformadas em produto midiático para poderem circular e, então, distribuídas massivamente.

3) Três elementos: Agente, mensagem e receptor.

Nessa abordagem, Wardle (2017) destaca ainda sete diferentes tipos da desinformação, que são:

- *Conteúdo falso*: novo conteúdo que é 100% falso, projetado para enganar e causar danos.

- *Conteúdo manipulado*: quando informações ou imagens genuínas são manipuladas para enganar

- *Conteúdo impostor*: quando fontes genuínas são representadas em textos, artigos, matérias que não escreveram ou em declarações que não deram; ou ainda quando logos de instituições são usadas para reproduzir conteúdos.

- *Conteúdo enganoso*: uso enganoso de informações para enquadrar um problema ou indivíduo. A fragmentação da informação está longe de ser nova e se manifesta de inúmeras maneiras. A reformulação das histórias nas manchetes, o uso de fragmentos de aspas para sustentar um ponto mais amplo, citando as estatísticas de uma maneira que se alinha com uma posição ou decidindo não cobrir alguma coisa, porque isso prejudica um argumento, são todas técnicas reconhecidas.

- *Conexão falsa*: quando manchetes, imagens ou legendas não correspondem ao conteúdo. Como parte do debate sobre desordem da informação, é necessário que a indústria de notícias reconheça seu próprio papel na criação de conteúdo que não atenda aos altos padrões exigidos por uma indústria agora atacada por vários lados, salienta a autora.

- *Contexto falso*: conteúdos genuínos são frequentemente vistos sendo reciclados fora de seu contexto original.

É muito importante salientar, portanto, que esses aspectos destacados por Wardle (2017) não se restringem à abordagem sobre *fake news* ou exclusivamente à comunicação via internet, nas redes sociais, elas também encontram suporte e respaldo nas práticas da mídia corporativa, em rádios, TVs, jornais e revistas.

A partir dessa discussão, proponho tomar o conceito de desinformação, na perspectiva da realidade brasileira, como um processo de produção de conteúdos falsos ou faseados, muitas vezes baseados num dado da realidade, intencionalmente e deliberadamente criados para prejudicar determinados grupos e beneficiar outros. Esses conteúdos são criados para direcionar a percepção dos receptores das mensagens em relação a determinados temas, sendo produzidos e disseminados sistematicamente por agentes específicos, num esquema de comunicação profissional.

Importante salientar sempre que, quando falamos em desinformação, nós não estamos falando em mera disseminação de boatos, estamos falando de um ecossistema complexo de produção e de disseminação de conteúdo. Nesse sentido, enfatizo que a desinformação não pode ser tomada como restrita à produção de *fake news* ou ao ambiente digital – trata-se de uma produção sistema de conteúdo falso ou falseado, num processo de ressignificação da realidade que cria conteúdos que alimentam diversas narrativas. Grande parte do material desinformativo circulante no Brasil hoje tem uma roupagem de notícia, e há muita credibilidade envolvida nesse fazer, portanto, não é um problema que se restringe à identificação do que é verdadeiro ou falso. Existe uma produção sistemática e profissional de conteúdo, num processo intencional, com base na realidade, que dialoga com os nossos medos, nossas crenças e nossos valores.

Em relação especificamente ao ecossistema brasileiro de desinformação que se constitui e se consolida a partir de 2018, com a chegada de Jair Bolsonaro à Presidência da República, ele deve ser compreendido como um sistema complexo de produção e disseminação de conteúdo falso e falseado (ressignificado, com novos sentidos) que envolve vários atores e várias etapas: produção, circulação, consumo, reprodução, criação de agendas. No Brasil, é um sistema que se estrutura em suporte a determinado projeto político, que foi cuidadosamente construiu discursivamente para esse fim, com as mensagens no formato de um discurso significativo.

A desinformação é uma estratégia política que encontrou um terreno muito fértil no Brasil, a partir, sobretudo, de aspectos como a ascensão das religiões neopentecostais e o uso que fazem das mídias, a desigualdade no acesso à comunicação e à informação, a desigualdade socioeconômica brutal no país e a construção de uma demonização da política a partir de 2014/2015. Como fenômeno, é uma dinâmica sustentada pela articulação de momentos distintos: produção, circulação, consumo, reprodução. Desse modo, reitero que problema no Brasil não se restringe apenas a uma disseminação em larga escala de boatos ou notícias falsas – trata-se de um problema sistêmico de novos sentidos da realidade, ou seja, um processo bem estruturado de produção e disseminação de conteúdo falso intencionalmente produzido com a intenção de causar danos a determinados grupos.

A desinformação é uma produção sistemática de conteúdos falsos em formato de notícias que recriam o dado real com um viés propositadamente mentiroso. E assim, esse ecossistema que se consolida não se trata de um processo linear em que um emissário emite uma mensagem (errônea, falsificada, não intencional) a um emissor (ou vários). Não se trata apenas de uma informação falsa que circula – a construção de significado das *fake news* acaba por ressignificar a realidade, criando novas dimensões de sentido, com graves consequências.

Com a eleição de Jair Bolsonaro em 2018, esse ecossistema de desinformação consolidou um corpo muito robusto, que mostrou sua potência de forma muito destrutiva nas Eleições de 2022, com fortes abalos à democracia – o que ficou claramente demonstrado com o episódio de 8 de janeiro de 2023 em Brasília, quando centenas de bolsonaristas que não aceitavam o resultado das eleições destruíram a Praça dos Três Poderes, o Congresso e o TSE. A figura 1 ilustra esse ecossistema.

Figura 1: Ecossistema de desinformação.

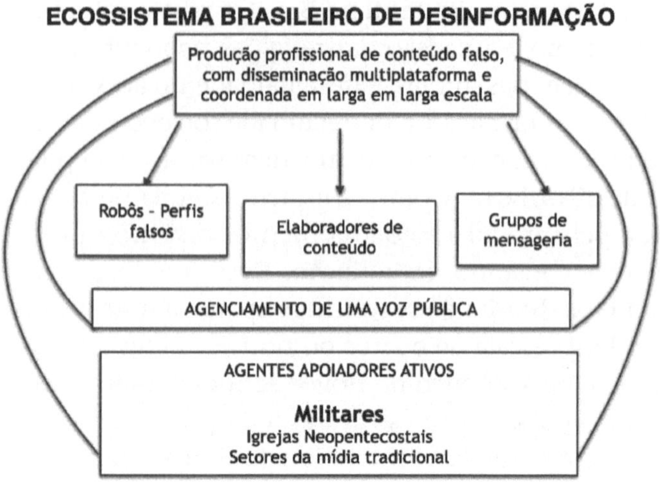

Fonte: Elaborado pela autora.

Nesse ecossistema de desinformação, há uma estrutura profissional de produção de conteúdo – com a utilização de perfis falsos e de robôs e de grupos de mensagem que articulam essa produção. A produção é muito articulada, com diversas instâncias apoiadoras e um grande aporte financeiro – tanto por parte do governo Bolsonaro quanto por parte da iniciativa privada. Há também o que denomino de agentes apoiadores ativos, grupos que não integram especificamente o ecossistema, mas que são muito atuantes e que dão um suporte essencial para o seu funcionamento e consolidação. Esse ecossistema atua em interface com os grupos militares, o sistema religioso das igrejas neo pentecostais e, também, o sistema de informação da mídia tradicional que se alinhou ao bolsonarismo – sendo que parte dela continua alinhada.

Portanto, não é possível situar o ecossistema da desinformação sem pensar essas interfaces, porque elas são essenciais para se pensar não somente a produção de conteúdo, mas a capilaridade.

Impactos à democracia

Como salientei no decorrer dessa reflexão, é necessário pensarmos essas questões considerando as interfaces entre esses fenômenos. As discussões sobre os impactos da desinformação, atualmente, privilegiam bastante o ambiente midiático digital, o poder das plataformas – o que é fundamental, sem dúvida – , no entanto, o poder influenciador da mídia corporativa tradicional fica de certa forma apagado, o que não pode ocorrer. Entender a desinformação no Brasil, seu impacto na democracia, exige entender que as duas instâncias são impactantes – tanto o sistema tradicional de informação quanto o ecossistema de desinformação.

Para solidificar essa discussão, creio ser fundamental pensar num macrocenário da comunicação no Brasil que envolve, em linhas gerais, diversos fatores, que se aglutinam para compor esse desenho: a pouca pluralidade dos meios de comunicação, numa perspectiva de alta concentração; o acesso precário à informação; uma expansão de grupos religiosos com pautas conservadoras e claramente anticiência que impedem que os cidadãos sejam capazes de avaliar criticamente os conteúdos recebidos; o uso massivo de WhatsApp como "meio" divulgador e transmissor de informação.

A desinformação é um projeto político que está no bojo das articulações da extrema direita no mundo e que tem, no Brasil, um local privilegiado de propagação e crescimento. A desinformação como projeto político ajuda a convencer a população de que as vacinas, por exemplo, não são eficazes e devem ser evitadas, ou que todo mundo pode ser "empreendedor". Em resumo, a desinformação como projeto político subtrai das pessoas a capacidade crítica, a conexão com a realidade, a ligação com o processo histórico, enfim, a capacidade de pensar, avaliar, analisar.

A desinformação não se resume à disseminação de notícias falsas. Ela é um sistema complexo e bem estruturado em que as notícias falsas são algumas das manifestações, é um fenômeno complexo que tem impacto forte sobre os processos democráticos e sobre a democracia de modo mais amplo – ele impede os cidadãos de fazerem escolhas baseados em informações corretas. De acordo com o estudo *"O Ambiente da desinformação em torno das eleições"* (2022), desenvolvido pelo *International Institute for Democracy Electoral Assistance* (IDEA), o Brasil só perde em desinformação eleitoral para a Índia.

A pesquisa mapeou mais de 900 casos de desinformação relativos a eventos eleitorais nacionais em diversos países e mostrou que as ações de desinformação, com a elaboração de narrativas, são especialmente direcionadas a três categorias – processos, organizações e indivíduos envolvidos nas eleições. O estudo avaliou ainda os principais aspectos impactados pela desinformação eleitoral, a saber: a) Percepção – a desinformação contribui para alterar a percepção do público em relação à capacidade e à imparcialidade das autoridades eleitorais, além de impor dúvidas sobre o processo eleitoral, especificamente em relação à exatidão dos resultados; b) Atitudes – a desinformação sistematizada promove desconfiança e uma confusão sobre os direitos eleitorais e a aceitação dos resultados; c) Comportamento – há manifestação de violência eleitoral, intimidação a funcionários que atuam nas eleições e questionamento em relação aos processos.

Portanto, o perigo da desinformação é real, assim como os graves impactos sobre a democracia.

Referências

ALLCOTT, H., & GENTZKOV, M. Social media and *fake news* in the 2016 election. *Journal of Economic Perspectives, 31*(2),

2017, p. 211-236. Retrieved Dec. 4, 2017 from: https://web.stanford.edu/~gentzkow/research/fakenews.pdf

CHARAUDEAU, P. *Discurso das mídias*. 2. ed. São Paulo: Contexto, 2013.

CHARAUDEAU, P. *A manipulação da verdade* – Do triunfo da negação às sombras da pós-verdade. Sao Paulo: Contexto, 2022.

HOBBS, R. *Media Literacy*. Oxford Research Encyclopedia of Communication.

MARI, H. & SANTANA, E. *Discurso e mídia*: totalitarismo e linguagem totalitária. *Scripta,* 2018, *22*(45), 205-218. https://doi.org/10.5752/P.2358-3428.2018v22n45p205-218.

MEDIA OWNERSHIP MONITOR BRAZIL. Disponível em: https://brazil.mom-rsf.org/br/midia/

SHARE, J., MAMIKONYAN, T., & Lopez, E. Critical media literacy in teacher education, theory, and practice. In *Oxford Research Encyclopedia of Education*. Oxford University Press, 2019. doi:http://dx.doi.org/10.1093/acrefore/9780190264093.013.1404.

THOMANN, E. and JOLLS, T. *Literacy for the 21st Century An Overview & Orientation Guide to Media Literacy Education*. Center for Media Literacy, 2002.

THOMPSON, J. B. *A mídia e a modernidade*. 12. ed. Petrópolis: Vozes, 2011.

THOMPSON, J. B. *Ideologia e cultura moderna*. 9. ed. Petrópolis, RJ: Vozes, 2011.

WARDLE, C. *FIRST DRAFT'S ESSENTIAL GUIDE TO – Understanding Information Disorder*. First Draft, October, 2019.

A desinformação e o contínuo mediático do ódio nas eleições de 2022

Alexsandro Galeno A. Dantas
Ana Tázia P. M. Cardoso
Patrícia Rilliane G. Silva

> Comunicação é agonística. Dominar a comunicação é dominar o outro, conquistar sua consciência. Procura-se esse efeito pela publicidade, que é uma forma de sedução, e pela propaganda de ideias por todos os meios possíveis. Mas pode-se dominar o outro também inviabilizando sua comunicação, fazendo com que sua voz não seja ouvida, criando a intimidação do adversário (Ciro Marcondes Filho, 2018, p. 97).

Introdução

As "atmosferas mediáticas"[1] são o grande fenômeno do século XX, segundo o teórico da comunicação Ciro Marcondes Filho (2018). Ao criar essas atmosferas, direciona-se, continuamente, a circulação de informações, cujo trabalho é intenso, mas, de curta duração, visando algumas mudanças no curso político. Podemos vislumbrar um contínuo dessa ordem nas plataformas digitais de mensagens instantâneas e de pouca luminosidade jurídica, na atitude do governo Bolsonaro, no

1 Marcondes Filho (2009) afirma que os portugueses estão corretos ao usar "os media", pois media é plural, portanto, não seria correta a expressão "mídia".

dia 18 de julho de 2022, enquanto empreendeu mais uma iniciativa midiática para mirar no descrédito da urna eletrônica brasileira, ao convocar os embaixadores para uma reunião transmitida ao vivo, no Palácio da Alvorada, às 16h, com representantes diplomáticos de cerca de 40 países, meses antes da eleição presidencial de 2022. Para Marcondes Filho (2018, p. 93) "o contínuo é mediático porque sua energização, no caso, é realizada diariamente, o tempo todo, com mensagens unidirecionais, visando, pela repetição e pela insistência, debilitar o pensamento e as articulações contrárias". Sob essa lógica, o bolsonarismo ataca e desqualifica tudo aquilo que não o favorece. Assim, a investida de fomentar dúvidas sobre a legitimidade da urna, envolve um contínuo mediático atmosférico que compromete as instituições democráticas.

O bolsonarismo se delineia enquanto opinião a partir de linchamentos digitais, desrespeito e injúrias. Buscamos, portanto, entender como se opera o subsolo da desinformação no Governo Bolsonaro, a partir da lógica do fascismo da ambiguidade. Para Schuback (2021, p. 48) "É um fascismo que se articula na ambiguidade e oscilação de todo sentido e valor de maneira que nessa oscilante ambiguidade o próprio sentido e o valor perdem valor e sentido". Ela explica que a ambiguidade significa nesse contexto esvaziar ao tornar todo sentido equivalente a qualquer coisa.

> É por essa ambígua oscilação e oscilante ambiguidade, em que todas as fórmulas e expressões podem ser invertidas e pervertidas, em que todo sentido e valor podem ser virados contra si e contra qualquer outro, que se torna possível não apenas a "servidão voluntária" de todos à tirania de uma unidade aniquiladora de toda unidade viva, evocando o conceito e as discussões clássicas de Etienne de La Boétie (1976), mas igualmente os novos mecanismos de poder, controle e censura (Schuback, 2021, p. 48).

A autora destaca ainda que, diante dos meios de comunicação de massa, do sistema dos *mass media* e das novas técnicas de controle e vigilância, o neofascismo supera a forma e o valor do fascismo histórico (tradição, família, religião), pois é capaz de realizar o que nenhum conteúdo ideológico do fascismo pode realizar, a saber, "a mutação letal da sensibilidade e consciência humanas (Schuback, p. 39, 2021).

O interesse principal nesse contexto é propagar o rumor do medo e a desinformação, especialmente, entre grupos religiosos e conservadores da sociedade. Desse modo, difundem desinformação como cruzada atualizada de uma idade média tecnológica e digital. Portanto, combater o medo e a mentira, é uma premissa para quem advoga uma ética baseada na hospitalidade, no reconhecimento ao diverso e na resistência. Assim,

> o regime de informação está acoplado ao capitalismo da informação, que se desenvolve em capitalismo de vigilância e que degrada os seres humanos em gado, em *animais de consumo de dados* (Han, p. 07, 2022),

que tem como parâmetro a infocracia: o que vale são as informações e dados. Uma política infocrática pode gerar a criação de uma sociedade anocrática, um regime baseado em instabilidades políticas e ambiguidades, combinando elementos da democracia e da autocracia. Bolsonaro oferece um exemplo dessa lógica, enquanto foi eleito por meio do voto popular, mas, desrespeita as instituições democráticas, e mais: usa as mesmas para minar a democracia.

Portanto, propomos dialogar com a compreensão de que a internet pode ser, tanto objeto de pesquisa, local de pesquisa e instrumento de pesquisa, ao passo que é aquilo que se estuda, ambiente onde a pesquisa é realizada e pode ser a ferramenta para coleta de dados sobre o tema estudado (Fragoso; Recuero; Amaral, 2015). Ademais, a internet muda o ser da comunicação, este ser é definido por Marcondes Filhos (2018), como um ser no tempo, trata-se de um está sendo antes de ser exatamente o que se "é". A partir dessa perspectiva, nossa análise percebe a comunicação como o resultado que surpreende, incomoda e produz sentido e precisa de tempo para acontecer; ao contrário da informação abundante na produção do contínuo, por meio dela, adquirem-se novos dados relativos ao mundo enquanto sentimos a necessidade de reforçar nossas convicções.

O subsolo da política

O fenômeno da desinformação, para além das chamadas *fakes news, constitui* um processo híbrido, pois na formação das narrativas, combina elementos como fatos, mentiras, descontextualizações espaciais e temporais. É amplo o alcance que as plataformas digitais podem oportunizar à desinformação mediada. Nesse sentido, os dados dessa reflexão foram coletados em torno da reunião no Palácio da Alvorada, no dia 18 de julho de 2022, às 16h, que foi exibida por meio de *live* no canal oficial do Governo Bolsonaro na plataforma *YouTube*[2], bem como *Instagram*[3] e *Facebook*.[4] Esse pronunciamento foi auxiliado por uma apresentação de *powerpoint* intitulada *Nosso objetivo: a transparência*, com objetivo de ecoar pelo subsolo da política. Nesse momento, o presidente Bolsonaro citou sua trajetória de 30 anos na política brasileira e, com tom suave, disse buscar a paz e preservar a democracia.Os embaixadores apenas ouviram sem emitir reações. Bolsonaro profere o seguinte discurso:

> Tudo que vou falar aqui está documentado, nada da minha cabeça. O que eu mais quero para o meu Brasil é que a sua liberdade continue a valer, também, obviamente,

2 Disponível em: https://www.youtube.com/c/jbolsonaro/about. Acesso em 04 out. 2022.

3 Disponível em: https://www.instagram.com/jairmessiasbolsonaro/. Acesso em 04 out. 2022.

4 Disponível em: https://www.facebook.com/search/top?q=jair%20messias%20bolsonaro. Acesso em 04 out. 2022.

> depois das eleições. O que eu mais quero, por ocasião das eleições, é a transparência, porque nós queremos que o ganhador seja aquele que realmente seja votado.[5]

Tal escoamento ocorreu por meio de inúmeras postagens relacionadas a esse evento que representou mais uma iniciativa midiática do governo Bolsonaro, mirando no descrédito da urna eletrônica brasileira. Aliás, a urna eletrônica não foi a única a ser atacada durante a reunião com os embaixadores: o poder judiciário também foi atacado. Mas por falta de provas por parte dos referidos ataques, no dia 10 de agosto de 2022, a *live* foi retirada do ar pelo *YouTube*, que divulgou nota sobre sua política de integridade eleitoral, proibindo conteúdos com informações falsas.

Todavia, o objetivo já tinha sido alcançado: uma preparação atmosférica para questionar o resultado das urnas, caso este resultado não lhe fosse favorável e trabalhar na construção do consentimento em torno da manutenção do *status quo* do bolsonarismo.

> Especialmente nesses períodos de crise, a ocupação da atmosfera com bombardeamento com informações direcionadas é contínua, mas efêmera; trabalha-se intensamente durante curto período para a efetivação de mudanças parciais ou totais no Estado. O contínuo, aqui, é tanto o espaço onde a batalha se trava (que nossos primeiros autores chamavam estaticamente de noosfera, consciência coletiva) como o movimento que lá se realiza. O contínuo é mediático porque sua energização, no caso, é realizada diariamente, o tempo todo, com mensagens unidirecionadas, visando, pela repetição e pela insistência, debilitar o pensamento e as articulações contrárias (Marcondes Filho, 2018, p. 93).

Os textos, áudios, imagens e vídeos compartilhados nas redes, demonstram Bolsonaro colocando a eleição em sus-

---

5 Fala de Jair Bolsonaro durante a reunião com os embaixadores no dia 18 de julho de 2022.

peição com os ataques ao Tribunal Superior Eleitoral, à urna eletrônica e ao Supremo Tribunal Federal, em um movimento que vai corroendo a credibilidade das instituições internamente, porém, por drenagem externa a partir do subsolo. Em meio a esse regime de instabilidades políticas e ambiguidades, combinando elementos da democracia e da autocracia, Bolsonaro segue essa lógica, na medida em que foi eleito por meio do voto popular, mas desrespeita as instituições democráticas, além de usar as mesmas para minar a democracia.

Figura 1: Jair Bolsonaro fazendo discurso durante a reunião com os embaixadores em 2022.

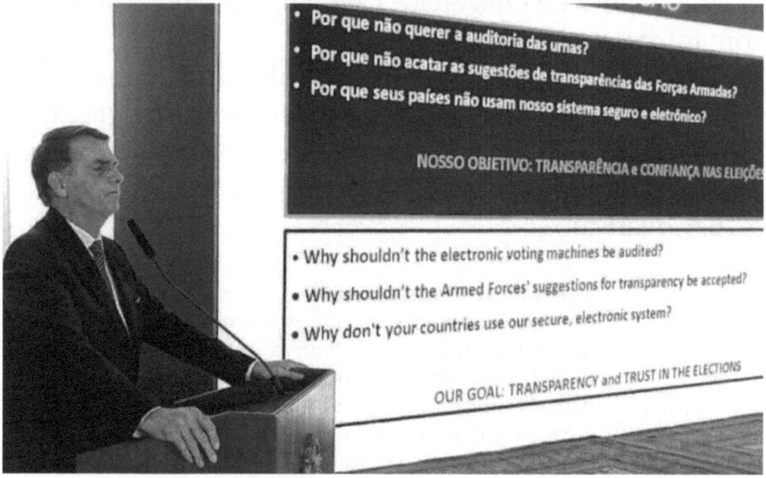

Fonte: Reproduzido do canal oficial do Governo Bolsonaro na plataforma *YouTube*.

Trata-se de um caso que justifica e exemplifica a preocupação de Marcondes Filho (2018), segundo a qual é urgente trabalharmos a comunicação como um campo do saber, porque hoje, com tantos aparelhos de envios e recebimentos de notícias, a aproximação e o entendimento humano estão sendo colocados em xeque. Delimitamos nesse caso, também, como a ocupação da esfera midiática contínua coloca em circulação as chamadas *fakes news*, ou seja, não importa a veracidade do que é dito, importa a atmosfera consensual. Uma vez alcançada tal atmosfera, por meio da viralização de determinadas notícias, obtém-se efeitos eleitorais decisivos na vida de muitas pessoas. Dessa forma,

> A ocupação da atmosfera mediática, seja ela contínua ou pontual, é o novo fenômeno social do século XXI, que altera substancialmente a forma de atuação da imprensa, de veiculação de notícias e de ação política na contemporaneidade (Marcondes Filho, 2018, p. 100).

Isso implica dizer que a criação de uma atmosfera midiática não é uma característica particular do bolsonarismo, é antes uma estratégia marcadamente do nosso momento histórico, voltado para um tipo de espalhamento de opiniões. Assim, caímos em uma disputa de narrativas que assume um novo paradigma de contágio social, o qual foca em processos psíquicos que intervém em nossas compreensões da realidade, com potencial para culminar no fim da liberdade, o que Han (2018) denomina de psicopolítica.

O espalhamento

O contágio de desinformações foi sorrateiro e penetrou pelos canais obscuros e pouco iluminados das microrrelações após a reunião. Observamos que no conteúdo das mensagens trocadas, as interações partiram da dimensão ideológica e estratégica, com um caráter de experimentação tecnopolítica, ou seja, a pretensão de produzir acontecimentos focados nas sensibilidades, assim, produzir outros acontecimentos, engendrando um ciclo contínuo que se retroalimentam.

> O contínuo é mediático porque sua energização, no caso, é realizada diariamente, o tempo todo, com mensagens unidirecionadas, visando, pela repetição e pela insistência, debilitar o pensamento e as articulações contrárias. A cons-

> trução da atmosfera mediática contínua foi uma estratégia surgida por força da expansão dos processos tecnológicos de informação (imprensa, rádio) num momento em que os grandes contingentes sociais urbanos, constituídos a partir da industrialização, que se impôs em todos os países europeus, aglomeravam-se nas metrópoles e ganhavam, com isso e com a implantação do voto universal, inigualável força política. Para sua formação foi necessário o concurso de três fatores – a tecnologia de informação em massa, a constituição da esfera pública politicamente atuante e o surgimento das massas na cena – para que se efetivasse o quarto: o contínuo mediático atmosférico (Marcondes Filho, 2018, p. 93).

Vimos fluxos de informações, os hashtags - que eram, sobretudo, fluxos de emoções e sentimentos, que criaram laços de afetividade, como também, de opiniões, num processo de rearticulação de produção do político. Esses fluxos constantes de postagens formam um engajamento do tipo afetivo, que aproxima Bolsonaro dos seus seguidores por meio do sentimento de devoção e admiração, algo bem comum nas comunicações em rede, onde as micromotivações afetivas são estimuladas diariamente. Uma dinâmica de espalhamento de informação própria da corrida por engajamento, no sentido de repercutir, ecoar, reenviar, refletir, repetir, reproduzir, redizer, reiterar, à medida que se canaliza para grupos no *WhatsApp*, ou mesmo no privado. Uma vez que transversalizam estéticas e discursos voltados para efeitos políticos, esses movimentos-rede fazem parte da produção de acontecimentos e de narrativas, produzindo respostas às notícias que foram publicadas pela imprensa.

A possibilidade de serem os primeiros a contar uma novidade a alguém estabelece microrrelações importantes, que se articulam transversalmente à noção de público e privado. Portanto, pode ser o disparo necessário ao mistério do contágio. Este, quando acionado, estabelece uma rede que transporta uma ideia, gestada nas microrrelações. É um misto de mentiras camufladas entre notícias, vídeos e imagens construídas levando a uma percepção dos acontecimentos desconexa da realidade objetiva.

> O estar em ligação "contínua" com o outro, que me leva ao extremo possível, à situação paroxística de excitação, ao sair de mim, ao estar nas nuvens, como se dá no ápice orgástico, em que a fusão dos corpos, apesar de intensa, é fugaz, esse momento de continuidade não tem – a nosso ver – nada de comunicação. É apenas transe (Marcondes Filho, 2018, p. 6).

Observamos que o encontro com os embaixadores, transmitido ao vivo, fez ecoar pelo subsolo da política mensagens por meio, principalmente, do WhatsApp e do *Instagram,* que se mostraram meios eficientes tanto para produção como para a disseminação de notícias falsas. Destacamos que todo esse processo de manipulação informativa não é novo. Na verdade, em muitos casos, compartilhamos informações pelas redes sociais, sem saber que é falso. Há um suporte digital que vem facilitando a propagação algorítmica paga de mensagens, além do uso de perfis robotizados. É essa tecnologia que vimos nas redes que tanto pode levar à destruição dos opositores do Estado, como também às pessoas à morte, quando modeladas com muita precisão tecnológica e territorial. O que Achille Mbembe (2018) chamaria de necropolítica, mas também se referia como o controle sobre a vida.

Por meio de algumas mudanças na segunda metade do século XX, o paradigma de controle e destruição do corpo atua. Assim, o controle do Estado, apresenta-se como uma tessitura de vários poderes: o biopolítico, o disciplinar e, por fim, a necropolítica, que analisa a mudança do status da politicidade sobre o corpo (bíos) e controle do soberano para a contemporaneidade.

> Os aparatos tecnológicos que impunham a disciplina pela polícia, típicos dos períodos colonial e pós-colonial, são substituídos por tecnologias que se inscrevem no próprio

> corpo, tornando-se mais táteis, mais anatômicas e sensoriais (Mbembe, 2018, p. 59).

Essa percepção é comprovada quando vimos a aplicação dos algoritmos, com base em dados ou metadados, oferecendo precisão matemática sobre probabilidades e riscos para o alcance dessa tecnopolítica. Portanto, somos atravessados dia após dia por uma racionalidade técnica que tanto conecta, como também, controla as narrativas coletivas para uso dos objetivos da tecnopolítica e por isso, cada vez mais as pessoas compartilham informações sem autonomia e dessa forma a desinformação vai se tornando norma, um tipo de desinformação que se tornou uma espécie de via para a capitalização nas redes sociais sem qualquer preocupação ética.

Esse tipo de fascismo sobressai o caráter das tecnologias de comunicação, pois torna a difusão da desinformação mais eficiente e devastadora, pois hoje há muitos recursos tecnológicos simples e fáceis de usar que geram comunicações muito persuasivas, com destaque para os "memes", como podemos observar nos milhares e até mesmo milhões de compartilhamentos. Trata-se postagens com mensagens sutis, cômicas ou com humor que se articulam no contínuo midiático atmosférico alimentando ou sugestionando crenças e desejos, trabalhando no aumento da quantidade social de uma ideia, opinião ou grupo. O perigo desse processo reside no uso da desinformação, da difamação ou do ataque a instituições democráticas. De modo que, como se fosse oriundo da mais profunda originalidade da reflexão própria, indivíduos propagam ódio, mentiras, atrocidades, ataques e desrespeito. Nesse momento, nos apropriamos das palavras de Tarde (2005, p. 6-7):

> Coisa estranha, os homens que assim se empolgam, que transmitem uns aos outros a sugestão vinda de cima, esses homens não se tocam, não se veem: estão sentados, cada

> um em sua casa, lendo o mesmo jornal, e dispersos num vasto território (Tarde, 2005, p. 6-7).

Tarde (2005) explica que a sugestão por proximidade física constitui a forma elementar e grosseira de contágio, mas uma evolução mental e social inerente ao desenvolvimento comunicacional permite um contágio sem contato, estritamente abstrato. Portanto, se não há o contraste abrupto do real materializado, desenvolvemos ações e sentimentos que consistem em novos paradigmas para o real. Esses paradigmas estão ligados às redes cibernéticas que levam a comunicação a distância e ao engajamento dos indivíduos. Mesmo estando fisicamente separados, cada um em sua casa ou em qualquer outro lugar, mas estarão unidos, pois há a certeza de que compartilham a mesma ideia. Trata-se de uma verdadeira comunhão de ideias, de vínculos sensíveis, pois a sugestão-imitação (Tarde, 2005) de tais ideias não é mais a imprensa tradicional, agora é um conjunto de meios fragmentados. Porém, desse processo também faz parte a contra imitação, de modo espalhou-se, também, conteúdos como o da imagem 2.

Figura 2: Edição feita com imagem da reunião com os embaixadores em 2022.

Fonte: @debocheria.

O ar pesado dessa atmosfera pode ser sentido por toda parte, alimentado pelo fascismo que devasta, que vem sendo atualizado pela nova forma de capitalismo tele-midiático, de regime de mundo. Para Schuback (p. 40, 2021), "não é possível conceber um sem conceber o outro" (o neofascismo e o capitalismo tele-midiático) e questiona:

> Como é possível que o capitalismo neoliberal, financeiro, impensável sem as novas formas de tecnologia informacionais, da robótica, dos algoritmos, das redes sociais, do espetáculo midiático, da inteligência artificial, ou seja, de um capitalismo sem fronteiras, essencialmente "internacionalista" – ... conviva tão bem agora com governos autoritários, nacionalistas, protecionistas, patriotas? (Schuback, 2021, p. 40).

O fascismo que nos cerca como massa é a ameaça no Brasil e em um mundo no qual os sentidos não fazem sentido.

A eleição de 2022 para presidente no Brasil, mostra que o fascismo atual pode conviver com a democracia formal, mesmo quando tudo se apresente tão ambíguo, digo, sem sentido; que o fascismo pode viver dentro e através da democracia, sem precisar de golpes diretos. Sem singularidades e diferenças, vemos a eliminação das relações no lugar de uma fusão irrestrita, que nada resiste. Para Schuback (2021, p. 43), no Brasil:

> Após décadas de autoritarismo e ditadura militar, as instituições democráticas ainda se encontram em vias de democratização e, em parte, porque em sua nova forma, o fascismo de hoje se apresenta com a pretensão de ser mais democrático do que a democracia. Assim, se a democracia tem como "ponto fraco" o sistema de representação, já que nela muitos se sentem sempre ainda não representados, o fascismo de hoje se proclama mais democrático que a democracia, pois exerce um poder que "fala" com cada indivíduo "diretamente" pelo Twitter e WhatsApp, não mais precisando de representantes, pois a democracia se mostra agora pela apresentação midiática de tudo o que acontece e não meramente por uma representação nunca suficientemente representativa (Schuback, 2021, p. 43).

Logo, a partir de sua lógica interna, o capitalismo neoliberal, tecno-midiático e financeiro tem como seu sistema, o fascismo e não que o fascismo seja uma força a ele aliada (Schuback, 2021). No Estado do fascismo atual é o Estado que, na sua cólera supostamente anacrônica, esvazia o sentido de Estado e operacionaliza a consumação do neoliberalismo como a única política possível para "salvar" o país do "colapso", assim, levando o colapso para o colapso.

A desinformação e o contínuo mediático do ódio

Podemos constatar que esse ataque às urnas proferido por Bolsonaro na reunião com os embaixadores foi uma das iniciativas midiáticas, disfarçado de ato democrático, mostrando o desassossego diante do grande risco de não ganhar as eleições; bem como, a não aceitação se esse, por acaso, fosse o resultado. Portanto, trata-se de uma preparação atmosférica para questionar o resultado das urnas, caso este resultado não lhe seja favorável.

O *contínuo mediático atmosférico* é constituído pelo espaço no qual ocorre a batalha (campo abstrato das ideias) e pelo movimento que se realiza nessa batalha. Criar essas atmosferas, ou a "ocupação da atmosfera mediática", explica Marcondes Filho (2018), tem como alvo a interferência política das "massas", sobretudo em momentos de crise, nos quais, espera-se que a opinião pública, enquanto um fenômeno efêmero e influenciado justamente pelo circundado noticioso, seja cúmplice de uma mudança, total ou parcial no Estado.

Nos meandros das plataformas digitais, os bolsonaristas adquirem a forma e organização política do *Homo delinquens*, ou melhor, caracteriza-se pela proteção de uma opinião que, apesar de ser sustentada pelo contágio sem contato possibilitado pelos meios de comunicação digital, não são menos eficientes quando visam ofender, destruir e caluniar os seus adversários na batalha ideológica.

Em relação a cor da roupa que se usa ou com uma simples palavra, podemos nos transformar em alvo do *Homo Delinquens* com agressões verbais e físicas, pois, ele está armado e seu contínuo é de ódio. "No silêncio, na atmosfera, sente-se algo como uma expressão única - quase divina - sussurrando verdades em nossos ouvidos, sente-se a densidade dessa nuvem, sobre nossas cabeças, como se uma energia perversa nos espreitasse" (Marcondes Filho, 2018, p. 96).

Assim como uma malta, os *Homo delinquens* bolsonaristas se fecham ao diverso e usam símbolos e discursos histriônicos comprometendo o decoro do cargo de presidente e a democracia, com a utilização óbvia de mecanismos tecnológicos governamentais para influenciar o processo eleitoral.

Esse *contínuo mediático atmosférico* se torna mais evidente, aponta Marcondes Filho (2018), em tempos de crise. O radicalismo contra o diferente, contra o não engajado, contra o crítico emerge por meio da exclusão, da marginalização e até da liquidação desse outro dissonante. Conforme afirma o autor, o aspecto singular nesse processo, intensificado pelas formas de interação no digital, consiste na supressão dos argumentos racionais pela violência da emocionalidade aflorante. O contínuo que o *Homo delinques* bolsonarista busca estabelecer traz mais efeitos nesse subsolo da política, como no evento da reunião com os embaixadores, pois tais efeitos já se mostraram eficientes na produção de atmosferas que propiciam determinadas mudanças em governos, intenções de votos, golpes, etc.

Observamos que no aspecto geral, o bolsonarismo desqualifica e ataca o que não o beneficie. Por isso levantou tantas dúvidas sobre a legitimidade da urna, envolvendo assim, um *contínuo mediático atmosférico* que compromete as instituições democráticas. Mas, segundo a narrativa bolsonarista, quem compromete as instituições democráticas é o presidente Luiz Inácio Lula da Silva. Uma amostra disso nas relações desenvolvidas no digital, pode ser encontrado na cultura do cancelamento e na propagação de *fake news* contra o diferente ou contra o oponente nas disputas políticas. Para Han (2018), as mídias digitais põem fim ao tempo do ser humano de massa.

> O habitante do globo terrestre digitalizado não é "ninguém". É, ao contrário, *alguém com perfil*, enquanto na era

> da massa, apenas criminosos tinham perfil. O regime de informação se apodera dos indivíduos, à medida que lhes elabora seus perfis de comportamento (Han, 2022, p. 22).

A reunião citada constituiu mais um ponto de irradiação, cujo aspecto de legalidade é frágil, mas, útil para a fabricação de um contínuo que permeia o subsolo da política, ou seja, permeia espaços não institucionais. A efervescência desse contínuo aponta uma crise institucional, política, social e econômica, que, no Brasil, particulariza-se, sintomaticamente, pelo que denominamos bolsonarismo. Com o espetáculo de desinformação oferecido aos embaixadores pelo presidente Bolsonaro, que, "oficialmente", buscou denunciar ao mundo um golpe em curso, praticado pela oposição em conluio com a Justiça Eleitoral, o subsolo político teve material para fazer ecoar e, então, coadunar com uma atmosfera favorável ao golpe verdadeiro: o seu próprio.

Nesse contexto, observamos uma realidade manipulada com o objetivo de instituir o ódio. Essa experiência não surgiu de forma natural, ela foi espetacularizada e interiorizada ao mesmo tempo, levando as pessoas, diariamente, a bombardeios de ódio. Esse discurso de ódio contou com um exército de voluntários, que repetiam o mesmo discurso, com conteúdo programado por milícias digitais, com participações cada vez mais ativas no compartilhamento de notícias falsas por meio das redes sociais, sustentando a "seriedade" do compromisso moral de Bolsonaro com a nação conservadora, cristã e militarizada na versão digital.

Ao assumir um viés de indignação e busca de justiça para o país imerso na corrupção e na mentira, as mensagens apresentavam um tom de denúncia e de forma geral, o país está sempre dividido em dois: o dos comunistas e da mentira, de um lado, e o dos patriotas com coragem para trazer a verdade, de outro. Eles são tomados pelo sentimento moral e acreditam estar lutando pelo justo e pelo amor ao país.

Tudo isso respaldado por uma eficiente narrativa midiática do presidente Bolsonaro nas suas redes sociais digitais e pela sustentação de outros canais aliados e instituições religiosas e militares. Como Freud (2011) ressalta sobre o medo, além de heróis míticos, são necessárias, ainda, instituições que sirvam de segurança aos sujeitos em sociedade. Ele destaca a Igreja e o Exército como "duas massas artificiais" (Freud, 2011) e instituições referências fundamentais para os discursos propagados.

Portanto, Bolsonaro gerou mídia espontânea e gratuita, ocupando diversos espaços midiáticos com desinformação. Suas postagens se tornam, o que Han (2022) chamaria de espectros manipulados pela força narrativa dos *dark ads* - anúncios sombrios. A consequência imediata deste comportamento é percebida, principalmente, pelo comprometimento da democracia com o regime moderno e racional, na verdade, quando a democracia vai perdendo espaço para a irracionalidade de um discurso autoritário e obscurantista.

> A digitalização do mundo da vida avança implacável. Submete a uma mudança radical nossa percepção, nossa relação com o mundo, nossa convivência. Ficamos atordoados pela embriaguez da comunicação e informação. O tsunami de informação desencadeia forças destrutivas. Abrange também, nesse meio-tempo, âmbitos políticos e leva a fraturas e disrupções massivas no processo democrático. A democracia degenera em infocracia (Han, 2022, p. 25).

Vivemos em uma constante perseguição às liberdades de imprensa e de opinião dos cidadãos, com o uso frequente das ferramentas informacionais e a propagação de desinformação nas plataformas digitais todos os dias e como consequência, a infocracia respalda esse novo regime político, por meio de seus discursos e ações políticas emocionalizadas na esfera pública pelo enxame oclocrático[6], que se comporta como *Stimmung* (atmosfera) criada a partir da influência e atuação dos algoritmos, em um fluxo contínuo de propagação de *fake news, deep fakes*, materializadas em postagens compartilhadas por grupos criados em plataformas digitais, as quais comprometem a verdade.

Considerações finais

Observamos que o resultado das eleições de 2022 no Brasil, sinalizou que o contínuo ódio dos bolsonaristas produziu significativos efeitos em relação ao enraizamento da extrema-direita, pois, pelo voto popular, os principais ex-ministros do governo Bolsonaro e outros aliados foram eleitos. Porém, por promover a desinformação e descrédito ao sistema de votação do país na reunião com embaixadores, o ex-presidente foi condenado pelo Tribunal Superior Eleitoral (TSE) por abuso de poder político e por uso indevido dos meios de comunicação, tornando Bolsonaro inelegível por oito anos, ou seja, até 2030.

O segundo turno para presidente no Brasil vem demostrar os efeitos desse contínuo, cuja anocracia e oclocracia digital serviram de base para essa reflexão. Com um resultado apertado, Luiz Inácio Lula da Silva foi eleito. Assim, ele entra para a história ao conseguir sua terceira vitória, com mais de 60 milhões de votos, com 50,9% dos votos válidos contra 49,1% de Jair Bolsonaro, que também entra para a história, como o primeiro presidente do Brasil que não se reelegeu.

O Presidente Lula sofreu uma tentativa de golpe de Estado oito dias após sua posse. Em 08 de janeiro, com uma sucessão de invasões, ataques e destruição no Congresso Nacional,

6 Etimologicamente a palavra oclocracia tem uma configuração semântica originária da palavra grega *okhlokratia*, composto de ὄχλος - multidão, massa, turba e – κρατία – poder, governo.

Supremo Tribunal Federal e Palácio do Planalto, o povo brasileiro assistiu um contínuo já sinalizado na grave crise institucional, política, social, econômica e da democracia brasileira.

Cabe, neste momento, destacar o papel da imprensa no combate ao crescente alcance da desinformação, que se propaga sempre muito bem disfarçada como notícia, trazendo sérias implicações para jornalistas, mídia e cidadãos, além de representar uma forte ameaça à democracia no país. Entender as *fakes news* como realidades construídas reproduz um discurso planificado e que não exige reflexão (vazio), conforme acredita Han (2017). Cada vez mais observamos uma lacuna na alfabetização digital em nosso país e só com intensos investimentos em educação, combatendo os conteúdos intencionalmente falsos e lutando pela melhoria das plataformas digitais é que conseguiremos ser mais críticos quanto à qualidade dos conteúdos que são compartilhados diariamente que são ou parecem confiáveis. Portanto, é fundamental compreender como funciona o subsolo da desinformação, seja à maneira bolsonarista ou decorrente de outro fobocráta.

Acompanhamos em 2022 o ex-presidente copiando os passos de Donald Trump e sua tentativa de golpe, ao colocar a eleição em suspeição com sua retórica que hipnotizava as massas na tentativa de invalidar as instituições democráticas, com os ataques ao Tribunal Superior Eleitoral, à urna eletrônica e ao Supremo Tribunal Federal, em um movimento que foi corroendo a credibilidade das instituições internamente, porém, por drenagem externa a partir do subsolo. Ele sempre priorizou a comunicação direta com a sociedade por meio de plataformas digitais, ao invés da comunicação vertical dos jornais, televisão e rádio. De forma que, o enxame olocrático digital alimentado pelo contínuo do *Homo delinques* bolsonarista vai ao encontro de suas narrativas e ações e seus seguidores são, assim, como gado eleitoral, fiéis defensores do seu governo e propagadores de desinformação.

Referências

CARDOSO, A. T., DANTAS, A., Silva, P. Bolsonarismo e homo delinquens. *Chasqui, Revista Latinoamericana de Comunicación* - N.º 148. Ecuador: CIESPAL, 2021.

FRAGOSO, S.; RECUERO, R.; AMARAL, Ad. *Métodos de pesquisa para internet.* Porto Alegre: Sulina, 2015.

HAN, BC. *Infocracia:* digitalização e a crise da democracia. Petrópolis: Editora Vozes, 2022.

HAN, BC. *Psicopolítica: o neoliberalismo e as novas técnicas de poder.* Tradução de Maurício Liesen. Belo Horizonte: Editora Ayiné, 2018.

HAN, BC. *Sociedade da transparência.* Petrópolis: Vozes, 2017.

MARCONDES FILHO, C. (org.). *Dicionário da comunicação.* São Paulo: Paulus, 2009.

MARCONDES FILHO, C. (2018). *Comunicologia ou Mediologia? A fundação de um campo científico da comunicação.* São Paulo: Paulus, 2009.

MBEMBE, A. *Necropolítica:* biopoder, soberania, estado de exceção, política da morte. Trad. de Renata Santini. São Paulo: 2018.

RECUERO, R.; BASTOS, M.; ZAGO, G. *Análise de redes para mídia social.* Porto Alegre: Sulina, 2018.

SCHUBACK, M. S. C. *O fascismo da ambiguidade:* um ensaio conceitual. Rio de Janeiro: UFRJ, 2021.

TARDE, G. *A opinião e as massas.* 2. ed. Tradução de Eduardo Brandão. São Paulo: Martins Fontes, 2005.

Ninguém tira os olhos do "ditador": análise da cobertura da Folha de São Paulo sobre a Cúpula de Países Sul-americanos de 2023

Michele de Mello

> As ideias da classe dominante são, em cada época, as ideias dominantes, isto é, a classe que é a força material dominante da sociedade é, ao mesmo tempo, sua força espiritual dominante (Engels; Marx, 2007, p. 47).

Introdução

Em maio de 2023, o presidente Luiz Inácio Lula da Silva convocou a plenária de países sul-americanos em Brasília com o objetivo de reunir todos os chefes de Estado e de governo das doze nações que compõem a região. Todos os países atenderam ao chamado, com a presença dos seus máximos representantes com exceção do Peru – por ser investigada pela justiça peruana, a presidenta interina, Dina Boluarte, não pode deixar o país, portanto enviou como representante do seu governo o presidente do Conselho de Ministros, Alberto Otárola, quem atua como espécie de premiê, segundo o sistema político vigente no país vizinho. O evento, realizado no Palácio do Itamaraty, previa uma reunião ampliada entre todos os mandatários pela manhã e uma agenda de encontros bilaterais pela tarde. A última vez que um encontro dessa magnitude havia acontecido foi em 2014, numa cúpula da

União de Nações Sul-Americanas (Unasul), no Equador. Os fóruns regionais convocados a partir desta data não conseguiram reunir todos os representantes sul-americanos, com o Brasil sendo uma ausência constante nos últimos quatro anos de gestão de Jair Bolsonaro. Portanto, o objetivo deste conclave era encontrar "pontos comuns e avançar numa agenda que poderia ser iniciada rapidamente (...) por isso o formato da cúpula será menos protocolar possível", informou a Agência EBC[1] às vésperas do evento. A comunicação oficial do governo, através das suas agências estatais ou dos próprios comunicados, releases e briefings publicados pelo Ministério das Relações Exteriores, reiterava a postura integracionista que Lula manifestou durante sua campanha eleitoral em 2022, no seu discurso de posse em 2023 e nos dois primeiros mandatos como presidente da República.

Como anfitriã, a parte brasileira chegou ao encontro com uma série de propostas concretas[2] para direcionar os debates que aconteceriam num ambiente livre, porém orientado a materializar projetos de integração regional, tais como:

1. Colocar a poupança regional a serviço do desenvolvimento econômico e social, mobilizando os bancos de desenvolvimento como a CAF, o Fonplata, o Banco do Sul e o BNDES;

2. Aprofundar nossa identidade sul-americana também na área monetária, mediante mecanismo de compensação mais eficientes e a criação de uma unidade de referência comum para o comércio, reduzindo a dependência de moedas extrarregionais;

---

1 Ler mais em: https://agenciabrasil.ebc.com.br/es/internacional/noticia/2023-05/brasil-acoge-cumbre-de-presidentes-sudamericanos. Acesso em 20 jul. 2023.

2 Ver discurso completo do presidente Lula da Silva durante abertura da plenária de países da América do Sul: https://www.gov.br/planalto/pt-br/acompanhe-o-planalto/discursos-e-pronunciamentos/2023/discurso-do-presidente-da-republica-luiz-inacio-lula-da-silva-em-reuniao-com-presidentes-de-paises-da-america-do-sul. Acesso em 20 jul. 2023

3. Implementar iniciativas de convergência regulatória, facilitando trâmites e desburocratizando procedimentos de exportação e importação de bens;

4. Ampliar os mecanismos de cooperação de última geração, que envolva serviços, investimentos, comércio eletrônico e política de concorrência;

5. Atualizar a carteira de projetos do Conselho Sul-Americano de Infraestrutura e Planejamento (COSIPLAN), reforçando a multimodalidade e priorizando os de alto impacto para a integração física e digital, especialmente nas regiões de fronteira;

6. Desenvolver ações coordenadas para o enfrentamento da mudança do clima;

7. Reativar o Instituto Sul-Americano de Governo em Saúde, que nos permitirá adotar medidas para ampliar a cobertura vacinal, fortalecer nosso complexo industrial da saúde e expandir o atendimento a populações carentes e povos indígenas;

8. Lançar a discussão sobre a constituição de um mercado sul-americano de energia, que assegure o suprimento, a eficiência do uso de nossos recursos, a estabilidade jurídica, preços justos e a sustentabilidade social e ambiental;

9. Criar programa de mobilidade regional para estudantes, pesquisadores e professores no ensino superior, algo que foi tão importante na consolidação da União Europeia; e

10. Retomar a cooperação na área de defesa com vistas a dotar a região de maior capacidade de formação e treinamento, intercâmbio de experiências e conhecimentos em matéria de indústria militar, de doutrina e políticas de defesa.

As sugestões de encaminhamentos defendidas pelo presidente Lula da Silva já no discurso de abertura demonstraram os pilares fundamentais do que a Política Externa Brasileira projetava para a relação com os Estados vizinhos: num momento em que o mundo vivencia uma nova guerra de proporções globais, discutir a defesa da região de forma coordenada e integrada; diante da crise da hegemonia do dólar estadunidense, pensar em novos mecanismos de trocas comerciais utilizando moedas regionais; e através destas iniciativas buscar a retomada da União de Nações Sul-Americanas (Unasul). Com essa postura, o Brasil, como maior economia sul-americana, busca retomar uma posição de potência regional, sem impor interesses autocentrados, mas propondo uma atuação em bloco para retomar o crescimento econômico a partir da industrialização, disputar mercados internacionais e elaborar política em espaços multilaterais mais amplos, voltando à tradição de uma diplomacia 'ativa e altiva'[3] que também foi a marca das gestões anteriores de Lula da Silva, com Celso Amorim como ministro das Relações Exteriores, que agora atua como assessor especial da presidência.

Apesar da postura de liderança exercida pelo Brasil, um dos maiores veículos de comunicação do país, a *Folha de S. Paulo*, decidiu centrar sua cobertura em outros aspectos, como a vinda do presidente venezuelano ao encontro ou uma suposta linha ideológica de esquerda que, segundo o periódico, expressou o mandatário brasileiro. A decisão de analisar a cobertura da Folha se deve ao peso do jornal na disputa da opinião pública e da agenda política nacional. Apesar da queda de 27,4% na circulação entre 2021 e 2022[4], a Folha continua sendo um dos maiores veículos jornalísticos do Brasil. Ultrapassou seus principais concorrentes na média de audiência paga, em 2020, com 337.854 assinantes, frente aos 332.176 do O Globo e 239.395 do Estado de São Paulo, segundo dados

---

3 Ver mais em: "Diretrizes Para o Programa de Reconstrução e Transformação do Brasil Lula Alckmin 2023-2026 - Coligação Brasil da Esperança" https://divulgacandcontas.tse.jus.br/candidaturas/oficial/2022/BR/BR/544/candidatos/893498/5_1659820284477.pdf. Acesso em 20 de jul. 2023.

4 Ver mais dados em: https://www.poder360.com.br/economia/jornais-impressos-circulacao-despenca-161-em-2022/#:~:text=Levantamento%20do%20Poder360%20com%20dados,ano%20passado%20em%20394.130%20exemplares. Acesso em 19 jul. 2023.

do Instituto Verificador de Comunicação (IVC Brasil).[5] Já de acordo com a Comscore,[6] a Folha teve uma média mensal de 220,6 milhões de páginas vistas entre janeiro e dezembro de 2020, acumulando um total de 2,6 bilhões de visualizações anuais -- também à frente dos outros dois concorrentes.

No Brasil, cerca de 87% da população utiliza a internet como fonte primária de busca por notícias, segundo levantamento de 2020 da empresa YouGov.[7] Desse fluxo, 41% usam veículos jornalísticos na internet para ler notícias.[8] No ambiente das plataformas digitais, a Folha também lidera em número de seguidores nos perfis das principais redes sociais utilizadas no país (Facebook, Instagram e X, antigo Twitter).

Considerando que a plenária aconteceu no dia 30 de maio de 2023, foi realizada a análise de publicações da *Folha de S. Paulo*, tanto reportagens, como editoriais e notas curtas, desde o dia 29 de maio, às vésperas do encontro, até o dia 31 de maio, considerando as 24 horas posteriores ao evento.

Integração regional x Maduro ditador

Desde o início da plenária até o encerramento, as declarações do presidente Lula da Silva e do ministro Mauro Vieira se centraram no objetivo de integrar a região Sul-americana para fortalecer as economias regionais, que sofreram com o impacto da pandemia da Covid-19 e tentam retomar o crescimento num cenário geopolítico global conturbado pela guerra entre

---

5 Ver levantamento completo em https://www1.folha.uol.com.br/poder/2021/03/folha-e-o-jornal-mais-nacional-e-o-de-maior-audiencia-e-circulacao.shtml. Acesso em 19 jul. 2023.

6 *Ibidem.*

7 Dados sobre acesso à internet em https://www.poder360.com.br/midia/pela-1a-vez-rede-social-e-mais-citada-que-tv-como-fonte-de-noticia-no-brasil. Acesso em 19 jul. 2023.

8 Ver dados completos em https://www.poder360.com.br/midia/41-usam-veiculos-jornalisticos-na-internet-para-ler-noticias/. Acesso em 18 jul. 2023.

Rússia e Ucrânia. Na abertura, Lula trouxe dados favoráveis à integração, como o fato de que a América do Sul unida concentra 450 milhões de pessoas e representa a quinta economia global, com a soma dos Produtos Internos Brutos (PIBs) chegando a quase 4 trilhões de dólares. Trouxe ainda o fato de que o subcontinente possui enormes reservas energéticas de combustíveis fósseis e ⅓ das fontes de água doce disponíveis no planeta. "Nenhum país poderá enfrentar isoladamente as ameaças sistêmicas da atualidade. É apenas atuando unidos que conseguiremos superá-las. Nossa região possui trunfos sólidos para fazer face a esse mundo em transição", afirmou Lula no discurso inaugural.[9]

Outro ponto foi a retomada da Unasul, organismo criado em 2008, sob influência de Lula durante seu segundo mandato presidencial, reunindo as doze nações da região num único bloco. O Tratado Constitutivo[10] foi assinado durante a III Conferência de Países da América do Sul, realizada em Brasília, e definiu a instalação da sede da União em Quito, Equador e o Parlamento sul-americano em Cochabamba, na Bolívia. No seu texto fundacional, já estava evidente que um dos objetivos era criar um órgão que integrasse as duas uniões aduaneiras do continente: o Mercosul (integrado por Argentina, Brasil, Paraguai e Uruguai, e associados) e a Comunidade Andina (formada por Bolívia, Colômbia, Equador e Peru), assim como

> avançar rumo ao desenvolvimento sustentável e o bem-estar de nossos povos, assim como para contribuir para resolver os problemas que ainda afetam a região, como a pobreza, a exclusão e a desigualdade social persistente.

---

9 Ver discurso de abertura do presidente Lula da Silva durante a Plenária de Países Sul-americanos https://www.gov.br/planalto/pt-br/acompanhe-o-planalto/discursos-e-pronunciamentos/2023/discurso-do-presidente-da-republica-luiz-inacio-lula-da-silva-em-reuniao-com-presidentes-de-paises-da-america-do-sul. Acesso em 18 jul. 2023

10 Ver Tratado completo em https://www.gov.br/defesa/pt-br/arquivos/relacoes_internacionais/unasul/normativaa_unasula_2017.pdf. Acesso em 18 jul. 2023.

No entanto, com a vitória de governantes de orientação neoliberal, a Unasul passou a ser desintegrada. Em agosto de 2018, a Colômbia anunciou seu desligamento do organismo, o Equador em março de 2019, seguido da Argentina, Brasil, Chile e Paraguai em abril do mesmo ano, e o Uruguai em março de 2020. O quadro começou a ser revertido em 2023 com o retorno do Brasil em maio,[11] acompanhado da Argentina e, mais tarde, da Colômbia, que oficializou seu reingresso no dia 30 de maio, após a última plenária realizada em Brasília.

Além de destacar o histórico positivo da Unasul, o presidente brasileiro também reconheceu que o momento atual difere do período de criação da União e que, portanto, seriam necessárias adaptações no mecanismo regional.

> A UNASUL é um patrimônio coletivo. Lembremos que ela está em vigor. Sete países ainda são membros plenos. É importante retomar seu processo de construção. Mas ao fazê-lo, é essencial avaliar criticamente o que não funcionou e levar em conta essas lições. Precisamos de mecanismos de coordenação flexíveis, que confiram agilidade e eficácia na execução de iniciativas. [...] A integração deve ser objetivo permanente de todos nós. Precisamos deixar raízes fortes para as próximas gerações (Discurso de abertura da plenária de países da América do Sul, 2023, n. p.).

No entanto, mesmo com a clareza nas palavras do presidente e todo o protagonismo que o Brasil demonstrou com esta convocatória – atendida por todos os vizinhos sul-americanos –, a cobertura do jornal *Folha de S. Paulo* teve uma conotação majoritariamente negativa do evento e destacou nos seus titulares o convite ao presidente da Venezuela, Nicolás Maduro Moros.

---

11 Ler mais em: "Brasil formaliza retorno à Unasul". Disponível em https://agenciabrasil.ebc.com.br/justica/noticia/2023-04/brasil-formaliza-retorno-unasul#:~:text=O%20Decreto%20n%C2%BA%2011.475%2F2023,presidente%20Lula%2C%20em%20maio%202008 . Acesso em 18 jul. 2023.

No período analisado (de 29 de maio a 31 de maio de 2023), o portal publicou 19 textos entre reportagens, editoriais e notas curtas sobre o evento. Na véspera da plenária foram lançadas quatro publicações, em nenhuma delas as palavras América do Sul, diplomacia, economia ou integração apareceram nos títulos. Por outro lado, em 100% das manchetes, o nome "Maduro" estava presente. Em todas as matérias, o jornal identificou o presidente constitucionalmente eleito da Venezuela como um ditador ou o citou como "líder venezuelano", mas nunca o colocou numa posição de chefe de Estado. Nicolás Maduro aterrissou um dia antes do evento regional, justamente para reunir-se com Lula em Brasília. Esta foi a primeira visita do presidente venezuelano ao país desde 2015, quando acompanhou a cerimônia de posse da presidenta Dilma Rousseff. A visita oficial e o encontro bilateral com Lula foram anunciados pelo Itamaraty poucas horas antes da chegada do chefe de Estado venezuelano, o que também provocou uma série de críticas da imprensa nacional. Os textos do dia 29 de maio analisados estão relacionados à plenária dos países sul-americanos e não à visita oficial do presidente venezuelano. No entanto, entre as quatro publicações relacionadas a este tema, em três delas há mais referências ao mandatário do país vizinho do que ao evento regional ou à agenda de cooperação Brasil-Venezuela. Na primeira matéria, intitulada "Governo Lula transforma vinda de Maduro para cúpula em visita especial"[12], a palavra 'ditador' é lida sete vezes, 'Maduro' aparece 12, enquanto a palavra 'integração' aparece apenas uma. Na segunda matéria do dia: 'ditador' aparece cinco vezes, 'Maduro' 20 e 'integração' três. Na terceira publicação, 'ditador' aparece nove vezes, 'Maduro' dezesseis e 'integração' duas. A correlação só se inverteu na quarta matéria: "Países resistem a plano de Lula de reativar Unasul e de-

12 Ver matéria em https://www1.folha.uol.com.br/mundo/2023/05/governo-lula-transforma-vinda-de-maduro-para-cupula-em-visita-de-chefe-de-estado.shtml. Acesso em 17 jul.2023.

fendem integração sem ideologia"[13], com a palavra 'ditador' surgindo uma vez e integração sete.

No dia da plenária houve maior volume de textos, foram publicados 11 artigos e, novamente, as menções ao presidente da Venezuela superaram outros temas na escolha das manchetes: 'Maduro' apareceu quatro vezes, enquanto 'América do Sul' três, e 'integração' apenas uma. No interior das pautas, o nome 'Maduro' também está presente 48 vezes, a palavra 'ditador' 20, enquanto 'integração' 18 e América do Sul aparece 26 vezes. A cobertura inicia com um artigo de opinião do ex-chanceler equatoriano Guillaume Long[14] salientando o "árduo caminho para a integração sul-americana", defendendo que Lula teria que "convencer alguns governos de que a Unasul não é um projeto ideológico". Outro aspecto curioso de se observar, é que a edição da coluna sugere um texto crítico à convocatória do presidente brasileiro, no entanto ao ler o artigo, há uma série de passagens nas quais o autor comenta como a integração sul-americana é necessária para o desenvolvimento econômico dos países. Ao encerrar, Long destaca: "mesmo que várias nações se recusem agora, os países da região não acabarão se excluindo de um bloco regional sul-americano que lhes é benéfico". E finaliza sentenciando:

> Somente com a elaboração de novas políticas sul-americanas de segurança, saúde, infraestrutura e meio ambiente, entre tantas outras que a região necessita urgentemente, poderemos dizer que retomamos o caminho de nossa integração.

No decorrer do dia, o jornal voltou a colocar o presidente venezuelano em evidência, mesmo quando buscava noti-

---

13 Ler reportagem em https://www1.folha.uol.com.br/mundo/2023/05/paises-resistem-a-plano-de-lula-de-reativar-unasul-e-defendem-integracao-sem-ideologia.shtml. Acesso em 17 jul. 2023.

14 Ver artigo completo em https://www1.folha.uol.com.br/opiniao/2023/05/o-arduo-caminho-para-a-integracao-sul-americana.shtml. Acesso em 17 jul. 2023.

ciar algo relacionado à plenária regional, com títulos como "Maduro relativiza críticas e diz que reunião com Lula inaugura nova etapa na América do Sul"[15] ou "Leitores se dividem entre elogiar e criticar postura de Lula com Maduro".[16] Somente uma das publicações colocou o presidente brasileiro, anfitrião do encontro, como sujeito da frase que intitula a matéria e discorreu sobre propostas apresentadas no conclave, com o texto "Lula defende moeda comum em abertura de reunião com líderes da América do Sul".[17] Na noite do dia 30 de maio, quando já havia sido publicada a declaração final da plenária e a Colômbia – terceiro maior país da América Latina e quinta economia da América do Sul – havia oficializado seu reingresso à Unasul, o jornal priorizou uma ótica negativa sobre o objetivo de retomada do organismo nos seus textos: "Países vetam menção à Unasul em comunicado final da reunião de líderes sul-americanos"[18] e no interior da matéria é possível identificar mais críticas: "o comunicado negociado tem apenas nove parágrafos, num formato enxuto que reflete as dificuldades de os governos da América do Sul construírem consensos em diversos temas". A Folha finalizou a cobertura do dia 30 de maio publicando novamente um texto de opinião, com o editorial "Mesuras ao ditador",[19] afirmando na

---

15 Ver matéria completa em https://www1.folha.uol.com.br/mundo/2023/05/maduro-relativiza-criticas-e-diz-que-reuniao-com-lula-inaugura-nova-etapa-na-america-do-sul.shtml. Acesso em 17 jul. 2023.

16 Ler em https://www1.folha.uol.com.br/paineldoleitor/2023/05/leitores-se-dividem-entre-elogiar-e-criticar-postura-de-lula-com-maduro.shtml. Acesso em 17 jul. 2023.

17 Ver mais em https://www1.folha.uol.com.br/mundo/2023/05/lula-defende-integracao-e-legado-da-unasul-em-reuniao-com-lideres-da-america-do-sul.shtml. Acesso em 17 jul. 2023.

18 Matéria disponível em https://www1.folha.uol.com.br/mundo/2023/05/paises-vetam-mencao-a-unasul-em-comunicado-final-da-reuniao-de-lideres-sul-americanos.shtml. Acesso em 17 jul. 2023.

19 Ler editorial da *Folha de S. Paulo* do dia 30 de maio https://www1.folha.uol.com.br/opiniao/2023/05/mesuras-ao-ditador.shtml. Acesso em 17 jul. 2023.

linha fina que "No afã de apoiar autoritarismo da Venezuela, Lula apequena diplomacia brasileira".

A tendência se manteve na cobertura jornalística do dia posterior ao encontro. Em 31 de maio foram identificadas apenas três publicações relacionadas à plenária, nas quais as palavras integração, diplomacia e economia não aparecem nos titulares, já Maduro e América do Sul surgem igualmente apenas uma vez. Os textos mais extensos ressaltam um suposto balanço negativo do encontro, com títulos como: "Lula enfrenta turbulência na política doméstica enquanto prioriza relações exteriores"[20] e " 'Pivô disso tudo é Maduro', diz jornalista da Globo agredida durante entrevista em Brasília", em matéria que comentava a agressão sofrida pela jornalista da Globo, Delis Ortiz, durante a cobertura da visita de Maduro ao Brasil. Tanto a Globo, como a Folha veiculavam que o autor da agressão teria sido um membro da guarda presidencial de Maduro, quando mais tarde as cenas das câmeras de segurança comprovaram que se tratava de um militar brasileiro, membro do Gabinete de Segurança Institucional (GSI), que acabou sendo afastado do Exército.[21] A retificação da informação, no entanto, não recebeu o mesmo destaque no portal da Folha. A única publicação que continha a palavra América do Sul no título[22] em todo o período analisado se refere a uma chamada para ouvir o podcast 'Café da Manhã' do dia 31 de maio, que analisava a proposta brasileira de criação de uma moeda sul-americana para promover o comércio intrarregional.

20 Ver matéria em https://www1.folha.uol.com.br/poder/2023/05/lula-enfrenta-turbulencia-na-politica-domestica-enquanto-prioriza-relacoes-exteriores.shtml. Acesso em 17 jul. 2023.

21 "Agressor de Delis Ortiz, da Globo, é do Exército, afirma GSI" https://revistaforum.com.br/politica/2023/6/2/agressor-de-delis-ortiz-da-globo-do-exercito-afirma-gsi-137017.html. Acesso em 17 jul. 2023.

22 Ler pauta em https://www1.folha.uol.com.br/podcasts/2023/05/podcast-discute-desdolarizacao-da-economia-e-ideia-de-moeda-comum-na-america-do-sul.shtml. Acesso em 17 jul. 2023.

Gráfico 1 - Publicações *Folha de S. Paulo* durante plenária de países Sul-Americanos.

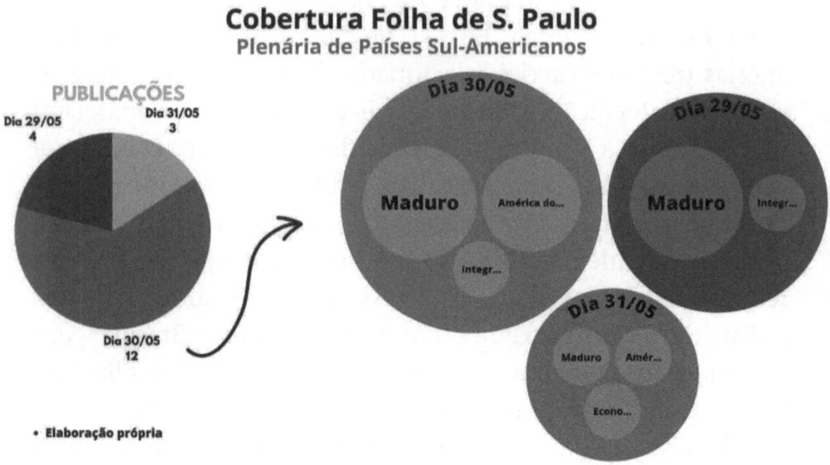

Sendo assim, fazendo uma análise geral da cobertura, destacando algumas palavras-chave relacionadas ao objetivo do encontro, como 'diplomacia', 'economia', 'integração' e 'América do Sul', é possível perceber uma conotação abertamente negativa tanto nas horas anteriores à plenária, como durante a sua realização e, mais tarde, sobre os resultados alcançados. É evidente uma tendência a alimentar uma suposta polêmica sobre a visita oficial do presidente da Venezuela e as declarações de Lula da Silva em relação à soberania e autodeterminação do país vizinho, ao invés de discutir as propostas apresentadas pelo Brasil durante a plenária, assim como as divergências dos líderes sul-americanos em relação à retomada de um organismo único de integração regional.

Apesar da declaração final do encontro, o chamado Consenso de Brasília,[23] não ter referendado a retomada da

23 Ler declaração completa em https://www.gov.br/mre/pt-br/canais_atendimento/imprensa/notas-a-imprensa/consenso-de-brasilia-2013-30-de-maio-de-2023. Acesso em 19 jul. de 2023.

Unasul, tal qual o formato original da União, o texto é favorável à integração e aponta alguns caminhos para uma possível reforma do organismo, a fim de garantir a ampla participação das doze nações sul-americanas.

> Concordaram que a integração regional deve ser parte das soluções para enfrentar os desafios compartilhados da construção de um mundo pacífico; do fortalecimento da democracia; da promoção do desenvolvimento econômico e social; do combate à pobreza, à fome e a todas as formas de desigualdade e discriminação; da promoção da igualdade de gênero; da gestão ordenada, segura e regular das migrações; do enfrentamento da mudança do clima, inclusive por meio de mecanismos inovadores de financiamento da ação climática, entre os quais poderia ser considerado o 'swap', por parte de países desenvolvidos, de dívida por ação climática; da promoção da transição ecológica e energética, a partir de energias limpas; do fortalecimento das capacidades sanitárias; e do enfrentamento ao crime organizado transnacional (Consenso de Brasília, 2023, n. p.).

As autoridades reunidas em Brasília acordaram criar um grupo de contato composto pelos doze chanceleres sul-americanos que deveriam voltar a se reunir, reconhecendo a importância de manter um diálogo regular, com o propósito de impulsionar o processo de integração da América do Sul e projeção da região no mundo. Ainda que o documento com as conclusões do encontro tenha sido noticiado pela Folha no dia 30 de maio, não houve destaque sobre os consensos alcançados. Ao contrário, o periódico destacou supostas discordâncias já no título da matéria: "Países vetam menção à Unasul em comunicado final da reunião de líderes sul-americanos" e no interior da matéria ressaltou primeiro as divergências para depois mencionar os acordos: "O comunicado negociado tem apenas nove parágrafos, num formato enxuto que reflete as dificuldades de os governos da América do Sul construírem em diversos temas".[24] Interessante observar que há uma inversão de prioridades entre a cobertura jornalística em questão e a declaração final do encontro. Enquanto no Consenso de Brasília as palavras 'integração e 'América do Sul' são mencionadas oito e quatro vezes, respectivamente, no interior das matérias produzidas pela Folha, estes conceitos são os terceiros ou quartos no ranking, sendo mencionados um total de 34 vezes (integração) e 44 vezes (América do Sul), atrás das palavras Maduro (104) e ditador (46) que lideram as menções.

Gráfico 2 - Palavras mais mencionadas na cobertura da *Folha de S. Paulo*.

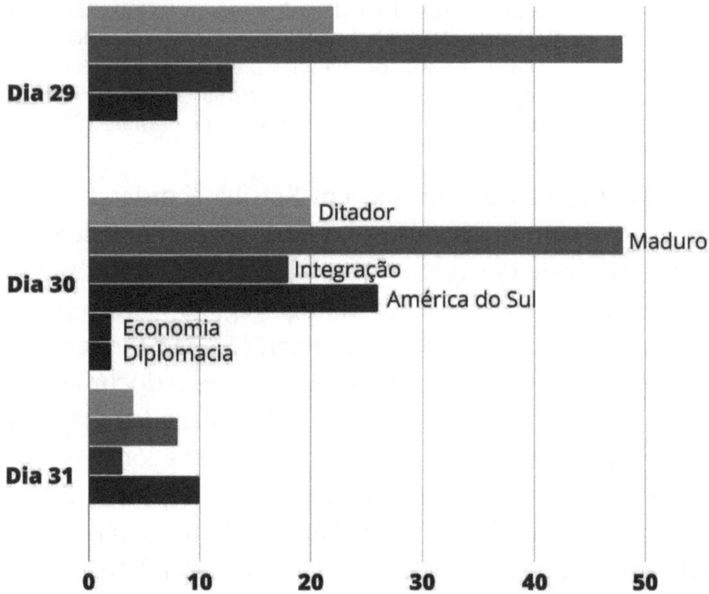

24 Ler pauta em https://www1.folha.uol.com.br/mundo/2023/05/paises-vetam-mencao-a-unasul-em-comunicado-final-da-reuniao-de-lideres-sul-americanos.shtml. Acesso em 17 jul. de 2023.

Vantagens econômicas da integração regional

A Constituição Federal prevê que o Brasil "buscará a integração econômica, política, social e cultural dos povos da América Latina, visando à formação de uma comunidade latino-americana de nações", portanto a vocação integracionista brasileira já está cristalizada no texto da própria carta magna. Por fazer fronteira com dez das 12 nações sul-americanas, responder por mais de metade do PIB regional e ser o país mais industrializado do subcontinente, o Brasil seria o maior beneficiado economicamente de um processo de integração regional, uma vez que poderia oferecer produtos de maior valor agregado aos seus vizinhos, garantindo uma balança comercial favorável. Entre 2012 e 2021, o saldo comercial com os países da América do Sul foi positivo em quase 80 bilhões de dólares, ou 26,7% do saldo total acumulado com o mundo. Inclusive nos últimos cinco anos, apesar da fragmentação política e econômica da região, acumulou-se um saldo positivo superior a 42 bilhões de dólares, ou 17% do acumulado com o mundo. Se analisarmos as exportações brasileiras para a América do Sul, mais de 80% são produtos industrializados, para Europa 35%, para a China menos de 3%. Um mesmo produto exportado pelo Brasil para a Argentina gera, em média, cinco vezes mais empregos do que para a China (Borba Gonçalves; Faleiro; Silva Barros, 2022). Além disso, nos mercados regionais as pequenas e médias empresas nacionais têm maiores condições de se inserir, enquanto nos grandes mercados, como China e EUA, somente os grandes produtores do agronegócio ou mineradoras conseguem atender a demanda por commodities em larga escala.

> As exportações brasileiras para os países vizinhos geram mais e melhores empregos, são mais diversificadas e mais acessíveis às pequenas e médias empresas do que as exportações para outras regiões. Com uma governança regional

> estável e fortalecendo os instrumentos de financiamento, será possível recuperar o planejamento da infraestrutura regional e consequentemente o comércio intrarregional (Borba Gonçalves; Faleiro; Silva Barros, 2022, p. 15).

Considerando que o financiamento do desenvolvimento é um desafio histórico das economias dependentes, um projeto integracionista é fundamental para viabilizar sociedades mais justas e igualitárias. Segundo o Relatório Macroeconômico da América Latina e Caribe de 2023 do Banco Interamericano de Desenvolvimento (BID),[25] "com cerca de 18% da população vivendo com menos de US$ 3,10 por dia, os níveis de pobreza na região excedem os de uma década atrás." Além disso, o Panorama Social de 2022 da Comissão Econômica para América Latina e Caribe (CEPAL),[26] indica que no intervalo de 2020 a 2021, entre os países latino-americanos, o Brasil foi o que mais cortou investimentos em áreas sociais – uma queda equivalente a 5,2 pontos porcentuais do PIB na despesa pública social da administração central.

O giro na política externa brasileira e nas diretrizes econômicas desde 2015, com a destituição de Dilma Rousseff e, mais tarde, com a eleição de Jair Bolsonaro, demonstrou que apoiar-se a uma agenda liberal centrada em alianças com Washington pode ser danoso para o crescimento econômico nacional e para a diminuição das desigualdades sociais. Ainda que os impactos da pandemia do coronavírus sejam evidentes nas economias sul-americanas, a opção por abandonar mecanismos de integração regional não atraiu mais investimentos, ao contrário, contribuiu para aprofundar o processo de reprimarização das economias. A evidente crise da hegemonia do

---

25 Disponível em https://publicactions.iadb.org/pt/relatorio-macroeconomico-da-America-Latina-e-Caribe-2023-preparar-o-terreno-macroeconomico-para-um-crescimento-renovado. Acesso em 23 jul. 2023.

26 Ver relatório completo em https://www.cepal.org/pt-br/publicaciones/48609-panorama-social-america-latina-caribe-2022-transformacao-educacao-como-base-o. Acesso em 23 jul. 2023.

dólar e a diminuição das taxas de lucro nos Estados Unidos ainda podem arrastar os países latino-americanos, com economias altamente dependentes, para um período de estagnação, caso não haja uma mudança de rota nas alianças comerciais. Segundo previsões do BID, caso os EUA entrem em um período de recessão, nos próximos dois anos, o PIB brasileiro poderia encolher em até 1,3%.

Tabela 1 - Perdas anuais estimadas no PIB em caso de recessão nos EUA.

Perdas anuais estimadas no PIB (2023-2025) com relação ao cenário base				
Região e país	Cenário base Crescimento médio (2023-2025)	Choque de crescimento dos EUA	Choque financeiro dos EUA	Choques combinados dos EUA
América Latina e Caribe	1,7	-0,8	-0,9	-1,7
Cone Sul exceto Brasil	1,9	-1	-0,9	-1,8
América Central e Caribe	2,2	-0,7	-0,7	-1,4
Brasil	1,6	-0,6	-0,7	-1,3
México	1,7	-1	-1,1	-2,1

* Tabela de elaboração própria com base nos dados do Banco Interamericano de Desenvolvimento (BID).[27]

Considerando o deslocamento do eixo dinâmico do capital para o continente asiático com a previsão de que a China – que também é o principal parceiro comercial do Brasil – se converta na maior potência global até 2025, é urgente pensar as alianças econômicas que possam garantir um desenvolvimento autônomo, soberano e sustentável para os povos latino-americanos.

27 Nota: Os cálculos foram realizados pela equipe de pesquisadores do BID. Os cenários foram gerados usando um Modelo de Autorregressão Vetorial Global. O choque para o PIB dos EUA é de 1,6%, enquanto o choque para o setor financeiro dos Estados Unidos é de 16,1%. "Cone Sul, exceto Brasil" inclui Argentina, Bolívia, Chile, Colômbia, Equador, Paraguai e Peru. "América Central e Caribe" corresponde a Costa Rica, El Salvador, Jamaica, Nicarágua e Trinidad e Tobago. América Latina e Caribe inclui os dois grupos, mais Brasil e México.

> O processo de integração regional deve ser analisado pela perspectiva sistêmica e estratégica, de forma que possa estar blindada dos embates ideológicos. O Brasil é o principal interessado e beneficiário da integração e deve liderar diferentes iniciativas, ao mesmo tempo em que promove ganhos coletivos para a região. A fragmentação política e da governança regional torna a região mais vulnerável à presença de interesses extrarregionais e aos efeitos negativos das disputas de grandes potências (EUA, China, Rússia). A UNASUL, com cúpula presidencial, conselho de chanceleres e conselhos ministeriais setoriais, conseguiam dar respostas rápidas a crises políticas e em outros temas sem a ingerência extrarregional (Borba Gonçalves; Faleiro; Silva Barros, 2022, p. 8).

Outra questão que se evidencia é que o chamado mercado não será o lugar onde haverá propostas de redistribuição social de renda e riqueza. Para que o cenário atual de empregos precarizados, aumento da pobreza e da fome na América do Sul e no Brasil possam ser revertidos, é fundamental a definição de um projeto político que comande a integração.

Imprensa a serviço de quem?

Apesar dos evidentes benefícios econômicos de projetos integracionistas para o desenvolvimento nacional, a cobertura da *Folha de S. Paulo* manteve um tom negativo em relação à convocatória e realização da plenária de países da América do Sul, tirando a atenção para a importância do encontro e centrando suas publicações em críticas à visita do presidente venezuelano, Nicolás Maduro Moros. Ainda que os autores das reportagens e o próprio veículo possam adotar uma linha editorial crítica em relação às políticas governamentais, não é razoável ocultar do leitor os dados concretos das vantagens comerciais, econômicas e sociais que o país poderia ter ao liderar a retomada de organismos regionais, tais como a Unasul.

Segundo teorias de análise do discurso, as práticas linguístico-discursivas estão imbricadas com as estruturas sociopolíticas mais abrangentes de poder e dominação (Kress, 1990). O discurso é o entremeio na relação entre língua, história e sujeito, um fenômeno mais bem compreendido por suas características históricas de produção e de seu veículo de transmissão. Considerando que o veículo trata-se de um conglomerado de imprensa de propriedade familiar e que possui relações de financiamento, através de anúncios, com grandes empresários do agronegócio e de setores extrativistas, pode-se entender que a sua cobertura atenda a interesses empresariais que visam seus próprios lucros e não necessariamente o crescimento econômico estável com redistribuição de renda e riquezas.

> Adotando uma concepção de textos que se centra sobre sua intertextualidade e sobre a maneira como articulam textos e convenções prévias. Pode-se considerar uma ordem de discurso como faceta discursiva do equilíbrio contraditório e instável que constitui uma hegemonia, e a articulação e a rearticulação de ordens de discurso são, consequentemente, um marco delimitador na luta hegemônica (Fairclough, 2001, p. 123).

Neste caso, a manutenção do status quo passa pela reprodução de uma perspectiva neoliberal que posiciona em patamares diferentes as relações bilaterais com potências ocidentais e com países do Sul Global. A colonialidade do saber e do poder (Quijano, 2005) se expressa também na maneira como a imprensa reproduz visões de mundo através da escolha de fontes, termos, na hierarquização dos assuntos e na escolha das informações apresentadas em cada pauta.

A defesa de uma imprensa livre e autônoma é fundamental para garantir os preceitos de liberdade de expressão, para fortalecer a democracia e disputar a opinião pública. Em pesquisas realizadas pelo Centro Brasileiro de Análise e Planejamento (Cebrap) em parceria com o Instituto de Relações Internacionais da USP em 2010, 2014 e 2018, mais de 80% das respostas para a pergunta "Qual a importância da promoção da integração regional como objetivo da política exterior do Brasil?" foram "muito importante" e "importante" (Onuki, 2023, p. 108).

Não se pode esperar que os veículos de comunicação atuarão de modo monolítico, como correia de transmissão do governo ou expressando apoio incondicional às políticas vindas do Executivo. No entanto, parte-se do pressuposto de que um dos princípios básicos da prática jornalística é atender o interesse público, que neste caso, deveria estar representado por assuntos considerados relevantes para as maiorias e por um projeto que garanta bem-estar para a população.

Entendendo o jornalismo como uma forma de produzir conhecimento cristalizado no singular (Genro Filho, 1987), a diversidade de perspectivas nas narrativas jornalísticas é importante para construir visões mais complexas sobre os fenômenos. No entanto, se estes fatos particulares não forem acompanhados de um contexto que relacione sua singularidade a um universo mais amplo, a uma base histórica,, o que se alcança é a reprodução de uma visão da realidade enviesada pela ideologia dominante.

Conclusão

O presidente Luiz Inácio Lula da Silva conseguiu realizar um feito importante do ponto de vista diplomático: reunir todos os chefes de Estado e de governo e seus representantes em Brasília, na sede do Ministério das Relações Exteriores, depois de quase uma década sem que um encontro similar acontecesse. Um evento que aconteceu após o mundo atravessar uma emergência sanitária e vindo de um período de desintegração política e econômica da região. O simples fato de lançar uma convocatória que foi aceita por todos os países vizinhos já deveria ser motivo de destaque da presença do Brasil como um ator importante, que exerce a influência de uma potência que representa 55% do PIB regional. Além do evento em si, a agenda defendida pelo presidente abrange os principais temas de debate nos fóruns multilaterais da atualidade: comércio inter-regional, sistema monetário, defesa, questão energética, e cooperação em saúde e educação, demonstrando madureza na Política Externa Brasileira, calcada numa tradição de diplomacia de paz e diante de um contexto de disputas geopolíticas globais decisivas para o futuro da humanidade.

O Brasil se apresenta para o mundo e para a região como um ator que está disposto a liderar um bloco de nações que discuta formas benéficas de se inserir nas cadeias globais de valor, sem desatender seus mercados internos, e buscando superar debilidades históricas das economias sul-americanas ao realizar acordos e operações comerciais com outros blocos regionais ou organismos internacionais. Lula apresenta uma agenda que propõe lidar de frente a perda de hegemonia do dólar estadunidense no comércio exterior, encontrando como alternativa o fortalecimento das moedas locais e bancos regionais; num cenário de fragilidade dos sistemas públicos de saúde e risco de surgimento de novas epidemias, propõe a cooperação em ciência e tecnologia para desenvolver respostas conjuntas a situações de emergência e se antecipar a possíveis crises sanitárias; diante de uma nova corrida armamentista entre as maiores potências econômicas globais, o presidente brasileiro propõe retomar propostas antigas de criação de um conselho sul-americano de defesa para proteger a única região do planeta que há décadas mantém uma relação de paz; em meio à mudança climática e da busca predatória do Norte Global por mais matéria-prima, propõe a unidade na proteção das maiores florestas e reservas naturais concentradas no território sul-americano. No entanto, nenhuma destas propostas foi devidamente destrinchada, explicada ou até mesmo criticada na cobertura do site da *Folha de S. Paulo*.

Mesmo com todos os dados fornecidos por organismos internacionais, que confirmam os benefícios econômicos gerados nas duas primeiras décadas do século XX, marcadas pelo surgimento de novos organismos de integração, o maior veículo jornalístico do país opta por uma cobertura abertamente negativa à realização do evento, às pautas propostas pela parte brasileira, à atuação do chefe de Estado e aos resultados alcançados pelo encontro, sem sequer dimensionar para o público a relevância do conclave. Pelo contrário, opta por manchetes e textos centrados na figura de um dos chefes de Estado convidados, reiterando a narrativa hostil contra o país vizinho, sob justificativa de uma suposta preocupação em relação aos ritos democráticos dos venezuelanos. A agenda expressa pelo veículo alimenta e é alimentada, num movimento dialógico, pelas polêmicas levantadas nas redes sociais em relação à visita de Nicolás Maduro e, de maneira pouco responsável com o contexto em que a viagem do presidente venezuelano acontece, exacerbando a figura de "ditador" para alimentar sua audiência e reiterar uma linha editorial fundamentada em uma visão neoliberal, ingerencista e estigmatizante para a realidade de nações vizinhas.

Ainda que afirme em seus manuais de redação que o interesse público é um dos pilares do fazer jornalístico da empresa, a análise da cobertura em questão demonstra que o alinhamento político do periódico com seus fundadores e financistas se sobrepõe aos interesses econômicos da nação e ao bem-estar das amplas maiorias. Não há dúvida de que qualquer veículo de comunicação irá orientar suas coberturas de acordo com sua linha editorial, no entanto há um limite ético até mesmo para priorizar determinados temas em detrimento de outros, sobretudo se tratando de um veículo desta magnitude. Considerando que a política é a luta pelo monopólio de sentidos (García Linera, 2013), é evidente que o jornal disputa a opinião pública para uma narrativa que sugere uma aproximação do presidente Lula da Silva com setores considerados 'extremistas', apartados dos preceitos democráticos liberais, e que essa movimentação levaria ao fracasso da política externa e a conflitos internos. No entanto, a cobertura se esforça em repetir determinados conceitos, mas não detalha quais seriam as consequências negativas de seguir uma linha integracionista que priorize a relação com os países vizinhos sem distinção e respeitando a autodeterminação dos povos.

A breve análise da cobertura da *Folha de S. Paulo* sobre a Plenária dos Países Sul-americanos confirma que, diante de divergências políticas, os grandes monopólios de imprensa irão optar por fortalecer seus próprios interesses econômicos, ainda que para isso seja necessário adotar uma narrativa enviesada e, portanto, distante da suposta neutralidade e objetividade propagados em seus manuais internos de redação. Isso evidencia a necessidade de se discutir a democratização dos meios de comunicação para criar um ambiente de verdadeira liberdade de expressão e de respeito ao direito de acesso à informação de qualidade.

Referências

BORBA GONÇALVES, J.; FALEIRO, A.; SILVA BARROS, P. Desafios Econômicos para a Integração Regional Latino-Americana: Reconstrução e Transformação. In: *Teoria e Debate*. Fundação Perseu Abramo: São Paulo, 2022.

FAIRCLOUGH, N. *Discurso e Mudança Social*. Brasília: Editora Universidade de Brasília, 2001.

GARCÍA LINERA, A. *Democracia, Estado, Nación*. Vicepresidencia del Estado Plurinacional. La Paz, 2013.

GENRO FILHO, A. *O Segredo da Pirâmide*: Para uma Teoria Marxista do Jornalismo. Florianópolis, Brasil, 1987. Disponível em: https://repositorio.ufsc.br/handle/123456789/75390. Acesso em 16 jul. 2023.

ENGELS, F. MARX, K. *A Ideologia Alemã*. São Paulo: Boitempo Editorial, 2007.

QUIJANO, A. *Colonialidade do poder, Eurocentrismo e América Latina*. Buenos Aires: Conselho Latino-americano de Ciências Sociais (CLACSO), 2005.

KRESS, G. Critical Discourse Analysis. In:W. G. (org.). *Annual Review of Applied Linguistics* 11. p. 84-99, 1990.

ONUKI, J. A retomada da integração regional à luz da liderança internacional do Brasil. In: *Revista USP* nº 136 p.103-112. São Paulo, 2023.

Brasil Paralelo em três atos: desinformação, revisionismo histórico e teorias conspiratórias no *Youtube*

Cristiane Sinimbu Sanchez
Karina Pierin Ernsen Alves
Rafael Cardoso Sampaio

Não há fatos eternos, como não há verdades absolutas (Friedrich Nietzsche, 1844-1900).

Introdução

Em seu discurso na cerimônia de entrega do Prêmio Marechal Rondon de Comunicações, evento organizado pelo Ministério das Comunicações em setembro de 2021, Jair Bolsonaro afirmou: "*fake news* faz parte da nossa vida".[1] A frase dita pelo então presidente, em tom de naturalização, ilustra o fenômeno da utilização de *fake news* como estratégia política de engajamento de forma rotineira no cenário político do Brasil. Ao destacar que mentiras são contadas cotidianamente e que as *fake news* não precisam ser reguladas, o presidente reforça o que estudos já têm demonstrado: as *fake news* são e serão cada vez mais utilizadas com o objetivo de desestruturar relações sociais e influenciar no contexto sociopolítico con-

1 Disponível em: https://noticias.uol.com.br/politica/ultimas-noticias/2021/09/14/fake-news-faz-parte-da-nossa-vida-nao-precisamos-regular-diz-bolsonaro.htm. Acesso em: 30 ago. 2022.

temporâneo (Albuquerque, 2021; Allcott; Gentzkow, 2017; Gomes; Dourado, 2019).

Além disso, as implicações da produção e disseminação de conteúdo enganosos e/ou perigosos, tais como discurso de ódio, teorias conspiratórias, *fake news* e aqueles destinados ao revisionismo histórico, têm mostrado impacto significativo no contexto sociopolítico contemporâneo, que vão desde a interferência nas decisões eleitorais de um país até à descrença na Ciência, para citar alguns exemplos (Allcott; Gentzkow, 2017; Bennett; Livingston, 2018; Recuero; Soares; Zago, 2020). Neste sentido, entende-se que o fluxo de elaboração, utilização de ferramentas de disseminação e o uso político da desinformação, têm forte influência no processo de descrença e descredibilização das instituições políticas, visto que, por meio da mídia, não somente temos acesso às notícias, mas também a partir das mídias sociais um indivíduo – ou grupo de interesse – pode também prestar serviços públicos de desinformação. Neste cenário, tem-se um campo propício para o alastramento de *fake news*, o que se torna um problema preocupante dado que o fenômeno causa impactos sociais em níveis ainda não mensurados.

Percebe-se um movimento da extrema direita no uso das mídias e plataformas digitais, comprometidas em elaborar e propagar conteúdo enganoso, com o objetivo de desinformar ou criar narrativas que consolidem suas visões de mundo. Este movimento se apropria da lógica da mídia, utilizando-se de recursos textuais, visuais, argumentativos e estéticos para reforçar tais narrativas e produzir sentido para seus usuários. Parece, portanto, haver uso político mais intenso por parte de movimentos conservadores de direita e esses movimentos vêm buscando "desqualificar todas as instituições tradicionalmente dotadas de credibilidade para arbitrar sobre o conhecimento socialmente aceito sobre fatos, a saber, a ciência, a universidade e o jornalismo." (Gomes; Dourado, 2019, p. 37).

A Brasil Paralelo (BP) é uma empresa registrada tendo como atividade principal: portais, provedores de conteúdo e outros serviços de informação na internet, com situação ativa.[2] Em seu site, a BP apresenta seus principais serviços: Séries, Núcleo de Formação e Artigos, possuindo contas nas principais redes e plataformas digitais, tais como Instagram, Facebook, Twitter e YouTube, este último objeto de análise neste artigo.

O canal da BP no YouTube diz, em sua descrição, que "por meio de nossas produções trabalhamos para fortalecer em nossa cultura os valores e tradições que, notoriamente, ao longo da história conduziram a humanidade à paz e prosperidade".[3] O canal, lançado em 2016, possui 498 vídeos, contabilizando 1.950.000 inscritos e 132.041.516 visualizações em seus conteúdos, os quais vão desde comportamento, passando por história, política, até ciências e música. De acordo com o sócio da BP, Filipe Valerim, "a ideia é a de financiar a expansão de consciência dos brasileiros".[4]

Neste contexto, o objetivo deste capítulo é analisar as estratégias retóricas acionadas na argumentação dos vídeos produzidos pelo canal Brasil Paralelo, especialmente aqueles que buscam desinformar, disseminar teorias conspiratórias e fazer revisionismo histórico. Importa ressaltar que não temos a pretensão de fazer um "desmentido", somente analisar quais e de que forma as estratégias, tanto na fala, quanto na estética dos vídeos, são utilizadas para reforçar o argumento dos seus autores.

---

2 Disponível em: https://servicos.receita.fazenda.gov.br/servicos/cnpjreva/Cnpjreva_Comprovante.asp. Acesso em: 26 ago. 2022.

3 Disponível em: https://www.youtube.com/c/BrasilParaleloOficial/about. Acesso em: 26 ago. 2022.

4 Disponível em: https://www.boletimdaliberdade.com.br/2018/07/19/brasil-paralelo-em-entrevista-exclusiva-conheca-a-origem-dos-documentarios-que-fazem-sucesso-na-internet/. Acesso em: 6 set. 2022.

Desinformação e disseminação de conteúdo enganoso em plataformas digitais

Os movimentos em torno da elaboração e propagação de conteúdo enganoso buscam emular a mídia tradicional ao utilizarem uma retórica carregada de elementos que estabelecem com o interlocutor um certo grau de confiança e credibilidade para suas mensagens. Ou seja, para quem fabrica conteúdo enganoso, é necessário conferir facticidade, seja a partir de uma notícia distorcida ou de um fato inventado e, para tanto, utilizam-se de mimetismo, autoridade, bolhas de filtros, câmaras de eco, *affordances* das plataformas digitais etc. para disseminar sua propaganda, conforme já apontam alguns estudos empíricos, tais como Bennett e Livingston (2018), no qual exploram as implicações da desinformação e sua contribuição para o declínio da democracia; Gomes e Dourado (2019), que analisam o uso de *fake news* ou de histórias sobre fatos inventados ou propositalmente alterados para fins políticos; Krafft e Donovan (2020), que realizaram um estudo de caso de táticas de desinformação para mostrar como o *design* da plataforma e a comunicação descentralizada contribuem para o avanço da disseminação da desinformação; e Recuero, Soares e Zago (2020), estudo em que analisam como circula a desinformação sobre Covid-19 no Twitter; só para citar alguns exemplos.

Em busca de uma conceituação mais acurada do termo, Dourado (2021) destaca seis características definidoras de *fake news* distribuídas digitalmente. Três são relacionadas à natureza/sentido das peças enganosas: *informação inverídica* – peça produzida com a intenção de levar ao engano, mas é passível de verificação e de desmentido; *postulação factual* – a elaboração da peça busca denotar uma ideia de fato e uma vinculação com a realidade, com pretensão de ser um relato de verdade dos fatos; e *sentido de notícias* – a peça se reivindica como notícia, por isso busca emular/mimetizar a condição factual, de última hora e verdadeira como fluxo da imprensa profissional/tradicional em diferentes níveis, com uma "roupagem" de jornalismo profissional (Dourado, 2021, p. 65-83). E três características que se referem à dinâmica que as *fake news* assumem, principalmente em ambientes digitais: *múltiplos formatos* – a peça é organizada e planejada para ser distribuída on-line na forma de noticia seja em formato visual, auditivo ou audiovisual com o intuito de ser parecer com a realidade e o mais verossímil possível; *multiplataforma* – uma peça de *fake news* geralmente circula em vários tipos de plataformas, muitas vezes, impulsionada pelo o que a literatura chama de câmaras de eco, ou seja, são compartilhadas dentro de bolhas a partir do afeto político e interesses/crenças comuns, potencializado por uma paisagem de polarização política; e *multiversões/fontes* – que se refere à mutabilidade da forma como se apresenta um conteúdo enganoso, assumindo contornos diferentes quando (re)compartilhados (Dourado, 2021, p. 83-99).

Importa ressaltar que nem sempre todos os que atuam nessa cadeia de produção de conteúdo enganoso se utilizam desse mecanismo ou têm as mesmas oportunidades de acessar, consumir e interagir com *fake news* da mesma forma. Por isso, é importante ter em consideração que as *affordances* de uma mídia estão sujeitas às motivações/objetivos de quem as usa e, por extensão, também às convenções culturais que envolvem a intencionalidade. Deve-se considerar também que existem plataformas que possibilitam a exposição "involuntária" a conteúdos enganosos e que, nem sempre, a mídia permite que o interlocutor responda imediatamente ao emissor (ou que nem mesmo responda) representa um ato de comunicação que pode ter significado social para ambos – emissor e receptor. Neste sentido, um componente importante da produção de *fake news* – a intencionalidade – fica mais evidente, uma vez que mesmo não tendo controle de como uma peça foi recebida pelo receptor, isso não interfere na motivação de quem produziu aquela peça para desinformar.

YouTube como plataforma de desinformação

O YouTube é uma plataforma que disponibiliza vídeos que tratam de temas diversificados, mas não pode ser definida como apenas um repositório de vídeos. É uma rede social em si, mas vai além, funcionando como conexão entre as diversas redes. Além de hospedar vídeos, também permite compartilhá-los em outras redes sociais para serem repercutidos. Em 2020, a plataforma tinha mais de 2 bilhões de espectadores mensais, com aproximadamente um bilhão de horas de vídeos consumidos por dia (Kleina; Sampaio, 2020).

Prever como o YouTube se comporta é um dos desafios, tanto para os produtores de conteúdo quanto para os pesquisadores, pois o algoritmo está em constante mudança. O YouTube, assim como outras redes sociais, oferece ferramentas para medir com precisão o conteúdo e alinhar de acordo com as reações do público. Isso torna as estratégias de otimização efêmeras. Mas isso não diminui o acesso do público à plataforma. Pode ser que uma das respostas para este alto número de visualizações esteja no fato de que não importa o tempo que o espectador esteja assistindo, este número será contabilizado. Cada visualização importa.

Outros fatores importantes, e que também podem diferenciar o YouTube das outras redes sociais, é quanto ao tempo que os vídeos ficam disponíveis, como são procurados e visualizados. Moritz Meyer explica que no YouTube o conteúdo é procurado, constatando uma "disrupção dos hábitos de visualização" (Meyer, 2007). A atenção dos espectadores é a moeda única do YouTube. O que gera a forma como o conteúdo é postado

Um dos grandes problemas do YouTube é a desinformação, que como citado acima, pode ser direcionada e tem até gerado teorias conspiratórias. O Canal Brasil Paralelo, formado em 2016 por jovens, é um produtor de conteúdo que se identifica com a direita conservadora, sendo contra a "mídia *mainstream*". Como visto nos vídeos analisados nesta pesquisa, os conteúdos associam a oposição ao "politicamente correto da esquerda". Para Santos (2022), há similaridade na formação desta juventude na *Alt Right* e *Alt Light* norte-americanas que sustentaram, de forma orgânica, a campanha do ex-presidente dos Estados Unidos Donald Trump. O YouTube seria como o *4chan* nos EUA, plataforma que proporcionou o ambiente de nascimento da chamada *Alt-light* – militância de *digital influencers* libertários que compuseram a face socialmente apresentável e aparência de razoabilidade do apoio a pautas de Trump (Santos, 2022).

De acordo com Fonseca e d'Andréa (2020), as ações do YouTube sobre as políticas, diretrizes e também nos termos de serviço da plataforma, podem indicar uma maior preocupação com a credibilidade e confiabilidade do conteúdo que circula na plataforma. Porém, estimula a checagem da veracidade de fatos, tanto pelos criadores de conteúdo quanto pela parceria da plataforma com checadores independentes, que demonstra uma postura ativa de moderação de conteúdo, porém evitando problemas legais.

Neste sentido, o YouTube tem se mostrado como uma plataforma que pode ser facilmente, e frequentemente, utilizada como meio de divulgação e propagação de desinformação. O controle destes discursos se mostra cada vez mais difícil e a própria plataforma parece ter dificuldades para monitorar e retirar o conteúdo enganoso – ou simplesmente não tem interesse em fazê-lo.

Retóricas, estratégias e artimanhas

A análise proposta nesta pesquisa é compreender se, e como, o Canal Brasil Paralelo adotou a proposta da retórica sofística que, de acordo com Platão, contaminou o significado dessa modalidade retórica, o que acontece até hoje. Ou, como sugere Reboul (2004), ao reduzir o interesse do discurso ao próprio discurso, ao resumir seu conteúdo a artimanhas de persuasão, possivelmente os sofistas tenham contaminado para sempre a própria retórica. Sendo o sofista conhecido historicamente como um enganador e o sofisma como uma mera artimanha persuasiva, sinônimo de ilusão ou mentira.

A retórica é dividida em três gêneros e nela identifica três pilares (Aristóteles, 2011). Os gêneros são definidos como Judiciário, Epidíctico e Deliberativo. O primeiro diz respeito a determinar se uma ação é, ou não, justa, tendo como referência algo que já aconteceu, defendendo ou acusando um indivíduo ou um grupo de indivíduos por algo. O segundo remete ao presente, buscando louvar ou reprovar atitudes. Já o Deliberativo tem como foco o debate acerca de algo que terá consequências no futuro, conforme decisões que devem ser tomadas, utilizando exemplos para orientar essas decisões.

Já os pilares são definidos como *ethos*, *pathos* e *logos*. *Ethos* se refere à argumentação que se funda sobre a autoridade do argumentador, seu caráter moral e/ou ético que inspira confiança no interlocutor. *Pathos* denota a estratégia argumentativa pautada no apelo às emoções e funciona particularmente bem quando o argumentador e aquele para quem se dirige compartilham os mesmos valores. *Logos*, por sua vez, diz respeito a uma argumentação na qual a coerência da construção é a tônica, ainda que nela não haja relação com a veracidade do argumento (Kleina; Sampaio, 2020).

Há, ainda, em Aristóteles, o entimema, um silogismo que é construído somente em função de seu efeito retórico. Em outras palavras, o entimema é fundamentado em verossimilhanças e não em algo verdadeiro e é desenvolvido em função do nível do público e a partir do que o público pensa, do senso comum, manipulado facilmente por indivíduos incultas.

Caminhos da pesquisa

Trata-se de estudo exploratório, de abordagem qualitativa, que utilizou a técnica da análise de conteúdo para sistematizar os dados, buscando identificar as estratégias de retórica utilizadas para reforçar o argumento em torno dos conteúdos enganosos disseminados pela Brasil Paralelo em seu canal no YouTube.

Para seleção dos vídeos, tendo em vista o objetivo de analisar estratégias retóricas acionadas para disseminar desinformação, em uma amostra por conveniência de três vídeos com conteúdo notadamente desinformativo, teoria da conspiração e revisionismo histórico, entre os mais visualizados no referido canal. Desta forma, chegou-se aos vídeos: "1964 – O Brasil entre armas e livros (FILME COMPLETO)", publicado em 02 de abril de 2019, com duração de 2h07min32seg; "7 DENÚNCIAS: AS CONSEQUÊNCIAS DO CASO C0V1}-19" [sic], publicado no dia 30 de junho de 2020, com duração de 1h54min54seg; e "OS DONOS DA VERDADE (FILME COMPLETO)", publicado em 17 de agosto de 2020, com duração de 1h22min00seg.

Para análise dos vídeos, utilizamos a técnica da Análise de Conteúdo (AC), que, "baseada em procedimentos sistemáticos, intersubjetivamente validados e públicos para criar inferências válidas sobre determinados conteúdos verbais, visuais ou escritos" (Sampaio; Lycarião, 2021, p. 17), é utilizada para "descrever, quantificar ou interpretar certo fenômeno em termos de seus significados, intenções, consequências ou contextos" (Sampaio; Lycarião, 2021, p. 17).

Com base na pesquisa de Panke e Cervi (2011), na qual propõem uma metodologia para estudo do Horário Gratuito de Propaganda Eleitoral (HGPE), procedemos a decupagem dos vídeos, que consiste na "transcrição de todas as falas dos programas, acrescentadas do tempo e da descrição das imagens e/ou efeitos de áudio correspondentes" (2011, p. 396). Após isto, procedemos a divisão das unidades de análise, ou seja, dividimos os vídeos em segmentos que "[...] se define a partir do conteúdo/tema, orador e cenário que, juntos, representa a autonomia de cada segmento em relação às demais partes do programa televisivo" (Panke; Cervi, 2011, p. 393). A partir disto, foi desenvolvido o Livro de Códigos, elaborado a partir do livro proposto por Kleina e Sampaio (2020), selecionando as variáveis: gênero e prova retórica predominante: jurídico, epidíctico e deliberativo, assim como *ethos*, *pathos* e *logos;* e conteúdo adicional: recurso visual além do roteiro do vídeo, adicionando-se elementos para verificação, a saber: apelo estético, desinformação, revisionismo histórico, teoria conspiratória, trilha sonora, fotos e/ou trechos de outros materiais. A apresentação e discussão dos dados, trazendo informações relevantes sobre os vídeos organizadas a partir de análise documental e com auxílio do YouTube Data Tools.[5]

O vídeo intitulado "1964 – O Brasil entre armas e livros (FILME COMPLETO)" contava, até o momento da busca, com 10.338.621 visualizações e 77.113 comentários, com 698.150 *likes*. O conteúdo foi selecionado em razão de conter traços do que se denomina revisionismo histórico, ou seja, busca falsear o passado e mobilizar pessoas em torno de uma suposta revolução, ante ao que verdadeiramente foi a ditadura no Brasil, pois "apropriam-se de recursos próprios da pesquisa histórica para supostamente se validarem sob a rubrica de revisionistas" (Barbosa, 2022, p. 307).

---

5 Disponível em: https://tools.digitalmethods.net/netvizz/youtube/. Acesso em: 06 set. 2022.

Já o vídeo intitulado "7 DENÚNCIAS: AS CONSEQUÊNCIAS DO CASO C0V1}-19" [sic], contava, até o momento da busca, com 1.480.566 visualizações e 8.747 comentários, com 157.575 *likes*. O conteúdo foi selecionado em razão de conter traços do que se denomina como *fake news* e desinformação, ou seja, informação sem acurácia, manipulada ou fato distorcido disseminados intencionalmente com o objetivo de enganar sobre determinado tema, especialmente com fins políticos (Bennett; Livingston, 2018; Gomes; Dourado, 2019).

Por sua vez, o vídeo intitulado "OS DONOS DA VERDADE (FILME COMPLETO) contava, até o momento da busca, com 1.373.779 visualizações e 9.432 comentários, com 161.871 *likes*. O conteúdo foi selecionado em razão de conter traços do que se denomina teoria conspiratória, ou seja, preenche as três ideias principais que compõem um conteúdo conspiratório, a saber: "não existe acaso, tudo está interconectado e as coisas são diferentes do que parecem ser" (Brito, 2022, p. 326).

Brasil Paralelo: desinformação e conspirações em debate

> "1964 o Brasil Entre Armas e Livros": a retórica do revisionismo histórico

O vídeo defende que antes de 1960 o Brasil sofria uma ameaça comunista e relativiza a tortura e a censura, argumentando que os livros de história são escritos por pessoas da esquerda. Entre os entrevistados estão: filósofos, pesquisadores, jornalistas e historiadores: Percival Puggina, Fernão Mesquita, Flávio Morgenstern, Helio Beltrão, Vladimir Petrilák, Rafael Nogueira, Willian Waak, Olavo de Carvalho , Thomas Giulliano , Renor Filho, Petr Blazek, Luiz Felipe Ponde, Andrzej Wojtas, Leszek Pawlikowicz, além do administrador do site - "A verdade sufocada" Laudelino Lima - Mauro

Abranches Kraenski - Pesquisador do livro "1964: O elo perdido". O Brasil Paralelo, apresenta o contraditório, a defesa do que aconteceu, nas vozes de Carlos Araújo - ex-marido da ex-presidenta Dilma Rousseff, Fernando Gabeira - jornalista, escritor e político e Vera Magalhães - citada pela produtora como ex-guerrilheira.

Começa com o gênero epidíctico, na seção "Tentaram nos cancelar - Veja a nossa resposta", condenando professores que não permitem que o filme seja exibido nas suas escolas, com alegação de que seria inadequado, não compatível com a filosofia de ensino. Há, assim, a evocação da prova retórica *pathos* e *ethos*, já que a emoção é bastante utilizada na condenação, com a fala revoltada de alunos que queriam exibir o filme, e o apresentador e narrador Filipe Valerim apresenta o grupo Brasil Paralelo com a autoridade de quem tem o que dizer sobre o assunto, mas está sendo censurado. A participação de "dezenas de especialistas" na realização do documentário tenta reforçar a prova retórica do *ethos*, com a garantia de que documentos foram estudados e se sabe muito bem do que se fala.

> Dezenas de especialistas renomados nos ajudaram a navegar pela bibliografia e documentação não apenas do Brasil, mas dos Estados Unidos, Polônia, Berlim e República Tcheca. Hoje é o grande dia, entregamos todo esse conteúdo para você assistir, compartilhar e criticar. Nunca se esqueça disso (Trecho do vídeo, 2022).

A seção inicial culmina, utilizando essas provas retóricas no gênero epidíctico, com uma autopropaganda do BP, louvando a sua independência (é dito que não recebe dinheiro público, sendo financiado pelos assinantes) e com a convocação para que o espectador patrocine o canal, como uma forma de ter acesso aos conhecimentos que difunde em todos os "cursos de formação" que oferece, para uma "jornada pelas grandes ideias da humanidade". Há, nesse ponto, a exploração do gênero deliberativo típico da propaganda, com o reforço da prova retórica *ethos*.

O gênero retórico predominante a partir daí, nas seções "O terror da Guerra Fria", "Os planos secretos de Stalin para espalhar o comunismo" e "KGB: a força oculta da Rússia para destruir o Ocidente" é o judiciário, com a apresentação de fatos que comprovariam uma trama comunista internacional para o domínio do país, contextualizando esses fatos como frutos da Guerra Fria. A utilização de *pathos* é frequente na edição de imagens e na trilha sonora, incluindo o som original de discursos, música e ruídos que parecem tentar criar suspense e tensão. A participação dos "especialistas" mantém a prova retórica *ethos* como uma base de conhecimentos supostamente segura.

Figura 1. Captura de telas em que aparecem entrevistados.

As imagens de Lenin, Trotsky e Stalin são apresentadas com uma severidade condenatória típica do gênero judiciário, num contexto em que a Revolução Russa está sendo julgada e condenada – o massacre da família imperial russa tem a tela colorida de vermelho, evocando *pathos* e o texto faz menção ao "reino do terror vermelho". Do outro lado, os EUA são apresentados como defensores da liberdade e dos valores cristãos, "força imprescindível que derrotou os nazistas", segundo a retórica judiciária utilizada. Churchill é enaltecido e Stalin definido como um traidor da palavra dada ao líder britânico.

> Assaltos a bancos e tumultos nos quartéis do exército imperial russo. A revolução assassina brutalmente a família imperial Romanov para implementar uma ditadura que tinha Lenin como Deus e Stalin e Trotsky como Papas Vermelhos. Os soviéticos desenvolvem um plano para conquistar o mundo e implementar o comunismo em todos os países. O reinado do terror vermelho se espalha pelas décadas seguintes (Trecho do vídeo, 2022).

Como já dito, o gênero judiciário é o predominante, promovendo a condenação do "mal" inerente aos regimes comunistas e a sagração do "bem" dos EUA e seus aliados. Os mísseis soviéticos apontados para a Europa e a comparação entre as sociedades dos EUA e da União Soviética, em termos de desenvolvimento e liberdade, fornecem a prova retórica *logos*, em harmonia com *pathos*. Os "especialistas" vão se sucedendo e aparecem de forma breve, com frases curtas e empostadas, fornecendo a segurança que o recurso à prova retórica *ethos* tenta oferecer ao público.

Nas seções seguintes, "A conspiração para transformar o Brasil em um país comunista", "A União Soviética planejou um plano maligno para o Brasil" e "Brasília aproximou o Brasil do Reino do Terror", o gênero judiciário se mantém, com a alternância das provas retóricas. A trilha sonora também é mantida, mesclando música e ruídos que evocam *pathos* com o sentimento de tensão. Isso acontece com seleções de imagens que evocam emoções específicas. Por exemplo, ao tratar do tema da organização comunista internacional e seus planos de se expandir pelo mundo em forma de partidos políticos, o narrador se refere ao Brasil como um dos principais alvos para essa expansão e as imagens exibidas são de recantos urbanos atraentes e emblemáticos, como a praia de Copacabana, que, assim, estariam ameaçados pela "ameaça vermelha". As provas retóricas *ethos* e *logos* estão presentes nas já citadas figuras dos "especialistas", que atestam, no caso do Brasil o risco do mal personificado no comunismo se instalar, referindo supostos arquivos da KGB descobertos por um brasileiro.

Figura 2. Captura de telas sobre os impactos da Guerra Fria no Brasil.

Na seção "Jânio Quadros, o presidente que virou amigo dos comunistas" e "Jango e a sua aliança com a Cuba revolucionária" predominam os recursos da prova retórica *ethos*, com a autoridade dos "especialistas" evocando ora *pathos*, ora *logos*, sempre no gênero judiciário. O Movimento Sem Terra (MST) é comparado às Ligas Camponesas, que teriam sido treinadas por cubanos, o que indica o recurso ao gênero epidíctico, com uma condenação das ações presentes dessa organização.

Nas seções "A marcha onde milhões de brasileiros disseram 'Não' ao comunismo", "31 de março de 1964: o dia do Golpe Militar", "A CIA foi responsável pelo Golpe Militar?" e "Os generais de 64 foram ditadores?", mantêm o mesmo gênero, sempre com a evocação de *pathos*, exaltando os que resistiram ao comunismo. O heroísmo de uns é contraposto à perversidade de outros, os que, segundo a narrativa, queriam entregar o país à intervenção de forças estrangeiras, no caso Cuba, China e União Soviética.

As seções seguintes, "O terror propagado pelos comunistas: terroristas que hoje são reverenciados", "Atos terroristas e manifestações estudantis enfraqueceram os militares?" e "Maio de 68: jovens usados como massa de manobra pelo comunismo", também se baseiam nas falas dos "especialistas" e na apresentação de argumentos, todos ilustrados com imagens e trilha sonora no padrão das seções anteriores. O gênero judiciário permanece, com referências, algumas na boca dos "especialistas", críticas ao presente, no caso ao posicionamento de artistas contrários à ditadura militar.

Na seção "A estratégia da esquerda para se infiltrar na mídia, escola e televisão" predomina o gênero epidíctico, pois "a esquerda brasileira" é execrada por usar termos como machismo, racismo, homofobia, em uma suposta estratégia gramsciana de dominação.

Os recursos sonoros mantêm-se semelhantes, com variações do fundo musical, mas sempre com uma trilha que evoca tensão. Os "especialistas" se sucedem em discursos com o mesmo padrão, no qual se alternam a emoção (*pathos*), a suposta autoridade (*ethos*) e o senso lógico, que não necessariamente precisa ser verdadeiro, apenas verossimilhante (*logos*).

Nas seções seguintes, "O erro dos militares em subestimarem os comunistas", "O que nunca te contaram sobre a censura do Regime Militar" e "O Fim do Regime Militar: apagaram a história de 1964", há um retorno ao gênero judiciário, com uma crítica aos militares, em especial a Ernesto Geisel, por "terem deixado" a esquerda se desenvolver nas universidades. Predominam os "especialistas" com as mesmas provas retóricas. A censura chega a ser tratada quase como algo natural e as palavras dos "especialistas" se centram na crítica à incapacidade prática do governo militar de impor uma censura efetiva. O foco das críticas se desloca, em um momento, quase que inteiramente para Geisel, que pôs fim à censura e promoveu a "abertura política".

> Obviamente havia censura no regime militar, mas era muito pouco profissional. Colocavam um guardinha qualquer de esquina, até senhoras para fazer a censura. Eles censuraram coisas bobas, pornografia (Trecho do vídeo, 2022).

A última seção "O que fizeram os heróis?" a "Nova República" é tema do final do documentário, por suceder a ditadura militar. O gênero é o judiciário, com críticas às chamadas esquerdas e um enaltecimento da participação das Forças Armadas na história brasileira.

No todo, o documentário se caracteriza como uma peça ideológica que utiliza uma estratégia retórica de convencimento do público sobre os motivos supostamente nobres que levaram as Forças Armadas brasileiras a dar um golpe de Estado e instituir um regime ditatorial para livrar o país de um regime ditatorial. O gênero retórico judiciário está presente em praticamente todo o filme, com utilizações pontuais do gênero epidíctico. As provas retóricas *ethos*, *pathos* e *logos* se alternam, com a predominância dos dois primeiros, notadamente *pathos*. Em nenhum momento se abre espaço ao contraditório, predominando uma proposta discursiva que depende dos recursos retóricos para parecer convincente.

"7 denúncias: as consequências do caso c0v1}-19": a retórica da desinformação.

O vídeo é conduzido por seu apresentador/narrador, Filipe Valerim, que, de início, convoca outras pessoas a se tornarem membros do canal[6] e ressalta a necessidade de ter mais apoiadores para, segundo ele, "ser possível fazer a mudança que a sociedade brasileira precisa para sair da crise e do abismo intelectual que se encontra". Enquanto o apresentador expõe este preâmbulo, imagens são acionadas para alertar sobre a gravidade e emergência do tema em questão.

O vídeo adverte em letras garrafais: "ESTA PEÇA NÃO É CONTRA OS MÉTODOS DE PREVENÇÃO AO COVID-19.

6 É possível ser apoiador da empresa a partir de planos de contratação em troca de conteúdo exclusivo, sem propaganda, além das capacitações e cursos produzidos no canal. No vídeo em análise, o narrador reforça que possui conteúdos adicionais para quem é membro.

TODA A CRÍTICA AQUI EXPOSTA É DIRECIONADA AOS GOVERNANTES QUE FAZEM USO IRRESTRITO DO PODER" (Dados da pesquisa, 2021). No entanto, para reforçar a argumentação, a abertura já dá o gancho do que viria a seguir. Com analogia ao filme Farenheit 451, mostrando a cidade vazia, o único personagem andando com medo, câmeras vigiando, cartazes de propaganda com a identidade visual da antiga União Soviética solicitando para ficar em casa.

A trilha sonora de suspense, baseada na ópera barroca, alimenta a atmosfera dramática das cenas. Intercalando cenas de cidades antes e depois da pandemia. Avenida Paulista, praias cariocas, Museu do Futuro no Rio de Janeiro, São Paulo, Salvador, Times Square, catedral de Milão, Torre Eiffel, entre outros lugares no mundo se sucedem, pelo tempo de 13 minutos, mostrando nos primeiros quadros, espaços repletos de gente e de cores saturadas. O foco próximo dos rostos das pessoas transmite felicidade e tranquilidade. Já os espaços vazios pós pandemia são representados com imagens escurecidas e sem contraste. A câmera aberta, em contraposição à câmera fechada, transmite um sentimento desolador.

Figura 3. Frames em contraposição captados durante a argumentação inicial no vídeo.

Figura 4. Frames em contraposição captados durante a argumentação inicial no vídeo.

Argumento visual bastante utilizado é a inserção de materiais de outros veículos, canais e/ou materiais produzidos pela mídia tradicional buscando conferir veracidade, um recurso também reconhecido na produção de *misinformation* e *fake news*, já que, ao emular um conteúdo jornalístico, o produtor de conteúdo enganoso confere credibilidade ao que propaga. Isto reforça o que Gomes e Dourado (2019, p. 36) apontam quando explicam que a inserção de *news* à expressão "*fake* news" se relaciona à ideia do comprometimento do jornalismo com os relatos que se reivindicam factuais. Assim, ao acionar imagens de mídias tradicionais, os autores buscam mobilizar o sentimento de que "a autoridade e a credibilidade da instituição do jornalismo e dos seus processos de produção de relatos autorizados e dotados de credibilidade sobre os fatos da realidade."

Figura 5. Inserção de materiais da mídia tradicional.

Além de todos os recursos visuais aqui apresentados, os autores do vídeo acionam uma trilha sonora em tom sombrio, em tom alarmista e preocupante. A seguir apresentaremos as análises e discutiremos os dados a partir da prova retórica.

Os capítulos abordam a liberdade em si, liberdades individuais, bem comum, ciência, responsabilidade dos governos e a economia. O gênero retórico dominante é o judiciário, culpabilizando os governos, as medidas restritivas e até mesmo a ciência. Em alguns momentos, o gênero deliberativo predomina, principalmente quando é preciso decidir por uma ação. Quanto à prova retórica, o uso é misto entre *pathos* e *logos*, mesclando imagens e discursos emotivos, porém lógicos, com dados e argumentos aparentemente racionais, mas com natureza de verdade dúbia.

No segundo capítulo, ao colocar em dúvida a autoridade científica, o narrador usa o gênero judiciário, determinando que a existência de cientistas imparciais, racionais e capazes de analisar é uma exceção. Também relacionam, por meio de dados históricos, a ciência atual com a exercida durante o nazismo, misturando *pathos* e *logos* como prova retórica para persuadir o telespectador, tal como se pode conferir nos seguintes trechos e Figura 5:

> Quando um político fala em nome da ciência é preciso ter cuidado. A ciência é um método, e o ser humano não é científico em si. [...]No caso dos cientistas, isso significa

> que ser imparcial, racional e capaz de analisar o que está sendo observado não é a regra é a exceção.
>
> Mesmo entre os grandes nomes da ciência, há intensa discordância sobre quase todos os pontos. E essa é a maior marca da comunidade científica. [...] O cientista é falível e parcial.

Figura 6. Imagens de médicos nazistas.

O capítulo finaliza com gênero deliberativo de que é preciso decidir por uma ação e apela para sentimentos como medo, tendo como prova retórica *pathos*: "A história demonstra claramente que quando um político afirma estar agindo em nome da ciência... Deus ou a vontade do povo através da proliferação do medo ou a impossibilidade de debate temos que combater."

No capítulo 4, mostram-se as leis que isentam os governantes de erro, exibindo os documentos e os governadores que ficaram responsáveis pela compra de insumos. Usa *logos*, com dados, e *pathos* com sentimentos como o medo da população. Já nos capítulos 5 e 6, tratam da liberdade privada, questionando diretamente o *lockdown*, o uso da máscara e a eficácia da cloroquina, além da forma como a mídia noticiou a crise sanitária e se as redes sociais estão limitando a liberdade de expressão. Nestes capítulos, o gênero utilizado é também o judiciário. A prova retórica é predominantemente *pathos*, relacionando os argumentos ao sentimento de medo.

O último capítulo, com gênero judiciário e prova retórica *pathos* e *logos*, traz alguns dados sobre as instituições internacionais. As imagens e referências são apelativas ao emocional, remetendo novamente ao medo. Ao longo do vídeo, os autores acionam "especialistas", os quais usam a prova retórica *ethos*, pois são apresentados, e se auto apresentam, como autoridades no assunto, demonstrando argumentos e capacidade documental, intelectual e factual do conteúdo. De acordo com Kleina e Sampaio (2020) o "discurso envolve o caráter moral que o orador parece ter, mesmo que isso não proceda. Denota um caráter moral, inspira confiança". Em alguns momentos, os entrevistados acionam *pathos*, evidenciando emoções e as transferindo aos espectadores.

Luiz Philippe de Orléans e Bragança, mestre em Ciências Políticas pela *Stanford University*, atualmente é deputado federal e príncipe herdeiro da família imperial brasileira. O discurso também demonstra autoridade em seus argumentos citando o tema do liberalismo.

> O que aconteceu com o coronavírus é que, assim como com a reação dos governos globais para combater essa pandemia já demonstrou que não há mais liberalismo não há mais direitos individuais, fundamentais e invioláveis. [...] No mundo de hoje, os direitos fundamentais são violáveis. Mesmo que constitucionalmente eles sejam defendidos, por alguma nuance do Estado você será capaz de violá-los (Trecho do vídeo, 2022).

O final do seu discurso é carregado de emoção, pois transfere um sentimento de medo e de decepção ao perceber que a população aceita ter sua liberdade violada para ter em troca algo melhor, tendo características de *pathos*.

Fernando Conrado, apresentado como cientista político, também *YouTuber* e *instagrammer*, aborda o tema da Ciência, coloca em dúvida os procedimentos realizados por instituições científicas no início da pandemia quando questionado pelo governo brasileiro. Seu discurso também tem características de *pathos*, pois é inflamado, mas com conteúdo informativo.

> No início, quando o governo brasileiro pediu uma declaração de pandemia, a OMS disse: 'não é bem assim, não é um caso de pandemia', depois era. No início, quando o pessoal começou a dizer, os países dizendo: 'olha, vamos cancelar voos vindos da China'. 'Não, não precisa cancelar voo nenhum'. Quando se questionou sobre a transmissibilidade do vírus, eles disseram: 'Não, isso tem uma baixa transmissibilidade. Não te preocupe entre os humanos, eles podem ficar bem tranquilos'. E nada disso se concretizou com o decorrer do tempo (Trecho do vídeo, 2022).

Apresentado como advogado e professor, Ricardo Gomes, traz para si o "conhecimento", pois em sua retórica demonstra saber do que fala, como uma autoridade no assunto. O discurso também envolve o caráter moral do orador, inspirando confiança.

> Nunca teve tão claro o argumento do Hayek do caminho da servidão. Em que medidas boas e bem intencionados produzem resultados indesejados. [...] Usar um exemplo quase "caricato" hoje em dia, era o cinto de segurança... Estamos vendo isso em cubos. Agora o senhor está proibido de sair na rua, porque se você sair na rua então vai encher o hospital. [...] E o que está acontecendo no Brasil é que para preservar o sistema de saúde esse alguém quer comandar as nossas vidas (Trecho do vídeo, 2022).

Conclui-se que os autores do vídeo analisado buscam utilizar de estratégias retóricas baseadas, muito particularmente, nos pilares *pathos* e *logos*, deixando *ethos* para excertos mais específicos durante o conteúdo, acionados para reforçar argumentos com objetivo de disseminar desinformação e *misinformation* sobre a pandemia de Covid-19 no Brasil. O gênero retórico mais utilizado é o judiciário, reforçando argumentos no sentido de conferir muito mais culpa e decisão em relação aos possíveis desdobramentos da pandemia.

"Os Donos da Verdade": a retórica das teorias conspiratórias

Trata-se de uma pretensa retrospectiva histórica baseada no tema "a defesa da liberdade de expressão", tendo como alvo um suposto inimigo global dessa liberdade, identificado como uma caricatural esquerda totalitária que pretende roubar a liberdade e extinguir a propriedade privada.

As argumentações são fundamentalmente retóricas, utilizando recursos como o ataque ao autor de uma frase ou propositor de uma forma de interpretar a realidade política, sem discutir fundamentalmente o conteúdo de suas ideias, o contexto em que palavras foram ditas ou qualquer outro sentido possível que contrarie ou ameace a interpretação do discurso que o documentário tenta, com recursos engenhosos, mas simplórios, passar como "a verdade".

O vídeo se apropria das imagens de Sócrates e Jesus para afirmar a importância do tema, já que as duas figuras históricas simbolizam o combate do poder político contra aqueles que defendem uma opinião. Demonizam o "politicamente correto", atacam o STF pela investigação das *fake news*, os ecologistas que são acusados de anticapitalistas, feministas e militantes LGBTQIAPN+, inimigos dos bons costumes familiares.

Chama a atenção a utilização de recursos, como o entimema e o *ad hominem*, emblemáticos de artimanhas retóricas que intentam mais convencer pelo recurso à emoção do que pela argumentação lógica. Do mesmo modo, há torções discursivas, com a substituição dos fundamentos da busca pela verdade dos fatos e acontecimentos pela verossimilhança forçada em comparações silogísticas incoerentes e anacrônicas.

Neste início é acionado o gênero deliberativo com a prova retórica de *pathos*, pois é reforçada a argumentação de que as falas são configuradas como discurso de ódio. Na sequência expõem os trechos de vídeos que viralizaram, como o de uma palestra da filósofa Marilena Chauí, quando expressa sua indignação e ódio à classe média; a do ex-Ministro da Educação no governo Bolsonaro, Abraham Weintraub, que destaca seu ódio aos ministros do STF, com falas racistas e machistas, e que também viralizaram nas redes sociais.

Filipe Valerim aciona a prova retórica de *ethos*, colocando o Brasil Paralelo como o grupo de pessoas que determina quem está certo ou errado. Usa o gênero epidíctico, buscando louvar ou reprovar atitudes.

> Está disposto a defender a liberdade de todos para poder falar o que pensa, nem sempre será fácil. E a razão deste vídeo é nos prepararmos para enfrentar um grande desafio: os dias de hoje. Como é perigoso para alguém ser capaz de nos impedir de falar o que pensamos? (Trecho do vídeo, 2022).

Em "Figuras famosas da história que foram canceladas" começa uma série de exemplos com trilha sonora que insere sons de suspense, que casam com as imagens. A história da comunicação é contada e são citadas figuras históricas, que de acordo com o Brasil Paralelo, foram canceladas. O gênero judiciário é acionado, com prova retórica de logos, explicando como Sócrates ou até mesmo Jesus Cristo, Marco Aurélio, Galileu, Giordono Bruno, Revolução Francesa, entre outros foram calados. A trilha sonora durante a linha histórica é triste, densa.

No capítulo seguinte, um dos especialistas do Brasil Paralelo, o advogado e professor Ricardo Gomes conta como a liberdade de expressão é importante para os países liberais como Inglaterra e Estados Unidos. A esta exaltação, o gênero epidíctico é novamente acionado. *Logos* aparece como prova retórica, pois apresentam-se leis e provas da liberdade de expressão. O gênero judiciário retorna ao contar a história deste século. A prova retórica *pathos* também é acionada, o que cria uma tensão, junto com imagens de filmes e música emotiva, relacionadas ao sentimento de esperança.

Em "Foi isso que fez a liberdade de expressão ser censurada", o exemplo da crença na Terra Plana é citado para demonstrar a importância do debate. Nesta parte se aciona o gênero epidíctico e a prova retórica *logos*, com entrevistas, *vlogs* e infográficos. Também acionam o gênero judiciário quando comparam o cerceamento de expressão, como do terraplanismo, ao que fizeram com Jesus ou Sócrates. A retórica tem gênero deliberativo, com prova retórica em *logos* ao citar a mudança da interpretação da Primeira Emenda e sobre como o discurso de ódio foi propagado na Segunda Guerra Mundial. Por meio do *ethos*, o especialista da psicologia explica o que aconteceu e porquê. O cenário apresentado é também direcionado ao saber, ao fundo uma biblioteca de livros encapados que podem vir a remeter o saber clássico.

Já no "Discurso de ódio: a estratégia marxista para censurar a sociedadede" são acessadas os gêneros judiciário e epidítico. A prova retórica é predominantemente *logos*, narrado para transpassar o medo, ou seja, *pathos*. Neste capítulo também é inserido o tema do "Politicamente Correto", para isso acessam o gênero judiciário e prova retórica *pathos*:

> A lógica construída é que apenas as minorias são capazes de saber o que é ser discriminada, portanto, só elas podem saber o que é discurso de ódio (Trecho do vídeo, 2022).

Em "Como a internet disseminou o politicamente correto" a jornalista Leda Nagle e outros profissionais aparecem descrevendo como o cidadão comum tem acesso a distribuição de conteúdo por meio das redes sociais. É acessado o judiciário com prova retórica ethos. E no "Quem define o que é ódio?" as imagens de linha do tempo, cenas de jornais, momentos históricos abrem este capítulo. Narrado por Filipe

Valentim aciona o gênero epidíctico com prova retórica *logos* ao mostrar entrevistas com personalidades da comunicação.

> Os fluxos na internet denunciando mentiras e promovendo candidatos opositores ameaçaram o status quo político. A aliança tácita entre políticos e meios de comunicação para se defender dessa ameaça era inevitável (Trecho do vídeo, 2022).

Para falar sobre "Como as *fake news* prejudicaram os políticos", o editor da Rede Globo conta como aconteciam as eleições antes da era da internet e logo em seguida é apresentado o atual modelo de comunicação virtual e como são produzidas notícias e controles por países denominados comunistas, como China e Coreia do Norte. Neste capítulo o gênero dominante é epidítico e com prova retórica *logos*. Nos países que não ocorre o controle do estado, mas foram criadas outras formas de fiscalizar se o conteúdo que circula é verdadeiro ou mentiroso. Neste capítulo o gênero dominante é epidítico e com prova retórica *logos*.

Ao comparar a constituição brasileira com a norte americana, é acionado o gênero judiciário e a prova retórica é *logos*. Porém, durante o capítulo conta-se episódios contemporâneos, o que torna o gênero epidítico.

> Encontramos fundamentos constitucionais nos artigos 138, 139 e 140 do nosso código penal os conhecidos crimes de opinião: calúnia, difamação e injúria. Calúnia para quando falsamente imputar um crime a alguém. Difamação para quando impomos um fato ofensivo à reputação de alguém, como dizer que o sujeito deixou de pagar suas contas e é um devedor (Trecho do vídeo, 2022).

Para dar início ao tema do Superior Tribunal Federal, o narrador informa sobre os gastos com itens de ostentação, como vinhos, comidas, carros, entre outros. O tom da trilha sonora torna-se intensa, cores fortes e imagens aceleradas. O gênero torna-se judiciário, a prova retórica pende entre *pathos* e *logos*.

> Nenhum servidor público pode receber mais do que o salário de um ministro do STF. Quase 100 vezes mais do que a renda média dos brasileiros, com assistência médica e odontológica gastaram R$ 15.780.000,00. Camarões cozidos com molho raiz forte ou agrião (Trecho do vídeo, 2022).

Este capítulo é uma continuação do anterior, também recorrendo a imagens de telejornais e utiliza da prova retórica *ethos*. O gênero oscila entre deliberativo e judiciário. Por sua vez, no último capítulo o gênero que predomina é o deliberativo, com prova retórica *pathos*. As imagens são em preto e branco, a trilha sonora com um som calma, neutra.

Conclui-se que os autores do vídeo analisado buscam utilizar de estratégias retóricas baseadas, nos pilares *pathos* e *logos*, deixando *ethos* para excertos mais específicos durante o conteúdo, acionados para reforçar argumentos com objetivo de reforçar a teoria de que fiscalizar a comunicação seria para prejudicar politicamente e economicamente um grupo. O gênero retórico mais utilizado é o judiciário e deliberativo, reforçando argumentos no sentido de conferir muito mais culpa e decisão em relação aos possíveis desdobramentos da pandemia.

Considerações finais

Faz-se necessário o debate em torno do uso de recursos retóricos que se mostram eficientes para reforçar argumentos desinformativos, principalmente em conteúdos como os que foram analisados, pois isso tem impactos significativos na deliberação e conversação pública. Em um esforço de avanço nessa discussão, propusemo-nos a analisar não somente o texto em si, mas também as imagens e enquadramentos, para verificar se são acionados recursos retóricos para além do roteiro.

Da análise do material selecionado, é possível concluir que os produtores do vídeo utilizam estratégias retóricas que podem influenciar, convencer e mobilizar engajamentos (tais como o elevado número de visualizações, curtidas e comentários) em campanhas de desinformação em plataformas digitais.

Embora o YouTube tenha uma seção específica em "Nossos Compromissos" para Combate à Desinformação, em que alega que possui diversas ferramentas de controle, removendo conteúdo que viola suas políticas (as quais não são transparentes) e que reduz as recomendações de conteúdo duvidoso e desinformação nociva, vídeos como os aqui analisados continuam circulando vorazmente na plataforma, o que demonstra certa fragilidade no controle de propagação de conteúdo enganoso e danoso à sociedade.

Deve-se dar especial atenção ao uso de recursos retóricos que se mostram eficientes para reforçar argumentos desinformativos, principalmente em conteúdos como o que fora analisado. Nos vídeos, aqueles que adotaram as medidas de segurança foram demarcados como "inimigos". Jornalistas, governadores, membros do Supremo Tribunal Federal, membros de instituições internacionais são colocados ao lado de ditadores, mostrados como "inimigos" da verdade e dos valores conservadores, denotando grave ataque à mídia, à ciência e à democracia.

Não tratamos sobre a recepção aos vídeos e se o endereçamento à sua audiência foi efetivo. Acreditamos que uma análise nesse sentido seria útil, em estudos futuros, pois mostraria o quão efetivas são estas técnicas e possibilitariam o desenvolvimento de ferramentas para alfabetização mediática, habilitando a audiência a não cair em armadilhas retóricas que propagam conteúdo enganoso. Além disso, sugerimos ampliação da amostra de vídeos analisados em um período maior, de modo a verificar se as mesmas estratégias são acionadas para assuntos diferentes.

Referências

ALBUQUERQUE, A. As *fake news* e o Ministério da Verdade Corporativa. *Revista Eptic,* v. 23, n. 1, 2021.

ALLCOTT, H.; GENTZKOW, M. Social media and *fake news* in the 2016 election. *Journal of Economic Perspectives,* v. 31, n. 2, p. 211–236, 2017.

ARISTÓTELES. *Retórica.* São Paulo, SP: EDIPRO, 2011.

BARBOSA, C. Revisionismos e crimes contra a História. *In*: SZWAKO, J.; RATTON, J. L. (org.). *Dicionário dos negacionismos no Brasil.* Recife: Cepe, 2022. p. 305–309.

BARRIGA, A. Opinião, argumentação e persuasão no quadro de uma racionalidade sociológica – O "poder do discurso". *Comunicação e Sociedade,* v. 16, p. 27–42, 2009.

BENNETT, W. L.; LIVINGSTON, S. The disinformation order: disruptive communication and the decline of democratic institutions. *European Journal of Communication,* v. 33, n. 2, p. 122–139, 2018.

BRITO, S. M. Teorias da conspiração. *In*: SZWAKO, J.; RATTON, J. L. (org.). *Dicionário dos negacionismos no Brasil.* Recife: Cepe, 2022. p. 326–329.

DOURADO, T. *Fake news*: quando mentiras viram fatos políticos. Porto Alegre: Zouk, 2021.

GOMES, W.; DOURADO, T. M. *Fake news,* um fenômeno de comunicação política entre jornalismo, política e democracia. *Estudos em Jornalismo e Mídia,* v. 16, n. 2, p. 33–45, 2019.

KLEINA, N. C. M.; SAMPAIO, R. C. De quem é a culpa? Argumentos e retóricas iniciais de youtubers bolsonaristas sobre o coronavírus. *Dispositiva,* v. 9, n. 16, p. 27–49, 2020.

KRAFFT, P. M.; DONOVAN, J. Disinformation by Design: The Use of Evidence Collages and Platform Filtering in a Media Manipulation Campaign. *Political Communication*, v. 37, n. 2, p. 194–214, 2020.

MEYER, Michel. *A retórica*. São Paulo, SP: Ática, 2007.

PANKE, L.; CERVI, E. U. Análise da comunicação eleitoral: uma proposta metodológica para os estudos do HGPE. *Contemporânea*, v. 09, p. 390–404, 2011.

REBOUL, O. *Introdução à retórica*. São Paulo, SP: Martins Fontes, 2004.

RECUERO, R.; SOARES, F.; ZAGO, G. *Polarização, hiperpartidarismo e câmaras de eco*: como circula a desinformação sobre Covid-19 no Twitter. *Revista Contracampo*, v. 40, n. 1, 2020.

SAMPAIO, R. C.; LYCARIÃO, D. *Análise de conteúdo categorial: manual de aplicação*. Brasília: Enap, 2021.

SANTOS, J. G. B. *Youtube & política no contexto brasileiro (material da disciplina Política Online)*. Salvador, BA: INCT.DD, 2022.

Reflexões finais

Luciano Muniz Abreu

Nas páginas anteriores foi possível apreender, a partir da leitura dos diversos autores, as variadas facetas de um processo de transformação em curso no capitalismo recente, que ultrapassa as amarras do neoliberalismo e avança rumo ao chamado ultraliberalismo econômico, de modo a lançar luzes sobre os fatores estruturais e conjunturais que abrem espaço para esta agenda, associada a projetos políticos de extrema direita, bem como quais bases de sustentação têm sido ativadas na formulação de um consenso em torno desta agenda.

As páginas que se seguem não têm pretensão de ser conclusivas a respeito de todos os aspectos analisados pelos autores da obra, mas sintetizar de modo abrangente as principais descobertas colocando-as como objetos de reflexões atuais e futuras.

Nas duas últimas décadas tem-se observado, com variações regionais, o crescimento dos movimentos de extrema direita em diversas partes do mundo capitalista no Ocidente, de tradição democrática, com incursões em importantes países latino-americanos. Não que esses movimentos estivessem adormecidos desde que o impensável a eles associados tenha se concretizado no decorrer da Segunda Grande Guerra. Os cenários mais recentes, entretanto, têm demonstrado não apenas o assanhamento descarado de tais movimentos, senão, o crescimento e o recrudescimento do apoio aos seus ideais levando seus representantes a ocuparem fóruns de poder, incluindo seus mais altos postos, em diversos países do mundo.

Do ponto de vista político, tais movimentos vêm amparados em discursos antissistema; autoritários (embora façam uso da máquina democrática para ascender ao poder); com forte intolerância à oposição; pautados num nacionalismo exacerbado, com enaltecimento de símbolos nacionais e rechaço ao multiculturalismo e; em retóricas populistas, que evocam a defesa do "povo comum" contra as elites políticas e econômicas. Tais discursos, a propósito, são, em geral, difusos, nebulosos e imprecisos na identificação dos problemas concretos que pretendem resolver.

Sob o ponto de vista econômico os movimentos de extrema direita costumam compartilhar a defesa de políticas protecionistas e antiglobalização. No primeiro caso com discursos e implementação de políticas econômicas de proteção à indústria nacional e contrários aos acordos de livre comércio, ao mesmo tempo em que encaram a globalização como forte ameaça às economias nacionais e favorecimento aos interesses estrangeiros.

No campo sociocultural, as pautas morais ganham evidência, num levante de ideias conservadoras fincadas no tripé religião-moralidade; valores tradicionais, incluindo a família tradicional patriarcal e; controle social, com limitação de liberdades individuais em nome de um pretenso bem-estar coletivo, ainda que às custas de restrições à liberdade de expressão em temas considerados imorais, em geral vinculados às pautas progressistas.

Ao longo de toda a obra aqui apresentada os autores analisam aspectos da realidade político-econômica brasileira, em recortes teóricos-metodológicos e espaciais específicos, que em seu conjunto são capazes de lançar luz sobre como se tem estruturado o contexto para o avanço dos movimentos de extrema direita no Brasil e os mecanismos de formação de consensos em torno desses ideários, em perspectiva com o cenário internacional. O que faz com que os o avanço da extrema direita e, indissociavelmente, das pautas ultraliberais tenham vez aqui e agora? Que mecanismos são ativados para fortalecimento e formação de consenso em torno de tais pautas? E, ainda, por que não aprendemos com a História? São perguntas sem respostas completas, mas cujas investigações, incluídas as dos autores desta obra, têm apontado para possibilidades de interpretação, entendimento e construção de uma base explicativa.

Neste sentido, a partir dos trabalhos apresentados na obra é possível identificar algumas nuances e aspectos gerais que ajudam na compreensão do fenômeno do crescimento da extrema direita no Brasil, na América Latina sob uma perspectiva internacional, que aqui resumo em três grandes aportes: o político-econômico; a construção do consenso e; e o contrassenso representado pelas contradições e consequências do avanço desse ideário.

No que se refere ao primeiro aspecto, parte-se de uma perspectiva de compreensão do fenômeno econômico como indissociável do político, e de reinvenção do incansável processo de acumulação, reprodução e valorização em contexto capitalista. Tal como no passado recente, o recrudescimento da extrema direita tem, aparentemente, vínculos fortes com as crises do sistema capitalista em suas manobras de sobrevivência e reinvenção, ainda que tenha que abrir mão, momentaneamente, de causas caras, que evidenciam aparentes contradições. Em contexto de crise é o Estado, enquanto representante legítimo do poder territorial, que é convocado pelas forças econômicas para realização de ajustes que realinhem o jogo econômico.

Harvey afirma que "a formação do Estado em associação com o surgimento da constitucionalidade burguesa têm sido características cruciais da longa geografia histórica do capitalismo." (2004. p. 79). Offe (1984), ao tratar da questão do relacionamento do Estado com as classes dominantes, afirma que, de fato, o Estado defende os interesses da elite que representa. Os capitalistas, para ter sucesso, e fazer valer suas regras e maneiras de fazer negócios necessitam de um arcabouço institucional o qual somente o Estado é capaz de oferecer (Harvey, 2004). E mais, "[...] o continente que é o Estado territorial vê-se com frequência capturado por algum interesse ou coalizão de interesses regionais dominantes em seu interior [...]" (Harvey, 2004. p. 91).

Se por um lado o Estado cria as condições para a lógica capitalista do poder, por outro, recebe em troca apoio para seu poder territorial, desde que também não crie barreiras ao processo acumulativo. Assim, nesta relação de interdependência, os interesses econômicos têm se sobreposto, apoiando qualquer projeto capaz de manter em funcionamento sua lógica de acumulação, valorização e reprodução do capital.

> [...] a condição preferida para a atividade capitalista é um Estado burguês em que instituições de mercado e regras contratuais [...] sejam legalmente garantidas e em que se criem estruturas de regulação para conter conflitos de classes e arbitrar entre as reivindicações de diferentes facções do capital [...] Políticas relativas à segurança da oferta de dinheiro e aos negócios e relações comerciais externos também têm de ser estruturadas para beneficiar a atividade de negócios (Harvey, 2004. p. 80)

No cenário recente, o ideário da extrema direita tem servido de contraponto e apoio para superação das crises do sistema capitalista, em especial desde a crise imobiliária de 2008, num contexto internacional, que, em certa medida, possibilitou uma sobrevida aos movimentos de ordem progressista representados pela esquerda em níveis mundiais e, por outro lado, estancou o acelerado processo de acumulação capitalista em níveis globais permitido pela intensificação do processo de globalização econômica, de financeirização e esgarçamento do neoliberalismo econômico.

É neste cenário que se abre espaço para o estabelecimento de um projeto em curso de agudização dos ideais neoliberais configurando-se no que alguns autores têm apontado como ultraliberalismo. Para Dowbor (2017) a complexidade atual do capitalismo demanda e força a reinvenção dos caminhos tradicionais, criando novas oportunidades para o crescimento do capital. Assim, impulsionado pelas exigências da competitividade global e suportado pelos mecanismos tecnológicos de uma sociedade informacional, o ultraliberalismo emerge enquanto modelo que defende um mercado autorregulado e a completa ausência de intervenção do Estado. E é justamente neste ponto em que a pauta da extrema direita se converge.

Embora inicialmente a extrema direita e o ultraliberalismo possam parecer ideologicamente opostos — já que a primeira tende a apoiar o nacionalismo econômico e o protecionismo, enquanto o segundo promove mercados livres e desregulados —, essas duas correntes podem se conectar em certas circunstâncias, notadamente no que se refere à desregulamentação, redução do Estado e privatizações.

A convergência se dá ainda no espectro (i) da narrativa econômica, com uso da retórica ultraliberal para criticar governos de viés progressistas anteriores, argumentando que o intervencionismo estatal excessivo prejudica as economias nacionais, bem como (ii) da adaptação estratégica, em que políticas ultraliberais são adotadas para angariar apoio e suporte econômico aos projetos políticos extremistas.

Neste último quesito, o flerte da extrema direita com o autoritarismo é chave central de aproximação com o projeto ultraliberal, dada a necessidade de uma mão forte (poder territorial) capaz de impor flexibilizações, desregulamentações e supressões de direitos em nome da continuidade e reinvenção do sistema capitalista em seu processo de acumulação, reprodução e valorização do capital, que realinhe o local ao global.

Faz-se oportuno apontar que, muitas vezes, esta relação entre ultraliberalismo e extrema direita é baseada em estratégias políticas contextuais ao invés de uma verdadeira convergência ideológica. Essa interação pode ser vista ainda como uma tentativa de ampliar a base de apoio ou de adaptar políticas econômicas de acordo com as necessidades nacionais e as pressões internacionais. A análise dessa dinâmica é crucial para entender as adaptações políticas e econômicas em um cenário global em constante mudança.

Sob o ponto de vista do aporte do consenso cabe ressaltar o esforço empreendido na construção e validação do modelo político que abre espaço ao avanço da extrema direita, com o apoio de grupos econômicos com intenções de implementação de pautas (ultraliberais) específicas, que podem ser facilitadas por meio de barganhas de apoio político. Tudo isso com uma ampla frente de propaganda e defesa representada pela mídia (incluindo as redes sociais), que alimenta e aglutina a insatisfação popular com as estruturas tradicionais (fazendo uso inclusive de falsas notícias), capturando tal descontentamento contra um inimigo genérico comum e em prol a um "novo" projeto político-econômico que encontra eco nas bases da sociedade.

Embora não apresente ações concretas que beneficiem as bases sociais, o discurso apresenta forte apelo por seu caráter populista, generalista e, em geral, proferido por líderes carismáticos ou que se colocam como "gente do povo", além de focarem no conservadorismo social, na moralidade pública e na relação com a religião usando-a como base para justificar políticas e ideais morais. Apresentam-se ainda como opositores firmes da corrupção, usando essa pauta moral para criticar os governantes tradicionais e justificar intervenções mais autoritárias.

Importa ressaltar que, sob o ponto do vista do consenso, para além o uso intenso das redes sociais com formação de grupos para divulgação e massa das chamadas *fake news*, há ainda um esforço imenso na construção de projetos sociopolíticos travestidos de projetos de suporte educacional financiados por importantes setores da iniciativa privada, a exemplo do Brasil Paralelo, dedicados à elaboração e propagação de teorias conspiratórias, revisionismos históricos e desinformação, cuja capilaridade dá cabo de alimentar e sustentar os discursos de consenso em torno do ideário da extrema direita, apoiado no pilar da moralidade e anticorrupção, e mesmo ultraliberal, sustentado na falácia do empreendedorismo e da meritocracia.

Por fim, sob o ponto de vista do aporte das consequências, intimamente relacionado aos dois anteriores, o que se tem observado é uma adesão de camadas sociais menos favorecidas aos projetos da extrema direita a despeito das imensas desvantagens que tais projetos lhes impõem. Precarização do trabalho, redução da proteção social, aumento da desigualdade econômica e desmonte das políticas sociais são apenas alguns dos exemplos dos resultados de ações dos governos de extrema direita em termos mundiais e que, no caso brasileiro, vêm acompanhados de um clamor por intervenção militar.

O apoio da população de menor renda a estes projetos por meio do voto e manifestações públicas, embora não seja novidade, evidencia que o caráter material parece não ser o preponderante no complexo espectro de suas escolhas políticas, tendo outros mecanismos ativados em suas escolhas políticas, a exemplo das pautas morais, e de discursos sedutores como o do empreendedorismo. Compreender essas pautas morais é crucial para analisar a ascensão e o impacto desses movimentos no cenário global contemporâneo.

Neste sentido, embora sem respostas absolutas a obra aqui apresentada traz importantes contribuições, na medida em que a análise desses movimentos é essencial para compreender as mudanças políticas atuais e prever suas possíveis implicações no cenário brasileiro e internacional.

Referências

DOWBOR, L. *A era do capital improdutivo*: porque oito famílias têm mais riqueza do que a metade da população do mundo. São Paulo: Autonomia Literária, 2017.

Harvey, D. *O Novo Imperialismo*. São Paulo: Edições Loyola, 2004.

OFFE, C. Dominação de classe e sistema político: sobre a seletividade das instituições políticas. In: OFFE, C. *Problemas estruturais do Estado capitalista*. Rio de Janeiro: Tempo Brasileiro, 1984.

Sobre os autores

Alexsandro Galeno Dantas é doutor em Ciências sociais (UFRN). Professor da Escola de Ciências e Tecnologia-ECT/UFRN e do Programa de Pós-Graduação em Ciências Sociais-PPGCS /UFRN. Coordenador do LabMonDes- Laboratório de Monitoramento sobre Desinformação.

Ane Caroline da Silva Fagundes é graduada em Psicologia pela Universidade Federal de Alagoas. Mestranda no Programa de Pós-Graduação em Psicologia da Universidade Federal de Alagoas.

Ana Tázia Patrício de Melo Cardoso é doutora em Ciências Sociais (UFRN). Professora substituta do Instituto Metrópole Digital (IMD-UFRN). Pesquisadora do Grupo Marginália (Grupo de Estudos Transdisciplinares em Comunicação e Cultura – UFRN) e Pesquisadora-Avaliadora da Association of Internet Researchers (AOIR).

Candida Maria Bezerra Dantas é doutora em Psicologia Social pelo Programa de Pós-Graduação em Psicologia da Universidade Federal do Rio Grande do Norte. Professora no Instituto de Psicologia da Universidade de Brasília e do Programa de Pós-graduação em Psicologia da Universidade Federal do Rio Grande do Norte.

Clarianne Braga Borges é arquiteta e pesquisadora, doutoranda em cotutela pela Universidade Federal de Minas Gerais e Universidade de Coimbra. Pesquisa habitação social e a participação de mulheres na produção do espaço urbano.

Cristina Pereira de Araujo fez graduação, mestrado e doutorado em arquitetura e urbanismo. É professora da Universidade Federal de Pernambuco. Em 2022, fez pós-doutorado pela Universidad de Alcalá, no Instituto Universitario de Investigación en Estudios Latinoamericanos e desde então coordena a pesquisa em rede Geopolítica e Desenvolvimento Desigual no Brasil: voto, território e classe, que originou esse livro.

Cristiane Sinimbu Sanchez é doutora em Comunicação pela UFPR. Bibliotecária da Universidade Federal do Paraná, atua na Biblioteca de Ciências da Saúde e em grupos de pesquisa sobre comunicação política, democracia digital e desinformação.

Eliara Santana é jornalista e pesquisadora, com doutorado em Estudos Linguísticos (PUC Minas) e pós-doutorado (CLE/Unicamp) sobre desinformação. É professora da pós-graduação da Escola do Legislativo da ALMG e pesquisadora do Núcleo de Estudos Avançados de Linguagens (FURG). Autora de "Jornal Nacional, um ator político em cena" (Ed. Meraki, 2022).

Elizabeth McKenna é Professora em Política Pública na Harvard Kennedy School e Diretora do Civic Power Lab. É Doutora e Mestre em Sociologia pela UC Berkeley, e Graduada em Ciências Sociais pela Harvard University. Também foi Pós-Doutoranda na Johns Hopkins University.

Frederico Alves Costa é doutor em Psicologia pelo Programa de Pós-Graduação em Psicologia da Universidade Federal de Minas Gerais. Professor no Instituto de Psicologia e no Programa de Pós-Graduação em Psicologia da Universidade Federal de Alagoas.

Gilberto Maringoni é professor de Relações Internacionais da Universidade Federal do ABC, do programa de pós-graduação em Economia Política Mundial e doutor em História pela USP. É autor de 16 livros, entre eles *A volta do Estado planejador* (Contracorrente, 2022). É coordenador do Grupo de Estudos de América Latina e Caribe (GEALC-UFABC).

Jáder Ferreira Leite é doutor em Psicologia Social no Programa de Pós-Graduação em Psicologia da Universidade Federal do Rio Grande do Norte. Professor no Departamento de Psicologia e no Programa de Pós-graduação em Psicologia da Universidade Federal do Rio Grande do Norte.

José Policarpo Junior é professor titular aposentado da UFPE. Doutor em História e Filosofia da Educação (PUC-SP, 2001), mestre em Educação (UFPE, 1994), licenciado em História (UFPE, 1990), pós-doutorado no Prevention Research Center (Penn State, EUA, 2007). É associado, pesquisador e fundador do Instituto de Formação Humana (Recife, PE).

Karina Pierin Ernsen Alves é doutoranda em Comunicação pela Universidade Federal do Paraná (UFPR) na linha de pesquisa em Comunicação Política. Jornalista e pesquisadora nos Grupos de Pesquisa Comunicação Política e Democracia Digital (COMPADD) e Comunicação e Participação Política (COMPA).

Larissa Guimarães é doutoranda em Sociologia na Brown University e Pesquisadora Associada ao Civic Power Lab na Harvard Kennedy School. Possui Bacharel em Sociologia pela Universidade de Brasília (UnB).

Luana Carlos Marques é doutoranda em sociologia pela Universidade Federal do Ceará, mestre e bacharela em Ciências Sociais pela Universidade Estadual do Ceará. Professora de sociologia na Secretaria de Educação do Estado do Ceará.

Luciano Abreu é arquiteto e geógrafo, com mestrado em arquitetura e urbanismo e doutorado em planejamento urbano e regional. É professor da Universidade Federal Rural do Rio de Janeiro e da pós-graduação da Universidade Federal Fluminense. Integra a pesquisa em rede Geopolítica e Desenvolvimento Desigual no Brasil: voto, território e classe.

Maria da Graça Silveira Gomes da Costa é doutora em Psicologia pelo Programa de Pós-Graduação em Psicologia da Universidade Federal do Rio Grande do Norte. Professora no Centro de Formação em Ciências da Saúde na Universidade Federal do Sul da Bahia.

Matthew A. Richmond é Professor de Geografia Política na Newcastle University. É Doutor em Geografia Humana pelo King's College London, Mestre em Ciências Sociais pela Cambridge University, e Graduado em História pela London School of Economics (LSE). Também foi Leverhulme Fellow na LSE e Pós-Doutorando na UNESP e no Centro de Estudos da Metrópole.

Michele de Mello é bacharela em Jornalismo pela Universidade Federal de Santa Catarina e mestra em Integração da América Latina pela Universidade de São Paulo. Atuou em veículos nacionais e internacionais cobrindo economia e política do Brasil e da América Latina. Atualmente trabalha como correspondente internacional para a Agência RT.

Monalisa Soares Lopes é docente do Departamento de Ciências Sociais e do Programa de Pós-Graduação em Sociologia da Universidade Federal do Ceará. Coordena o

Laboratório de Estudos sobre Política, Eleições e Mídia (LEPEM-UFC). Produz pesquisas na interface da Comunicação Política, analisando Campanhas Eleitorais, Propaganda Eleitoral, Gênero e Política.

Patricia Rilliane Gomes Silva é Doutora em Ciências Sociais (UFRN). Professora substituta da Escola de Ciências e Tecnologia (ECT-UFRN). Pesquisadora do Grupo Marginália (Grupo de Estudos Transdisciplinares em Comunicação e Cultura - UFRN). Possui interesse pelos temas da Complexidade, comunicação e mídias digitais.

Rafael Cardoso Sampaio é doutor em Comunicação e Cultura Contemporâneas pela Universidade Federal da Bahia. Professor do Departamento de Ciência Política na Universidade Federal do Paraná (UFPR). Coordenador do grupo de Pesquisa Comunicação Política e Democracia Digital (COMPADD). Bolsista produtividade do CNPq nível 1D.

Raquel Garcia Gonçalves é arquiteta e urbanista, doutora em Planejamento Urbano e Regional (IPPUR/UFRJ). Professora da Escola de Arquitetura da UFMG e coordenadora do Observatório de Conflitos Urbanos de Belo Horizonte.

Alameda nas redes sociais:
Site: www.alamedaeditorial.com.br
Facebook.com/alamedaeditorial
Twitter.com/editoraalameda
Instagram.com/editora_alameda
tiktok.com/@editora_alameda

Esta obra foi impressa em São Paulo na primavera de 2025. No texto foi utilizada a fonte ITC Stone Serif Std em corpo 10, 4 e entrelinha de 14 pontos.